阳明学文献整理与研究的新进展

张昭炜 主编

教育部重大基地课题
"阳明心学的历史渊源及其近代转型"（16JJD720014）
阶段成果

嵩阳书院研究课题
"后期阳明学文献整理研究"
前期成果

目　录

一、概　　述

二、阳明学文献整理与
研究的新进展

三、《阳明学要籍选刊》示例

四、会议纪要

一、概　述

缘　起

张昭炜

　　本书旨在介绍国内阳明学文献整理与研究的新进展,即上海古籍出版社即将推出的"阳明后学文献丛书"(第三编)相关内容。第三编包括阳明后学文献十种,计划出版顺序是:《陶望龄全集》《唐枢集》《周汝登全集》《陶奭龄集》《李材集》《陈九川集》《查铎集》《邹德涵集(附邹善集)》《邹德溥·邹德泳集》《邹元标集》。在第三编整理过程中,分别于二〇一三年一月、二〇一五年八月在北京大学高等人文研究院召开了启动会与推进会,于二〇一七年八月在清华大学国学院召开了交稿会,本书内容主要来自这三次会议。

　　自从王阳明创立并传播良知学后,"门徒遍天下,流传逾百年"(《明史·儒林传》),阳明后学成为明代中后期儒学发展的主流。阳明后学有狭义与广义之分,狭义的阳明后学是指与王阳明有明确师承关系的弟子,罩及再传、三传等,具体而言,主要指列入《明儒学案》的浙中王门、江右王门、南中王门、楚中王门、北方王门、粤闽王门、止修学派、泰州学派八大门派的学者,并可扩展至有明确阳明学师承关系的孙应鳌、李贽、郭子章等。广义的阳明后学既包括在学统方面与阳明后学紧密联系的林兆恩、虞淳熙等,还涵盖王阳明讲友湛若水后学中摇摆于湛门、王门之间的唐枢、何迁等，乃至由此脉络发展出来的许孚远、冯从吾、刘宗周、黄宗羲等后学。

　　阳明学是明代的显学，既有风行天下的展开，讲会兴盛，良知异见纷呈，精彩迭出，也有末流猖狂自恣，渐失阳明之传。阳明后学文献积累数量庞大，研究内容非常丰富，而阳明后学文献的整理是深入研究阳明学的基础。进入清代后，由于学风转变和政治高压，许多阳明后学文献在国内遭到禁毁。民国期间虽有所重视，但鉴于当时形势，未能大规模整理出版。新中国成立后，阳明后学文献的整理与出版提上了日程，其成果主要有两种形式：一是以某一学者为对象，搜集整理类似个人全集的文集；二是以某一文集为对象，尽可能收集其他传世版本进行校勘，最终形成该文集精校本。第一种形式的代表成果有容肇祖整理的《何心隐集》（中华书局，一九六〇年）、黄宣民整理的《颜钧集》（中国社会科学出版社，一九九六年）。第二种形式的代表成果有中华书局编辑部整理的《焚书》（一九六一年）、《续焚书》（一九六一年）、《初潭集》（一九七四年），李剑雄整理的《澹园集》（中华书局，一九九九年）。这些成果整理的质量很高，是阳明后学文献整理参考的典范。

　　二十一世纪以来，随着阳明后学研究的迅速发展，阳明后学文献整理出版成为一项重要的基础性工作。二〇〇七年，由江苏凤凰出版传媒集团出版发行了"阳明后学文献丛书"（第一编），共收录文集七种，分别为：《徐爱·钱德洪·董澐集》《邹守益集》《欧阳德集》《王畿集》《聂豹集》《罗洪先集》《罗汝芳集》。此后，上海古籍出版社推出"阳明后学文献丛书"（第二编），于二〇一四年至二〇一七年陆续出版了《薛侃集》《黄绾集》《刘元卿集》《胡直集》《张元忭集》《王时槐集》《北方王门集》共计七种。此外，北京大学《儒藏》

"精华编"项目收录了十余种阳明后学的单部精校文集，包括聂豹《聂双江先生文集》、邹守益《东廓邹先生文集》、王畿《王龙溪先生全集》、欧阳德《南野先生文集》、罗汝芳《近溪子集》等。

阳明后学文献的整理出版极大促进了阳明后学的深入研究，如依据江西颜氏家族珍藏的《颜山农先生遗集》整理而成的《颜钧集》，李学勤在序言中称之为"我们三十多年来屡次访求而不能得的孤本秘籍"，这为研究阳明学在民间的衍化提供了崭新的视角。又如国内早佚、仅见藏于日本内阁文库的泰州学派邓豁渠的《南询录》，由岛田虔次、荒木见悟相继研究，黄宣民、邓红相继点校出版，深化了学界对所谓泰州学派"异端"的认识。而这些重要的阳明后学思想文献并未出现在学界奉为圭臬的《明儒学案》中。又如能够推原阳明未尽之旨的再传弟子万廷言，《江西通志》称其平生著述多有所发明，有《学易斋前后集》《易原》《易说》等若干卷，其书皆失传。张昭炜经多年搜集，点校整理了国家图书馆藏明刻善本《学易斋集》二十卷、日本尊经阁文库藏明刻本《学易斋集》十六卷、《易原》四卷(附《易说》二卷)、台湾"国家图书馆"藏明刻本《学易斋约语》二卷，以及南昌万氏族谱中有关万廷言的诰命、传记等珍贵资料，汇集成《万廷言集》，已由中华书局于二〇一五年出版。在国内，影印古籍也推动了阳明后学文献整理。围绕《四库全书》，影印出版的《四库全书存目丛书》《续修四库全书》《四库未收书辑刊》《四库禁毁书丛刊》收录了为数不少的阳明后学文献。在日本，位于京都的中文出版社与九州大学合作影印出版了大量的宋明古籍，由九州大学教授冈田武彦、荒木见悟任主编，在台北与京都两地刊行了《和刻影印近世汉籍丛刊》("初编""续编""三编""四编")，所选的版本均为和刻善本，每种书前均附有冈田、荒木、佐藤仁等著名学者撰写的解题,给研究者提供了极大的方便。其中,"初编""续编""三编"收录宋明理学典籍,包括《龙溪王先生全集》《王心斋全集》《近溪子明道录》等阳明后学相关文献。

由上可见,经过半个多世纪的不懈努力,学界在点校整理和影印出版阳明后学文献方面已经取得可观的成绩。然而,相对于数量庞大的阳明后学文献来说,已有的成绩尚显不足,实有必要继续大规模整理出版工作。有鉴于此,二〇一三年一月二十二日至二十三日,在杜维明先生的支持下,在北京大学高等人文研究院召开了《阳明后学文献丛书》新项目的启动会,一批年富力强的学者组建了阳明后学文献整理的团队,通过了丛书编校体例,制定了工作细则及工作计划,确定了具体选题:《泰州王门集》《陈九川集》《李材集》《邹元标集》《邹德涵·邹德溥·邹德泳集》《周汝登集》《陶望龄·陶奭龄集》《耿定向集》《唐枢集》《季本集》《杨起元集》等,杜维明先生任课题负责人,张昭炜、钱明任主编。二〇一四年十二月,在浙江省社科院支持下,钱明为课题负责人,《泰州王门集》《许孚远集》《王宗沐集》《杨东明集》《管志道集》《杨起元集》立项启动,成立第四编。二〇一五年七月,"阳明后学文献整理与研究"入围"二〇一五年度国家社会科学基金重大项目(第二批)招标选题研究方向"。八月二十八日至二十九日,在北京大学高等人文研究院召开第三编推进会,根据提交的文献整理成果,课题已完成总量的近八成。经讨论,鉴于张昭炜已离开北京大学高等人文研究院,杜维明先生不再负责第三编,改由张昭炜任第三编课题负责人。又《耿天台先生文集》及《耿定向集》已有其他点校者整理出版,第三编取消《耿定向集》,增补《查铎集》。《泰州王门集》《季本集》《杨起元集》转至钱明任课题负责人的第四编。经投标评审,十月,国家社科基金重大项目课题立项"阳明后学文献整理与研究",钱明任首席专家,课题包括《泰州王门集》《季本集》《许孚远集》《王宗沐集》《杨东明集》《管志道集》《杨起元集》等,作为新的第四编。目前,"阳明后学文献丛书"第三编、第四编两编正同步进行,共同推进阳明后学文献的整理研究。正如杜维明先生在第三编推进会上所言:"阳明后学文献整理及相关学术研究工作是一项长期的学术事业,需要我们对阳明学这一课题投入极大的关注与兴趣。目前国内不少省份的地方政府以及高校社科机构对阳明后学的研究投入了不少的人力、物力、财力,已经形成了一个良性竞争的局面,但是我们需要一种'大气魄'、'大格局',在一种'学术健康'的情况下,开展相互合作。"

　　在编校即将完成之际,感谢第三编全体成员的努力,感谢那些曾经提携及支持我们的师友!感谢我的研究生导师张学智老师!他指导我的硕士、博士论文(分别研究胡直、邹元标),研究与文献整理结合,从而极大地推进了《胡直集》《邹元标集》的整理,并为我主编第三编奠定了基础。第三编课题得到嵩阳书院的支持。感谢陈来先生的专业指导,并推荐我跟随杜维明先生读博士后。在整个第三编的编校过程中,杜先生一直非常支持我们,两次北大会议,杜先生均亲临指导。"靡不有初,鲜克有终。"第三编曾经历过既无依靠单位,又无资金支持的艰难处境。我曾经想过放弃,深感绵薄之力无以担此重任,最终能坚持完成,实有赖于各位师友的鼎力相助,谨向课题组成员表示由衷的感谢!感谢钱明先生、刘海滨先生!

二○一七年于武汉大学中国传统文化研究中心

《阳明后学文献丛书》第三编简介

张昭炜

《阳明后学文献丛书》第三编包括阳明后学文献十种，计划出版顺序是：《陶望龄全集》《唐枢集》《周汝登全集》《陶奭龄集》《李材集》《陈九川集》《查铎集》《邹德涵集(附邹善集)》《邹德溥·邹德泳集》《邹元标集》。第三编课题成员力求资料搜集齐全、编校精良，既专注文献整理，又在整理过程中研究不同人物的思想特点，整理与研究相互促进。具体工作包括以下四部分内容：

一、策划文集选题

在上海古籍出版社确定并开始编纂阳明后学文献时，考量列入计划的《黄绾集》《刘元卿集》等，课题组成员普遍感觉到：即使这一批文献能够在保证质量的情况下按期出版，阳明学文献仍有巨大的整理与研究空间。同时，从事阳明学研究的青年学者在撰写博士论文过程中，对于阳明后学中的某一学者有深入研究，搜集并整理了部分文献。故而他们在博士论文完成的基础上，希望参与文献整理。有鉴于此，课题组主要成员开始筹划新的阳明后学文献整理与研究的选题。

二、文集选题商定经过

通过前期选题征集,二〇一三年一月,在北京大学高等人文研究院院长杜维明先生的支持下,课题组成员召开《阳明后学文献丛书》筹备启动会,确定新的选题。选题人物需满足以下标准:

第一,在阳明后学中有一定影响;

第二,阳明学思想有深度、有特色;

第三,必须为收入《明儒学案》的重要学者。

经详细调研、多次论证、专家指导,选择列入的名单如下:

刘勇负责《李材集》。李材为止修学派代表,止修学派在阳明后学中风格迥异,《明儒学案》卷三十一《止修学案》,主要介绍李材(《中丞李见罗先生材》),故予以列入;

杨柱才负责《陈九川集》。陈九川为阳明弟子中受学时间较长的一位,与阳明对话非常有深度,良知学思想有特色,《明儒学案》卷十九《江右王门学案四》有《郎中陈明水先生九川》,故予以列入;

张昭炜负责《邹元标集》。邹元标为阳明三传弟子,在阳明后学重镇吉安地区家喻户晓,良知学极具特色,《明儒学案》卷二十三《江右王门学案八》有《忠介邹南皋先生元标》,故予以列入;

彭树欣负责《邹德涵·邹德溥·邹德泳集》。邹德涵、邹德溥、邹德泳为邹守益之孙,上承邹守益,下开王夫之,《明儒学案》卷十六《江右王门学案一》介绍邹守益时附录邹德涵、邹德溥、邹德泳,故予以列入;

陈时龙负责《周汝登集》。周汝登为王门二溪(王畿与罗汝芳)

的弟子,是泰州学派、浙中王门后学的重要代表,《明儒学案》卷三十六《泰州学案五》有《尚宝周海门先生汝登》,故予以列入;

李会富负责《陶望龄、陶奭龄集》。二陶为周汝登重要学友、弟子,《明儒学案》卷三十六《泰州学案五》有《文简陶石篑先生望龄》,故予以列入;

姚才刚负责《唐枢集》。唐枢摇摆于甘泉与阳明门下,下开许孚远、刘宗周、冯从吾,《明儒学案》卷四十《甘泉学案四》首列《主政唐一庵先生枢》,故予以列入;

刘聪负责《耿定向集》。列入后,由于北京大学、华东师范大学相继出版耿定向的文集,故改为《查铎集》。

吸取以前阳明后学文集编校中的经验教训,为减少失误,具体文集编校者的选择标准如下:

第一,所选子课题之承担者,皆为对该人物有专门研究者,且大都以该人物为选题作博士论文者。故此可以说,课题承担者对所选人物文献资料的掌握都是目前学术界最为全面的,都具有前期的资料积累和扎实的学术功底。

第二,课题承担者多为取得博士学位后刚刚参加工作不久的年轻学者,手上所承担的课题还不多,可以很快进入角色,全力以赴地投入此课题。

第三,课题承担者皆为名牌大学博士学位获得者,具有扎实的古文献基础和专业训练,并且出版或发表过有关阳明后学方面的前期研究成果,为当下阳明后学研究领域的佼佼者。

第四,课题组成员中,如张昭炜、彭树欣等,曾参与上海古籍出版社出版《阳明后学文献丛书》,具有一定的经验和人脉资源,在与出版社合作中有良好的学术信誉。

第五，课题组成员中，如姚才刚、刘聪、陈时龙等，曾主持国家社科基金中与阳明学相关的课题，并有已出版的、具有较高声誉的阳明学研究专著成果作为支撑。

最终，经北京大学、上海古籍出版社、浙江大学古籍所等专家指导，课题组主要成员讨论，《阳明后学文献丛书》的筹备启动会通过了编校体例，制订了工作细则。

三、文集整理工作推进

文集整理过半后，整理者遇到了一些体例方面的新问题，亟待统一。有鉴于此，二〇一五年八月，在北京大学高等人文研究院院长杜维明先生的支持下，召开了文集编校者推进会，进一步明确了工作细则，解决了许多整理方面的问题，同时明确了样稿要求及下一步工作计划；此外还检查了编校说明的编纂情况，指出了各自存在的问题，统一了编校说明的体例要求。同时讨论了以下两个问题：

第一，尽可能做到全：在阳明后学文集整理中，对于一书有各种版本的，尽可能全部收集。在阳明后学学者个案人物长期研究的基础上，课题组成员应穷尽现代检索手段，进行阳明后学文献的总体普查。由于阳明后学文献流散情况复杂，因此既要重视健全成熟、检索系统发达的国内藏书机构，韩国、日本、欧美等地图书馆、博物馆的文献资源，也要深入到学者的籍贯所在地、宦迹之所，充分发掘利用地方馆藏文献、家谱、族谱、墓志铭等资料，到被研究对象的家乡或生平活动地作田野调查，收集县志、郡志、书院志、碑刻、雕版等相关资料以及可能散落在民间的著作。

第二,底本问题:文献整理包括文献的考证、辨伪、标点、校勘等,并要重新编辑成书。对收集到的所有文献,首先加以考证、辨伪,以确定文献的真伪,尽量杜绝所择不精、混入伪作之弊。然后是本课题的标点、校勘等整理工作,如有多种版本,择善者为底本,其他为参校本;如只有一个版本,遇有问题,参校其他各种资料以订正讹误,但不妄改字,以校为主,校订处出注说明。

四、文 集 交 稿

课题负责人日常联络、协调各子文集整理,跟进工作进度,向各成员通报工作进展情况。课题负责人采用抽查五千字的方式,字字核实底本,存在的如漏字、衍字等因个人输录整理造成的错误不应超过万分之五,否则退稿重改。统一注释体例,如凡是底本有误,改正有据的,必须出校注;凡底本疑似有误,改正不足者,必须指出,总结全部疑似错误,提交疑误说明。

在课题负责人基本审稿完成后,将文集整理的电子版、打印稿以及所有底本、校本的复印件,一同交付出版社。出版社按照一审、二审、三审的编辑程序,形成终审稿,并付样。

本课题虽然形式上是以整理明代阳明学者的著作为主,但是课题组成员所花费的时间、精力丝毫不亚于撰写同等数量的学术专著。古籍整理的周期要求至少五年以上,课题组成员需要借鉴已有的成熟体例,细心工作,长期专注,深入研究,认真负责,方能打造出学术精品。这不仅能够惠及当代学术研究,而且对于下一代乃至更长时期的学术研究都具有重要意义。

《阳明学要籍选刊》计划

张昭炜

【意义】

明亡后,阳明学文献逐渐散佚,诸多重要典籍按索不获。在完成凤凰出版社、上海古籍出版社两次大规模文献整理后,在第三编文献陆续交稿、第四编启动的基础上,未经整理出版的阳明学重要典籍日益成为阳明学文献整理与研究的重要内容。研究者偶遇善本、佚文,不以己珍独享,辑佚成册,以广流传。一己之力有限,众智群力无穷。结合前期整理成果,"阳明学文献集成"雏形渐成。

【模式】

阳明学文献整理模式既包括王畿、罗洪先等重要阳明后学的著述全集整理,亦包括李贽的《焚书》、焦竑的《澹园集》等单部文集的精校。《阳明学要籍选刊》拟采用后者,以重要单部文集为主体,延及与王阳明及其后学密切相关的重要散佚文献。

【选题】

《阳明学要籍选刊》选题以与阳明学的关联性为准则,包括但不限于以下选题:

1. 与王阳明直接相关的文献。如王琼的平藩公移、湛若水等学友与王阳明的书札。

2. 未列入第一、二、三、四编，但《明儒学案》有列传或有特殊贡献的阳明后学的文献，尤其是未整理的文献、新发现的善本等，如邓以赞的《新辑邓文洁先生佚稿》等；未列入《明儒学案》，但有充分证据显示属于阳明后学范围的散佚文献，如吴应宾的《宗一圣论》等。

3. 已出版的第一、二编未收录的散佚文献，具体而言，包括《徐爱·钱德洪·董澐集》、《邹守益集》、《欧阳德集》、《王畿集》、《聂豹集》、《罗洪先集》（含《罗洪先集补编》）、《罗汝芳集》、《薛侃集》、《黄绾集》、《刘元卿集》、《胡直集》、《张元忭集》、《王时槐集》、《北方王门集》等集中未收录的散佚文献，如王畿的《石洞黄公墓志铭》。

4. 辑录的文献以思想性文章为主，避免寒暄问候的书信、应酬性的墓志铭等。辑录的文献包括但不限于以下内容：地方志、书院志、家谱、族谱、墓碑、出土文物、博物馆中有重要文字的实物等，如《复真书院志》的《朱易庵先生语录》。辑佚之文字，每条必须标明出处，整理体例与文集相同；数书同引文献，原则上以最早文献为底本，并与他本对校，出校勘记。

5. 不属于阳明后学，但该文献涉及阳明学的重要问题时，亦可考虑辑录。

【规模】

规模计划四十种，每种选择一部重要文集为主体。

字数超过十五万字的单部文集，建议列入《阳明后学文献丛书》第五编。

阳明后学与《四书》注释文献研究

张昭炜

1. 研 究 基 础

宋明儒的《四书》注释是中国经学史上的重要一环,宋代的程朱理学与明代的阳明心学对于《四书》注释的发展贡献尤大。当代学界对于程朱理学与《四书》关系的研究已经历时甚久,形成了一大批富有创见的专著和论文,尤其是朱子《四书章句集注》的研究,成果不胜枚举。但是,有关阳明后学与《四书》的关系的研究,则因为各种原因而未得到重视。当前的研究主要表现为:一是关于王阳明《四书》学的研究,为开展阳明后学与《四书》注释研究作了较好的理论铺垫和思想史的背景勾勒,打开了宽阔的学术视野。二是对阳明后学个案的《四书》注释研究,为全面开展阳明后学《四书》注释研究作了微观的前期探索。这些《四书》注释研究成果要么属于宏观背景式的总体介绍,要么属于对个别人物的零星探索,缺乏对阳明后学的深入挖掘和系统梳理,没有对阳明后学的《四书》注释进行深入分析,不能反映阳明后学《四书》注释的全貌,这为本课题提供了广阔的研究空间。

　　阳明后学的《四书》注释研究文献数量庞大，应该基于阳明后学文献的发掘整理，首先要发掘整理那些有思想深度的古籍。《四库存目》《续修四库全书》等大型丛书及《阳明后学文献丛书》等影印本或点校整理本陆续出版，为进一步搜集、普查世界范围内传世的阳明后学文献，编著"阳明后学《四书》注释文献著述考"提供了可能，也为深入研究阳明后学与《四书》注释提供了丰富的资源。如浙中王门季本的《四书私存》三十七卷，主要有两个版本传世：一是北京国家图书馆乾隆后的清刻本，一是上海华东师范大学闵行校区图书馆藏本。朱湘钰点校、钟彩钧校订的《四书私存》将两个版本对校，这为本课题的《四书》注释研究提供了非常扎实的基础资料。又如黔中王门孙应鳌的《四书近语》六卷，该书是孙氏晚年回乡之后的讲学记录。《自序》云："余既以病废家居，得日与吾党二三子讲明孔门之学，随所论析，二三子各有辑录，已乃成帙。"该书用浅近的语言对《四书》进行解释，往往独发新意，使学生易于了解，故称"近语"。如对《论语》首章"学而"的解释，就以"仁"贯之："学者学此仁而已。"又如对"五十以学《易》，可以无大过矣"一节，一般都将"五十"解释为"五十岁"学《易》，而孙氏则解为："五十学《易》，非五十之年学《易》，是以五、十之理数学《易》也。大衍之数五、十，河图中之所虚者惟五与十，参天两地而倚数，合参与两成五，衍之成十。五者，十其五；十者，五其十，参互错综，《易》之理数尽于是矣。透得此五、十之精微，以通神明之德，以类万物之情，皆不能外。"当然，一些重要的《四书》注释文献还可能存在文集中，如张昭炜点校《万廷言集》中的《大学私记》，既体现了浙中王门与江右王门良知学思想的深度融合，也是江右王门向止修学派演化的重要理论形态。

　　本课题组成员均经过中国哲学史、历史学等专业训练,对于阳明后学文献整理充满激情,而又能长期专注于某一重要阳明后学人物研究。各成员将协同努力,共同致力于本课题的研究。

2. 主要研究内容

　　阳明后学《四书》注释研究考察工作力求巨细靡遗,纲举目张,表述简明,概述扼要,从而全面展现出学界在阳明后学领域上的研究成果、水平与不足,由此推进当下对阳明后学的总体研究,形成具有时代特征的经典著作,为以后阳明后学研究提供重要参考。

　　由于阳明学的深入影响,阳明后学在宋代《四书》学的基础上进行了调整与适度发挥,从而与宋代理学特别是朱子理学构成对比、对照性关系。以此为线索,本课题将从《四书》学史的角度,系统细致地梳理和展示出阳明后学这一环节,丰富《四书》学史的研究。本课题还包括阳明后学与《四书》学思想研究,与上一方向有相近之处,但在研究视野与方法上则各有侧重。前一方向侧重在《四书》的发展史,这一方向侧重在哲学。具体言之,阳明后学继承和发展了阳明心学中关于心、理、性、良知、工夫、静坐、寂感、格物等方面的哲学性论题,同时以此诠释《四书》,并对理学史、思想史、文化史、政治史等方面有巨大影响,开显出阳明后学经典诠释的独特意蕴。

　　课题分两部分组成,即"阳明后学《四书》注释著述总目"与"阳明后学《四书》注释研究",这两部分有着内在的密切联系,并非有严格意义上的区分,而是相互渗透的。

　　在阳明后学与《四书》学研究中,主要研究以下六个问题:

（一）阳明后学《四书》注释著述总目研究；

（二）阳明后学《四书》注疏传承渊源考（阳明后学浙中王门、江右王门、泰州学派、止修学派的四大主线）；

（三）阳明后学《四书》注疏继承递进关系及其特点；

（四）不同阳明后学学派对于《四书》诠释的侧重点；

（五）《四书》注疏中良知学的建构及表达；

（六）阳明后学与朱子在《四书》注疏上的差异。

只有在搜集大量阳明后学《四书》注释版本的基础上，才能系统呈现阳明后学《四书》注释发展的内在思想进路。只有深入研究，著述考中的提要部分才能简明扼要，清楚晓畅，成为阳明后学《四书》注释研究的重要工具书。

本课题的目标是完成以下成果：阳明后学与《四书》注释研究专著一部，约三十万字，开拓阳明后学研究的新方向。在学术思想理论方面，将拓宽阳明后学思想研究的视野，推动阳明后学研究中遇到的诸多学术思想研究向前发展：阳明后学的产生、流衍、内在的逻辑展开、展开中遇到的挑战、对于各种挑战的回应以及衰落的原因等。

在学科建设发展方面，本课题将对宋明理学、《四书》学等学科方向具有重要的建设作用。阳明后学研究是中国哲学，尤其是宋明理学研究中的薄弱环节。阳明后学文献浩如烟海，理论辨析细致入微，同时也是中国思想史上极具活力的大发展阶段。在大规模的文献整理及深入研究的基础上进行专精研究，本课题将有力地促进阳明后学成为中国哲学学科新兴的研究方向，为宋明理学提供更为丰富的研究资源以及可以开拓的理论研究空间。

在资料文献的发现利用方面，围绕《四书》注释这个中心，本课题选择了阳明后学研究中急需的、价值很高的研究资料。课题围绕阳明后学《四书》注释所进行的文献普查,也将是明末清初以来最大范围的一次全球性的深入调研。在调研基础上形成的文献提要将引导后续阳明后学文献的整理以及研究,成为阳明后学研究的重要工具书。

3. 研究思路及方法

本课题以阳明后学《四书》注释文献普查为出发点,将文献整理和哲学思想研究结合起来,整体思路框架如下图所示:

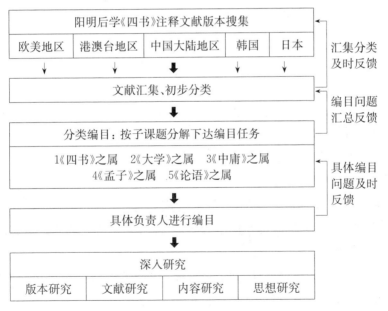

就古籍搜集范围而言,本课题文献考查涉及如下五种主要途径:中国大陆地区收藏阳明后学文献普查与著述考;港澳台地区

收藏阳明后学文献普查与著述考；日本收藏阳明后学文献普查与著述考；韩国收藏阳明后学文献普查与著述考；欧美收藏阳明后学文献普查与著述考。将从这五种途径搜集来的文献分类编目，逐一考证，汇编成书。

阳明后学《四书》注释文献著述考的重点是从阳明后学文献的搜集、整理与分析入手，涉及版本、目录、考据等相关领域，在此基础上通读全文并了解海内外学术界相关研究成果，进而融会贯通总结概括该文献的内容主旨及其学术价值，并做出详细提要。提要在某种程度上就是一篇如《四库总目提要》那样的学术笔记或论文，篇幅短小而内容丰富。高质量的提要不能仅是普通的介绍性文字，而是要求能在深入研读原典文献并总结前人研究基础之上提出自己的研究心得与独到见解，因此要求研究者具备相当的文献功底、宏观思想视野与微观考证工夫。

首列著述考目录：著述考一级目录分五类，分别是 1.《四书》之属，2.《大学》之属，3.《中庸》之属，4.《孟子》之属，5.《论语》之属。属于《四书》总著的不再单独列入其他具体的目录，如《四书私存》直接归入《四书》之属，不再单列《孟子私存》等。二级目录按照成书年代排序，以体现阳明后学《四书》发展的历史进程。无成书年代的，按照作者出生的时间排序；成书时间及著者生卒年不详的，按照与作者同时交往的学者年代排序；无法考证具体时间的，一律放置最后。

著述考内容体例参照谢国桢《晚明史籍考》，同一种著述均需考察版本源流，将所见之版本尽可能逐一实地阅读，凡所知者皆行著录，并注明藏诸何家，以便研究者寻检。凡暂时定为散佚的书目，要尽可能搜集与其相关的信息，以便日后进一步完善。凡所著录概以成书者为限，重要的思想性极强的短篇，亦逐一辑录。凡套引前人著录者，须检验考证，不宜盲从。此外还须考证作者与阳明学关系，序跋、题跋、凡例，按时代排列于前。编者按语，即提要部分，为说明书中之内容，评价其价值，附于后，以供读者探讨之一助。

本课题研究的主要方法有：

一是实证考据与哲学思想的分析相结合。本课题的研究立足于对阳明后学文献的整理与研读，尽量挖掘和使用原典文献来说明和论证。在提要中力求将文献考据与哲学思想的分析结合起来，同时注意吸收历代学者的相关研究成果，进而提出自己的学术见解，使提要既有坚实的文献依据，又有一定的理论深度，并为进一步的学术研究提供线索。

二是比较分析法。将阳明后学文献放到整个宋明哲学思想史的发展脉络中与同类著作（包括东亚儒学圈内朝鲜及日本的相关著作）进行纵向比较分析，或者与同时代其他著作或学者进行横向比较分析。

本课题的研究需要多种方法同时运用，如文献学方法：运用包括目录学、版本学、校勘学、文字学在内的多种方法对阳明后学的《四书》注释文献进行收集、考证、辨伪、标点、校勘等。比较研究法：将阳明后学个案的《四书》注释思想与同时代的阳明后学学者乃至朱子后学学者进行比较，辨析其思想的异同以及相互间的影响。哲学阐释与社会历史考察相结合的方法：将阳明后学《四书》注释的思想放在明朝中晚期的社会历史（包括思想史）中去考察、分析其发展、演变及其思想贡献。

惟有长期的专注研究，才可能深入到作者的语境中；惟有对于作者思想体系烂熟于心，才能真正推进思想研究部分，做到义理豁然。以阳明后学学者为中心，搜集和整理海内外所藏相关的《四书》注释文献版本，包括海内外馆藏的各种古籍稿本、抄本和刻本，及今人整理出版的影印本和点校本，以及其他相关原始文献等。此外对于阳明后学《四书》注释的亡佚文献也应该加以考察，以期全面系统地把握学者的文献及其学术贡献。通过版本目录等文献学的研究，弄清该文献的成书过程、流通经历等，进而探讨其编纂体例与文献价值。研读文献全文，并在前人研究基础上概括该文献的内容主旨及学术价值。在研究的过程中注意将理论阐释与统计分析、宏观分析与微观分析、历史文献的分析与哲学思想的阐释、层次分析与比较分析等多方面的探讨有机地结合起来。

　　阳明后学《四书》注释文献是阳明后学文献的重要组成部分。通过大范围深入调研阅读，普查阳明后学文献，摸清《四书》注释文献的家底，不仅能够为本课题在宏观上提供清晰的思路，保证本课题的深入研究，同时也为今后的阳明后学文献整理指明方向。本课题以《四书》注释深入阳明后学研究，将从经学传统推进阳明学的深入研究。

附：提要示例：《语孟说略》解题

王传龙

　　《语孟说略》上、下两卷，抄本，无格楷书，半叶十一行，行二十四字，卷首有"小心斋"、"复旦大学图书馆藏"印章，无抄写者姓氏。是书卷首题"无锡顾宪成泾阳氏辑"，知为明代东林党领袖顾宪成所辑之图书。清康熙三十七年（1698）张纯修刊本《顾端文公遗书》三十七卷中并未收录此书，清光绪三年（1877）泾里宗祠重刊本《顾端文公遗书》目录中虽有《语孟说略》，但下注"嗣刻"二字，知其亦未付梓。此书极为稀见，向未见刻本流传，存世者仅有复旦大学图书馆所藏抄本，而《问为国章》之下又缺十六页，新中国成立后《续修四库全书》经部第一百六十二册、《无锡文库》第四辑曾据以影印出版。顾宪成斋名"小心斋"，《无锡文库》本卷前有蔡家彬所撰说明文字，而称之为"明抄本"，或受此影响而误断。今考此抄本中凡若干处"徐儆弦"之"弦"字皆缺末笔，《人能弘道章》中十九处"弘"字皆缺末笔，《颜渊死章》中"否则宁止"之"宁"字亦缺笔改字，此皆为避清帝讳无疑，故知此本之抄写年代不可能早于清道光朝，属于晚清抄本。"小心斋"之印，或为顾氏后裔所沿用，或为后人仰慕顾氏而袭用，且不能排除书贾作伪以冒充顾氏稿本之可能。复旦大学图书馆另藏有《大学意》《中庸意》《大学说》《中庸说》四种抄本，封面题"学庸意附学庸说"，卷首题"端文顾公著"，亦有"小心斋"、"复旦大学图书馆藏"印章，而《大学说》《中庸说》两种笔迹与《语孟说略》一致，当出于一人之手。蔡家彬又称"据《顾端文公年谱》，《大学意》撰写于万历五年宪成中举当年，《大学说》写于万历十五年。……清康熙年间张纯修帮助顾贞观重订并刊刻《顾端文公遗书》十五种，《大学意》、《中庸意》、《语孟说略》作为《泾皋家塾三书》之一部分附刻"，此说亦有多处讹误。今核清康熙刻本《顾端文公年谱二卷谱首一卷末一卷》（载《续修四库全书》史部第五百五十三册），大字正文注明"（万历）二年甲戌二十五岁作《学庸说》"、"（万历）三十九年辛亥六十二岁正月建宗祠，作《家训》，集《语孟说略》"，是蔡氏所标之年代皆误；又核清康熙张纯修所刊之《顾端文公遗书》（载《续修四库全书》子部第九百四十三册）并未收录《语孟说略》一书，而《泾皋家塾三书》更是直至清光绪泾里宗祠重刊本《顾端文公遗书》方收录，且家塾三书分别为《文公朱子童蒙须知》《司马文正公居家杂仪》《蓝田吕氏乡约》，并不包括《语孟说略》等三书在内。惟张纯修确曾刊行过《大学意》《中庸意》两书，卷端题"顾泾阳先生学庸意"，与《顾端文公遗书》卷端统标"顾端文公"云云不同，应为集外单行之本，今藏哈佛大学哈佛燕京图书馆。又按，《学庸说》（即《大学说》《中庸说》两书）与《语孟说略》编撰时间跨度极大，且一为顾宪成年轻时所撰之私塾讲义，一为其年迈时所辑录之明儒旧说，两者原本毫不相干。后世学者将其同时杂抄，盖因其同归于四书，或有助于科举研习之便。据蔡献臣《小心斋札记序》称："泾阳顾先生魁南畿时，笔力议论与苏长公相上下，天下人士争慕效之，文体为之一变。"可见顾宪成之科举文章在当时颇有影响，效其笔法议论者所在多有，历代传抄其所解四书之义亦在情理之中。

顾宪成（1550—1612），字叔时，号泾阳。万历四年应天乡试第一名。万历八年殿试第二甲第二名，同年授户部主事，后改吏部主事。万历十五年，顾宪成署吏部稽勋司员外郎，因上《奏为恭陈当今第一切务事》申辩朝政是非，圣旨降三级、调外任用，遂补湖广桂阳州判官，次年升浙江处州府推官。万历二十年，举公廉寡欲天下推官第一，擢授吏部主事，至京后升吏部验封司员外郎，次年升验封司郎中，又改调文选司。万历二十二年，因会推阁臣忤旨，寻革职为民。归乡之后，顾宪成全力著述讲学，并与其弟顾允成倡修东林书院，与高攀龙、薛敷教等人大会吴越之士讲学于其中。清张廷玉《明史·顾宪成传》云："当是时，士大夫抱道忤时者率退处林野，闻风响附，学舍至不能容。"东林学派在讲习之余，又喜讽议朝政、臧否人物，兼与朝廷仕人相应和，被宦官魏忠贤所嫉恨，遂酿成明末党争之祸。然顾宪成人品刚直不阿，平生正道而行，即使攻击东林党最烈之亓诗教亦称："门户之祸始于东林，东林之名倡于顾宪成……然顾宪成自贤，即宪成之外亦自多贤者。……方东林之初起也，贤如顾宪成者主盟，使天下望之如登垄焉。"（明刻本《万历辛亥京察记事始末》卷七）由此可见，对于顾宪成之品德声望，在立场分歧之阵营中亦少有指摘之人。万历四十年五月二十三日，顾宪成卒于家，终年六十三岁。崇祯初，朝廷追赠顾宪成为吏部右侍郎，谥号"端文"。顾宪成生平著述颇多，《小心斋札记》等书在明万历年间已然刊行，清康熙时张纯修从顾宪成曾孙顾梁汾处得旧刻十书之抄本，次第付梓，并选辑《顾端文公遗书》三十七卷刊印传世。清光绪时泾里宗祠复重刊《顾端文公遗书》，但仍有《语孟说略》《桑梓录》等十种书注明"嗣刻",并未收录完整。二〇一二年,凤凰出版社出版《无锡文库》,其第四辑中将顾宪成现存著作汇总影印出版,是当前收录最为完备之本。

　　顾宪成编辑《语孟说略》,时在其去世前一年。据《顾端文公年谱》集《语孟说略》条下载:"枢、柱初习举子业,公喜谓其可嗣书香也,取宋大儒诸集,手批口授,并采近人所发《语》《孟》大义节略示之,多取薛畏斋、徐儆弦之说,意主超辟,非屑屑为制艺津梁者。"由此可知,《语孟说略》本为顾宪成晚年为孙辈所编辑的科举用书。尽管《语孟说略》并非顾宪成本人著作,但观其选择去取之文字,亦可从中窥见其学术宗主之倾向。《语孟说略》主要选取徐儆弦、薛畏斋、李见罗、沈长水四家议论,前三家只在文后标注姓名,而沈长水则兼标注《与滕学宪少松兄书》《答陆生》等具体出处。盖因前三家均为前贤,而沈长水与顾宪成则为同辈之人,观沈氏《与顾泾阳书》中称"今者先生与仆并在山樊,可以通书请益"(明万历刻本《长水先生文钞·水云绪编》),而沈氏《贲园草》此时业已刊刻,顾宪成或睹见其书,故摘录之文皆详细标明来源。《语孟说略》不涉及训诂音释,而只侧重于章节大义,其中虽以程朱之学为主,但亦兼取阳明心学之立场,并不专主一家。书中先标《论语》《孟子》各章节之名,继而援引四家之说,全无顾氏引申拓展之语,而四家说中又往往转引二程、朱熹、张南轩、王阳明、王艮等理学大儒之语,是虽标四家之名而有杂取诸儒之实。惟大部分章节大义都仅为寥寥数语,直接囊括该章之主旨,其中又多有偶对之句。然则《年谱》虽称"非屑屑为制艺津梁者",但从此书体例推测,似有意供科举八股文破题之用。若以拣选之功而言,《语孟说略》一书所辑之说多浑厚有味、醇雅少疵,而文字又浅显易懂、简练利落,甚便初学入门者。

概言之，若以此书为入经学之门径，可收提纲挈领之效；若以此书为修身之要约，可充含蕴咀嚼之重言。锡山令林宰在明万历三十六年刊本《〈小心斋札记〉后序》中称"盖先生之学，禘孔而郊孟，祖周而宗朱，有宋儒之实践而融其拘，习近儒之洒脱而汰其荡"，诚为中允之言。

二、阳明学文献整理与
研究的新进展

《陶望龄全集》编校说明

李会富

一

陶望龄(1562—1609),字周望,别号石篑,人称石篑先生,晚年榜所居曰"歇庵",学者又称歇庵先生,浙江绍兴府会稽县陶家堰(今浙江省绍兴市越城区陶堰镇陶堰村)人,是明朝后期著名的理学家,阳明后学的重要代表。

陶望龄出身书香世家,祖上历代业儒,父亲陶承学为嘉靖二十六年丁未科进士,官至南京礼部尚书。望龄为承学三子,深受家风熏沐。他自幼聪慧,虽在稚年,便进止有度,俨若成人。五岁时,人试以句"中举中进士",便应声对曰"希贤希圣人"。十岁时,以"男子从父"为由,随父任职河南,途中与仲兄陶益龄相对问答,言论不俗,"皆世外语"。① 十七岁补邑弟子员,与外兄谢开美等致力于古

---

① 黄汝亨:《祭酒陶先生传》,《寓林集》卷十一,《续修四库全书》第1369册,第140页。按:关于陶望龄随父任职河南时的年龄,陶奭龄《先兄周望先生行略》、黄汝亨《祭酒陶先生传》、《会稽陶氏族谱》本传等皆记为七岁,钱谦益《列朝诗集小传》丁集下《陶祭酒望龄》记为九岁。然考《明穆宗实录》卷五十五所记,隆庆五年三月庚寅,"升山东布政使司右布政使陶承学为河南布政使司左布政使"。是年,望龄十岁。据此,望龄随父任职河南时当为十岁。

文辞，"搜讨百氏，力追先秦，所称中原七子非其好也"。① 十九岁，赴北京与时任御史商与正之女成婚，后居于商家燕邸，尽阅京师人士所为文，得京师名公赏识。万历十二年，时二十三岁，自燕返越，补试睦州，被浙江提学副使林偕春置为案首。次年参加浙江乡试，中第二名。万历十七年，得会试第一名，殿试第三名，授翰林院编修，与同科状元、翰林院修撰焦竑一起读书秘阁，相互激励，专力圣人之学。万历十九年，因仲兄陶益龄去世，其父由悲而病，遂请告归家陪侍父亲。万历二十二年，起补原职。适逢朝廷开史局，望龄同修国史。万历二十三年，与袁宗道、董其昌等一起充任会试同考官。是时，袁宗道、黄辉等人同在翰林，望龄与之相交甚欢，研讨学问，大有诣入。"同馆中，诗文推陶望龄，书画推董其昌"，②黄辉则以诗书与他们齐名。是年考满，再次请告归家，道经吴县，前往拜访吴县县令袁宏道，两人长谈三日。后上剡溪，拜访海门周汝登，二人从此相交甚密，常以书信往来，商讨学问。万历二十四年九月，携弟奭龄与袁宏道等人同览太湖名胜。次年春，再偕游西湖、天目、黄山、齐云等东南名胜。万历二十七年季秋，周汝登来访，二人在山阴阳明祠共创"证修会"。万历二十九年复职原官，不久转为太子中允，撰述制诰，后升左春坊左谕德兼翰林院侍读。万历三十二年三月，充任廷试受卷官。逾月，乞骸骨以归。万历三十三年十一月，诏起国子监祭酒，上疏力辞不赴，后以新衔在籍。望龄归家后，一心研修学问，在曹山筑屋数间，延请豫

---

① 陶奭龄：《先兄周望先生行略》，陶望龄：《歇庵集》附录一，《续修四库全书》第1365册，第653页。

② 张廷玉等撰：《明史》，中华书局，1974年，第7394页。

章阳明学者李梴山，①与之晨夕相处，同修圣学。万历三十七年六月卒于家，享年四十八岁。天启元年，以学行谥文简。

陶望龄在少儿时便明确表示"吾欲为圣人"，②向人询问成圣之道。后笃信阳明致良知之教，于宋儒推崇慈湖杨简，于明儒推崇阳明。在他看来，历代圣贤对圣人之教的表述虽有不同，实则"东海西海，廓尔同心；先圣后圣，居然一揆"，③它们在本质上是同一种学问，即心学。这种学问至王阳明而发扬光大，所以他说："古今谈道术者不为不盛矣，而未有如阳明先生。"④他认为，阳明所揭之良知即是对人的本心的描绘，是尧舜以来圣圣相传之道，阳明则是数千年来古今道统的传承者。在阳明传人中，他十分尊崇王龙溪和罗近溪，而尤嗜近溪之语，赞之为"人天之眼，贤圣之腮"。⑤在他看来，"新建之道，传之者为心斋、龙溪"，⑥而罗近溪是心斋之学的传人，因而也是阳明之道的延续者。为了继承近溪之学，他精研近溪著作，特辑《近溪语要》一书。由此，陶望龄在思想上便成为心斋、近溪一脉的传承者。同时，他又与周汝登一道倡道越中，延续龙溪等人学脉，阐发王学思想。这使得他在思想上又深受周汝登影响，与其一并成为龙溪一脉在越

---

① 李梴山，名廷止，江西丰城人，曾师事罗近溪、李见罗、王龙溪，被龙溪称为"铁脊汉"（道光《丰城县志》卷十五，台北：成文出版社，1975年影印，第1408页）。

② 陶奭龄：《先兄周望先生行略》，陶望龄：《歇庵集》附录一，《续修四库全书》第1365册，第652页。

③ 陶望龄：《圣学宗传序》，《歇庵集》卷三，台北：伟文图书出版社，1976年，第327页。

④ 陶望龄：《招隐篇》，《歇庵集》卷十二，同上，第1809页。

⑤ 陶望龄：《与何越观》，《歇庵集》卷十五，同上，第2229页。

⑥ 陶望龄：《旴江要语序》，《歇庵集》卷三，同上，第358页。

中的重要传人。

就修养工夫而言，陶望龄既强调本心的无善无恶、无为无染状态，反对执著用智，又强调本心与百姓日用的合一状态，反对道事分离。他解释"良知"说："混同万有，昭察天地，灵然而独运之谓知；离闻泯睹，超绝思虑，寂然而万应之谓良。"①一方面，良知本就是超越见闻、超绝思虑、无思无为的，不能有任何增损或执著。不但恶念不属其本有状态，而且善念亦非其本有状态。因而，为善去恶的修养工夫终究只是一种暂时的权借之法，并不能直指本体。只有无善无恶、善恶双遣，才是为学之正宗和捷径。所以他说："至为本乎无为，不习乃能时习。"②又说："无善即进善之捷径，无非乃去非之要津。"③这种思想便与龙溪"四无"说十分相近。另一方面，良知又是灵然独运、昭察天地的，与人伦事物、百姓日用为一体。他说："心无体而靡事不心，事何依而无心不事。"④"事者道之事，道者事之道。道之外必无事，事之外必无道。"⑤事乃是心之运用、道之流行，心与事、道与事是合一不二的，良知本体就存在于其自然发用之中。只要顺从良知本体之自然发用，做到顺性契真，就可以无形累之私，无适而非道。因而，为学工夫就在于顺从良知的自然流行，就要做于百姓日用处。他说："百姓日用处即圣神地位

---

　　①　陶望龄：《重修阳明先生祠碑记》，《歇庵集》卷六，台北：伟文图书出版社，1976年，第 906 页。

　　②　陶望龄：《圣学宗传序》，《歇庵集》卷三，同上，第 324—325 页。

　　③　陶望龄：《书周子九解后》，《歇庵集》卷十四，同上，第 2045 页。

　　④　陶望龄：《圣学宗传序》，《歇庵集》卷三，同上，第 325 页。

　　⑤　陶望龄：《重修勋贤祠碑记》，《歇庵集》卷六，同上，第 897 页。

处,圣神地位处即学者入手处。"①这便与心斋"百姓日用即道"思想相一致。

陶望龄的思想不仅体现了兼承"二王"(王心斋、王龙溪)、融会"二溪"(罗近溪、王龙溪)的特点,而且具有融会儒释、贯通三教的倾向。他认为,三教虽然形迹不同、教法有异,但其归宿和宗旨却是相同的,它们都是通往性道的途径,因而,学者不可执著于三教的差异,而应借助三教的教法,实现自我心性的发明。他说:"学求自知而已。儒释皆津筏边事,到则舍矣。"②由此,他反对理学史上长期以来的辟佛传统,并认为明道、阳明、龙溪等人对佛教的批判实际上是"名叛而实近"、"阳抑而阴扶","今之学佛者皆因'良知'二字诱之也"。③ 他将佛教思想与阳明心学相融合,用佛学思想去阐释阳明的良知之学。他用一心变现万法的思想去说明本心向外在人伦事物的发明显现,用一多相摄、事理圆融的思想去说明心与事、道与事的体用不二。他还将放下执著、不起念虑作为直指本心的为学工夫。他说:"所谓工夫者,非是起心造意,力与之争,只是时时念念放下去。……此是三教中了心性的第一神丹,一超直入的秘旨。"④这样一来,他便将阳明学的致良知工夫转化成了佛门禅法,成为明朝后期阳明学与禅学相融合、良知之学与禅悦之趣相会通的重要代表。

陶望龄在文学方面也卓有盛名。清初邵廷采曾说:"越中古

---

① 陶望龄:《与幼美兄八首》,《歇庵集》卷十五,台北:伟文图书出版社,1976 年,第 2262 页。
② 陶望龄:《与徐鲁源先生二首》,《歇庵集》卷十五,同上,第 2208 页。
③ 陶望龄:《辛丑入都寄君奭弟书十五首》,《歇庵集》卷十六,同上,第 2361 页。
④ 陶望龄:《与我明弟》,《歇庵集》卷十五,同上,第 2257—2258 页。

文,推阳明、石篑冠绝有明。"①陶望龄曾与公安"三袁"交游相善,
参加了"蒲桃社"等学术活动,是公安学派的重要成员,并以清新诗
文闻名于世,成为一代宗工。他的文学理论贯彻了其哲学思想。
正如其哲学思想强调本心的自然流行一样,其文学理论强调性情
的自然抒发,主张"缘性而抒文",②反对拟古袭古。他认为,好的
文章应该是平淡之中见新奇,而这种平淡和新奇只能出自作者自
己的胸臆,不能出自剽窃沿袭。作者既不应该为了新奇而刻意模
拟古人、追求新奇,也不应该为了平淡而刻意舍弃新奇、追求平淡,
而只应顺从自己的本心,抒发自己的性情。他说:"凡自胸膈中陶
写出者是奇是平,为好;从外剽贼沿袭者非奇非平,是为劣。"③这
一文学理论与公安"三袁"的直抒"性灵"思想相一致,是公安派文
论思想的重要内容。

<h2 style="text-align:center">二</h2>

　　陶望龄在初入翰林时便以诗文著称于世,其著作受到时人
追崇,流传于士林。嗣后,他参与编修国史、撰述制诰,作了大量
馆课、制草等官书公文;又与焦竑、袁宗道、袁宏道、黄辉、董其
昌、周汝登等众多文人名士相交往,或集会结社,作诗作文,或书
信往来,辩难酬答,或游览名胜,记述雅兴,写了大量文字著述;

---

　　① 邵廷采:《王门弟子传》,《思复堂文集》卷一,《四库全书存目丛书》集部第 251
册,第 306 页。
　　② 陶望龄:《马曹稿序》,《歇庵集》卷三,台北:伟文图书出版社,1976 年,第
373 页。
　　③ 陶望龄:《登第后寄君奭弟书五首》,《歇庵集》卷十六,同上,第 2338 页。

此外,还因他夙有文名,而常为人请托,撰写碑记、墓铭、赠序、书启等文章。因而,陶望龄的著述,文体种类杂,文字数量大,流印版次多。关于陶望龄的著作书目,相关史料记载也各有不同。现根据相关史料记载及现存资料,对陶望龄著述情况作以简要考辨梳理。

(一)著作类

史载或现存署名为陶望龄的著作主要有:

1.《歇庵集》

该书目见载于《先兄周望先生行略》《祭酒陶先生传》以及徐𤏡《徐氏家藏书》、祁承㸁《澹生堂藏书目》、徐乾学《传是楼书目》、黄虞稷《千顷堂书目》、《明史·艺文志》、《会稽陶氏族谱·艺文志》等众多文献,是陶望龄诗文、序跋、碑铭、传记、书信、馆课等各类文章的文集,也是其最主要的著作。该书刻印较早,且经多次修订,因而版本较多。总体来看,该书在流传过程中形成了基于王应遴刻本、乔时敏刻本的两大系统,出现了十六卷本、十卷本、二十卷本、十三卷本以及递修本、节选本等众多版本。

(1)王应遴刻本(以下简称"王刻本")

王刻本是《歇庵集》的最早版本,刻于万历三十八年冬。据余懋孳《歇庵集小引》、陶履中《刻水天阁集凡例》《重刻水天阁集后跋》等资料记载,陶望龄逝后,他的门人、时任山阴知县余懋孳便立即着手搜集整理陶望龄著作,并从陶奭龄处得到陶望龄的遗作,但因其公务繁忙,遂将遗稿整理工作托付给王应遴。他本希望在王应遴整理好手稿之后,再向同门征求意见,订正谬讹;然而,王应遴却于万历三十八年(陶望龄逝后第二年)冬整理好初稿后,急忙将书稿刻印发行，"顿令长安纸贵"。①

王刻本后经多次翻刻或修订，并在翻刻、修订的过程中又形成了"王应遴校本""真如斋校本"两个系列。"王应遴校本"共十六卷，各卷卷目后一行署"会稽陶望龄著，山阴王应遴校"，现存台湾"国家图书馆"藏本和原国立北平图书馆甲库善本书藏本两种版本。台湾伟文图书出版社有限公司辑《明代论著丛刊》所录《歇庵集》(1976年版)即为前者的影印本，而中国国家图书馆编《原国立北平图书馆甲库善本丛书》(2013年版)第856册所录《歇庵集》则为后者的影印本。两种版本总体内容、基本体例、刻印版式相同，但个别篇目有所差异。另外，台湾"国家图书馆"藏本的王应遴《歇庵集跋》为汉隶字体，文末署"万历庚戌冬仲，山阴王应遴谨识"；而《原国立北平图书馆甲库善本丛书》本则为宋体，且题为《刻歇庵先生文集题辞》，文末落款作"万历辛巳上巳日，山阴王应遴董父谨题"，②当为后出版本。

"真如斋校本"有十卷本和十六卷本之异，各本每卷卷目之下皆署"真如斋校梓"，卷目后一行署"明会稽陶望龄周望著"。其中，十卷本为万历刘龙田乔山堂刊本。该本卷首有王应遴《叙陶歇庵先生文集》，该文与十六卷"王应遴校本"《歇庵集跋》基本相同，仅在末段介绍《歇庵集》成书过程时稍作修改，文末落款日期改为"万历辛亥冬仲"。该本卷首总目录题为"陶会元歇庵集初刻目录"，卷

---

① 余懋孳：《歇庵集小引》，陶望龄：《歇庵集》卷首，台北：伟文图书出版社，1976年，第15页。

② 按，该本卷首王应遴《刻歇庵先生文集题辞》(以下简称"王叙")前录有余懋孳《歇庵集小引》，文末落款日期为"万历辛亥上巳日"。据此，王叙落款"万历辛巳"当为"万历辛亥"刻印之误。

尾有"万历辛亥季冬月乔山堂刘龙田镌"刊记。国家图书馆古籍馆善本室藏有该本,共两函,每函八册。另,西南师范大学出版社、人民出版社联合出版的《域外汉籍珍本文库》第四辑集部第十三册亦影印该刻本,所据底本为日本国立文书馆藏本。"真如斋校本"十六卷本现存两种:一种在每卷卷目下仅署"真如斋校梓",后署"明会稽陶望龄周望著";另一种在"明会稽陶望龄周望著"之后又署"晋陵张师绎克隽校",卷末署"万历辛亥秋,蝶花庵正字"。前者,国家图书馆古籍馆善本室有藏本;后者为原国立北平图书馆甲库藏书,《原国立北平图书馆甲库善本丛书》第855册影印该本。这两种版本的版式、篇目基本一致,仅在个别卷次,后者比前者篇目稍多。而相比于十六卷本,十卷本所录文章数量要少很多。十六卷本的许多篇目,乃至个别卷次(如卷二、卷九、卷十六)的整卷文章,十卷本均未收录。

　　"王应遴校本"与"真如斋校本"尽管存在文字、篇目等差异,但各本在版式、体例等方面总体相近。它们有共同的源头,即万历三十八年的王应遴刻本。据王应遴《歇庵集跋》所记,当初他向陶奭龄索要陶望龄遗稿时,陶奭龄曾认为遗稿中"不无少作可弃之文、应世未情之语",想加以删减,"以著雅醇",但是王应遴并没有听从陶奭龄的意见,而是保留了这些内容。因而,王刻本系统各个版本所录文章都是未经删减的文章,基本反映了陶望龄遗稿的原貌。其十六卷本各版所保留的文章数量较多,篇目较全。

　　(2)乔时敏刻本(以下简称"乔刻本")

　　由于王刻本在编辑过程中并没有遵从陶奭龄的要求,定稿前也没有征求陶门学者的意见,再加上编刻仓促,里面出现了一些错

误,因而该刻本在一些陶门学者看来"未称尽善"。① 于是,陶望龄
的门生、时任仁和知县乔时敏(据光绪《杭州府志》,乔氏于万历四
十年起任仁和知县)便着手重新修订《歇庵集》。该修订稿在经过
谢开美、商浚、陶奭龄、陶祖龄订阅后付梓行世,遂成乔刻本。

　　乔刻本在内容和体例上都与王刻本有所不同。在内容上,
乔刻本对王刻本进行了"删繁订讹"。② "删繁"主要体现在两个
方面:一是对部分篇章进行了文字删减,如,将墓志铭中介绍墓
主子孙繁衍情况的繁琐信息、某些书信首尾的寒暄问候之语作
了删减,使整篇文章显得更凝练;二是对部分篇目进行了删减,
将个别文章整篇撤去。"订讹"主要是对王刻本的文字内容进行
了校对订正,将里面的错讹文字和错误表述做了改正。体例上
的修订主要有三个方面:一是将王刻本原来杂糅在各卷中的馆
课文章抽了出来,单列成卷;二是将原来王刻本的十六卷厘定为
二十卷;三是在书后添加了陶望龄亲朋故旧、门人弟子所作的行
略、祭文、挽诗三卷附录。该本于国家图书馆、华东师范大学图
书馆皆有藏本。《续修四库全书》所录《歇庵集》即影印华东师范
大学图书馆所藏乔刻本。

　　乔时敏的删减修订,使《歇庵集》在内容上更精练,体例上更合
理,基本符合了陶门学者的要求,"遂称定本"。③ 此后,陶履中天
启刻本(以下简称"陶刻本")、陆梦龙《歇庵先生集选》都是在乔刻
本的基础上修订、节选而成。

------

　　① 陶履中:《刻水天阁集凡例》,陶望龄:《陶文简公集》卷首,《四库禁毁书丛刊》
集部第9册,第165页。
　　② 同上。
　　③ 同上。

陶刻本由陶履中于天启六年在瑞州筠阳道院修订刻印。陶刻本对乔刻本的修订主要有以下几个方面：一是将书名改为《陶文简公集》，又名《水天阁集》；二是对乔刻本的某些错字做了改正；三是对《族谱略传》等个别篇章略作增补；四是删去了乔刻本的附录；五是把馆课、程式抽出，将剩下的内容重新厘定为十三卷。陶刻本现存两种：一种为陶履中天启六年的初刻本，该本共十三卷，无附录；一种为前者的增补递修本，在十三卷之后附有《功臣传草》一卷。前者，中国科学院图书馆有藏本，国家图书馆藏有残本，《四库禁毁书丛刊》所录《陶文简公集》即影印中国科学院图书馆藏本。后者，南京图书馆有藏本。

陆梦龙辑《歇庵先生集选》是乔刻本《歇庵集》的节选本。该书共四卷，为万历刻本。卷首有陆氏《歇庵先生文集选序》，文末署"万历己未五月望陆梦龙君启书于粤署"。国家图书馆有藏本。

除以上各版外，《歇庵集》某些篇章还曾被他书收录而单独成卷刻印。例如，明金陵李少渠刻《四六狐白》（又名《启集狐白》）卷十一《陶石篑先生四六狐白》便完全录用王刻本《歇庵集》之启类文章。《游台宕路程》《放生辩惑》《墨杂说》《徐文长传》《平播州碑记》等也曾单独成卷，被他书收录。

2.《功臣传草》

该书目见载于《先兄周望先生行略》《祭酒陶先生传》《徐氏家藏书》。《先兄周望先生行略》称之为《开国功臣传》，《祭酒陶先生传》称之为《功臣传》，皆未注卷数。《徐氏家藏书》卷七在"《水天阁集》十三卷"之后，注"附《功臣传》一卷"。

该书为陶望龄于万历二十二年至二十四年间所作。是时他任翰林院编修，同修国史。该书是他为修撰国史所作的草稿，后因万历二

十四年史局罢辍,而未竟成书。陶履中于天启间初刻《陶文简公集》时
曾计划将此稿整理为一卷,附于集后。此后,递修本《陶文简公集》便
收录该稿,此即《徐氏家藏书》所记者。该书,南京图书馆现有藏本。

3. 制义

陶望龄所作制义,因属科举时文,各书目书多不记载。惟清陶
元藻辑《会稽陶氏族谱·艺文志下》载,陶望龄有制义文集,名《瑞
莲堂稿》。现存陶望龄制义文集主要有两种:一为明末陈名夏所
辑《国朝大家制义》之卷三十二,题曰《陶歇庵稿》;一为清俞长城所
辑《可仪堂一百二十名家制义》之卷二十四,题曰《陶石篑稿》。前
者现存明末陈氏石云居本,共三十五篇;后者现存康熙步月楼、令
德堂全梓本和乾隆文盛堂、怀德堂全梓本,皆为十六篇,其中十一
篇与前者相同。国家图书馆皆有藏本。

4.《解老》

据陶奭龄《先兄周望先生行略》、陶履中《刻老庄解后跋》所记,
万历三十七年陶母去世后,陶望龄率弟侄辈为其守墓,其间曾参照
焦竑《老庄翼》为他们讲解《老》《庄》,"标其要义,书诸简端,凡若干
段"。① 不久,陶望龄便去世,其讲解《老》《庄》的遗稿则由其侄子
陶履中于万历四十三年辑刻成书。陶履中将讲解《老子》部分辑为
上下两卷,称为《解老》;将讲解《庄子》部分辑为五卷,称为《解庄》;
两书合刊,称《老庄解》。

陶履中所刻《解老》原与《解庄》合刊,但后世刻印者多为单行
本,故各书目书都将它们作为两种不同的书各自单列。关于《解
老》,各种记载皆为二卷,但其书名有所不同。《澹生堂藏书目》称

---

① 　陶履中:《刻老庄解后跋》,陶望龄:《老庄解》卷末,南京图书馆藏本。

之为《陶周望老解》,《千顷堂书目》称之为《陶周望老子解》,《明
史·艺文志》称之为《老子解》,而《八千卷楼书目》则称之为《解
老》,盖所记版本或有不同。该书现存陶履中刻本,南京图书馆、浙
江图书馆、日本嘉静堂文库皆有藏本。严灵峰《无求备斋老子集
成》所录陶望龄《解老》即影印日本嘉静堂文库本。

5.《解庄》

该书由陶履中据陶望龄生前讲解《庄子》之语所辑而成,流传
过程中有两个版本影响较大:

(1)陶履中万历刻本

该本共五卷,由陶履中万历四十三年所辑而成,与两卷《解
老》一并刻印。该本是《解庄》初刻本,此本后来或有翻刻。《澹生
堂藏书目》所记《陶周望庄解》、《明史·艺文志》所记《庄子解》、《千
顷堂书目》所记《陶周望庄子解》皆为五卷本,当即是此本或其翻刻
本。南京图书馆、浙江图书馆现有藏本。

(2)茅兆河天启刻本

该本共十二卷,由茅兆河取陶望龄《解庄》与郭正域《庄子》评
语套印而成,卷首有韩敬作于天启元年的序文。《四库全书总目提
要》所记内府藏本《解庄》即是此本。《八千卷楼书目》所记陶望龄
十二卷本《解庄》当亦指此本。中国科学院图书馆有藏本,《四库全
书存目丛书》所录《解庄》即影印该藏本。

6.《制草》

《先兄周望先生行略》《祭酒陶先生传》皆云陶望龄有《制草》若
干卷。此书当为陶望龄任太子中允时所作,乃其所拟制诰的草稿。
该稿藏于陶家。天启间,陶履中刻《陶文简公集》时曾表示,之所以
将馆课从文集中分离出来,并与《功臣传草》别为卷第而附于十三

卷文集之后,其原因之一就是"尚有《制草》未刻,便于续入"。① 陶崇道辑《会稽陶氏族谱·艺文志上》载陶望龄有《制诰》四卷未刻,当即为此稿。现已佚。

7.《陶石篑先生四书要达》

该书为清徐灿、袁终彩所辑,共二十七卷,为科举应试之书。卷首有时任江南督学张榕端于康熙三十九年所作序文。现存康熙续薪堂刻本,藏于国家图书馆。其《凡例》称,该书为"石篑陶先生于万历年间为翰林院修撰时所作"。又说:"此书向刻于闽省建邑书林余象斗。经兵火后,原版已失,偶存旧本。今汇纂重辑,字遵监本,剞劂精工,并无鱼豕之讹。"《四库禁毁丛书补编》第 3 册录有此书,并在封面标明"明陶望龄撰,清徐灿、袁终彩辑"。

然而,陶望龄在翰林院所任职乃是翰林院编修,并非修撰。该书也不见载于《先兄周望先生行略》《祭酒陶先生传》等陶望龄生平传记之文,各书目书所记陶望龄名下皆未见此书。其鉴定者张榕端所作序文,亦通篇未提陶望龄本人。且余象斗原本是坊间书贾,其所刻书多有杜撰擅改之处;该书《凡例》又明言"原版已失",辑者曾对该书进行多番"重订""增补"。由此推断,该书当为假托之作。

(二)编辑类

此类文献为陶望龄所编辑整理的他人著作。它们主要包括:

1.《慈湖金铋》

《先兄周望先生行略》《祭酒陶先生传》以及陶崇道《大司成文简公传》皆载陶望龄有《慈湖金铋》若干卷。该书原作者南宋杨简,

---

① 陶履中:《刻水天阁集凡例》,陶望龄:《陶文简公集》卷首,《四库禁毁书丛刊》集部第 9 册,第 165 页。

现已佚。

2.《罗近溪先生语要》

该书目见载于《先兄周望先生行略》《祭酒陶先生传》《大司成文简公传》《澹生堂藏书目》。《先兄周望先生行略》《祭酒陶先生传》《大司成文简公传》皆称《盱江语要》。《澹生堂藏书目》载："《罗近溪语要》二卷，一册，陶望龄删辑。"《歇庵集》有《盱江要语序》，即该书之序。

该书原作者罗汝芳。陶望龄删辑成帙后，由山阴何光道于万历二十八年初刻，后由时任江西按察副使薛士彦于万历三十二年再刻于洪都。现存清光绪二十年江宁府城刻本。该本据薛士彦本刻印，共一册，不分卷，国家图书馆有藏本。

3.《宗镜广删》

据《澹生堂藏书目》，该书原有十卷，五册。明天启四年吴敬等刻本《寓林集》载有黄汝亨所作《宗镜广删序》。据此序所记，该书为《宗镜录》的节删本，原稿由陶奭龄提供，由吴敬刻印。现已佚。

4.《唐宋六家表启》

该书为陶望龄所选辑的柳宗元、王安石、陆游、欧阳修、苏轼、苏辙六人的表启文集。其书目见载于《会稽陶氏族谱·艺文志上》。国家图书馆现存归安茅兆海天启元年刻本，题为《陶石篑先生批选唐宋六家表启》，共八卷，四册。卷首有明韩敬、陈梁所作的序，卷尾有茅兆海所作跋语。跋语称，该书原稿由陶望龄外甥何君提供。

5.《南史节略》

《会稽陶氏族谱·艺文志上》载，陶望龄有《南史节略》十卷，未刻。《乾隆绍兴府志·经籍志》亦据陶氏族谱录有该书目。现已佚。

6.《陶太史精选苏长公合作》

该书共二卷,是苏轼所作各类文章的文选。其中所录文体有赋、词、记、碑、铭、赞、颂、偈、杂文、青词、疏、启、表、札子、内制、书、序、书后、祭文、论、策二十一种。卷首有《精选苏长公合作引》,文末署"万历庚子岁仲秋望日,会稽陶望龄周望父书于瑞莲堂"。该书现存明万历阊门常春堂刻本,藏于天津图书馆。

7.《新锲陶先生精选史记赛宝评林》

该书标注"会试第一,石篑陶望龄辑;乡试第一,夷一李光缙评;翰林久我李廷机释,台山叶向高补"。全书有上中下三卷,增补一卷。卷首有落款为陶望龄的《增补史记赛宝引》。各卷皆分上下两栏:下栏录有《史记》部分卷次的赞、序或其他段略节选,所录各文之后皆附有名家对该文内容的总体评语;上栏所录,为以往名家关于下栏所摘《史记》文章各段内容的评语。该书由书林詹霖宇于万历十九年刻印,现藏于国家图书馆。

8.《锲陶太史评选昭代不朽小题》

该书为明代万历前部分名家的制义文选,共二册。卷首有《昭代不朽序》,末署"歇庵居士陶望龄"。版心题"卧龙山选"。现存明刻本,藏于国家图书馆。

9.《文源宗海》

该书共四卷。标注陶望龄选,董其昌评。现存明万历二十二年刻本,藏于北京大学图书馆。

(三)评注类

现存标注陶望龄评注的文献主要有:

1.《会稽三赋》

《会稽三赋》本为宋王十朋所撰。明代南逢吉曾为其作注,尹坛补注。胡大臣将该注本订正付梓,并请陶望龄为其作序。陶望龄在作序后,对该书进行了点评。此后,凌弘宪于天启元年将陶望龄点评本刻印。该书共四卷,国家图书馆有藏本。中华书局2009年版《绍兴丛书》第2辑录有该书影印本。

2.《新镌焦太史汇选中原文献》

该书共二十四卷。各卷卷目后标注"明焦竑辑,明陶望龄评,明朱之蕃注"。现存明万历二十四年汪元湛等刻本。清华大学图书馆有藏本,《四库全书存目丛书》影印该本。《四库全书总目提要》以此书为书贾伪托之作。

除以上所述,存世文献中还有一些标注陶望龄校阅的著作,如天津图书馆藏明万历四十三年刻本《金罍子》、明万历刻本《鼎镌睡庵汤太史易经脉》,湖北省图书馆藏《连理堂重订四书存疑》(国家图书馆存有该书缩微胶卷)等,因纯为他人所作,兹不赘述。

三

本书据陶望龄现存各种著述编校而成。现就编校原则和所用版本情况说明如下:

(一)编校原则

1. 本书仅收录陶望龄本人著述,包括陶望龄的著作及其对他人著作的评语。凡陶望龄所编辑、校阅的他人著述,不予收录。凡假托或疑伪之作,皆不收录。据此,本书收录《歇庵集》、《功臣传草》、制义、《解老》、《解庄》、《陶石篑评会稽三赋》六种。

2. 为了从整体上呈现陶望龄的生平思想,本书在编校陶望龄著述之后,另将与陶望龄生平思想及其著述相关的文献资料辑为附录。附录只收录他人有关陶望龄之著述。散落他书的陶望龄佚文,因其为陶氏自著,故不入附录,而单列成卷。前人所刻各种陶望龄著述之序跋、凡例、附录等内容,凡非陶氏自著者,皆不再将其与原作合编,而统一编入本书附录。据此,本书辑有佚文一卷,附录四卷。

3. 凡有对校本者,如底本字迹漫漶残缺,校本文字清晰,则依校本径改,不出校记;如底本正确,校本有误,则不出校记;如底本有误,校本正确,则依校本改正,并出校记。

4. 凡无对校本者,如须作他校,则以他书校之。凡因底本字迹漫漶残缺而作他校补入者,径改,不出校记;凡底本有误,而作他校改正者,则出校记。

5. 惟底本明显有误,又无法作对校、他校者,方作本校或理校。本校、理校一般只出校记,指明底本之误,不改底本原文。

(二)所用版本

1.《歇庵集》十六卷

本书以台湾伟文图书出版社有限公司所影印的"王应遴校本"为底本,以《续修四库全书》所影印的乔时敏刻本为主校本,以《四库禁毁书丛刊》所影印的陶履中刻本、国家图书馆古籍馆善本室所藏十六卷本"真如斋校本"(以下简称"国图真如斋本")、《原北平图书馆甲库善本丛书》所影印"王应遴校本"(以下简称"甲库王校本")和张师绎校本(以下简称"甲库张校本")为参校本。凡底本字迹不清或阙页者,依次据国图真如斋本、甲库王校本、甲库张校本补入。

2.《功臣传草》一卷

以南京图书馆所藏《陶文简公集》附录本为底本，无校本。因该书各文多据《明太祖实录》编写，故多以《明太祖实录》《明史》等他校。

3.《陶歇庵制义》一卷

该书以明末陈氏石云居《国朝大家制义》本《陶歇庵稿》为底本，以清康熙步月楼、令德堂全梓《可仪堂一百二十名家制义》本《陶石篑稿》为校本。凡前者所阙，据后者补入。两书合为一卷，题曰《陶歇庵制义》。

4.《解老》二卷

该书以严灵峰《无求备斋老子集成》所影印陶履中万历刻本为底本，以南京图书馆藏本为校本。因两者实为同一版本，故凡底本字迹不清者，据校本径补。

5.《解庄》五卷

该书以南京图书馆所藏陶履中万历刻本为底本，以茅兆河天启刻本为校本。该书部分篇章，原仅录《庄子》原文，而无陶望龄注解之文。此类篇章，本次编校仅存其篇目，不录正文。

6.《陶石篑评会稽三赋》四卷

该书以国家图书馆所藏凌弘宪刻本为底本。底本卷首原有《守令懿范跋》《图目》《图说》各一，因其没有陶望龄评语，故删而不录。各卷赋文、注文原皆有文中小注，因其无关文意，且不涉及陶望龄评语，亦删而不录。另外，原评语大多为眉批，偶有夹于行间者，今皆将其移于文中，并于其前标识"【评】"。该书原名为《会稽三赋》，惟凌氏叙称《陶石篑评会稽三赋叙》，今据凌叙改书名为《陶石簣评会稽三赋》。

　　以上为本次编校所用版本情况。其他辑佚文献以及附录各文，原文出处及所据版本皆已注于该文之后，兹不列述。

《唐枢集》编校说明及
唐枢的"讨真心"说探析

黄首禄　姚才刚

一、唐枢生平简介

唐枢(1497—1575),字惟中,又字子镇,号一庵,后世学者称一庵先生。明浙江湖州府归安县人。生于明弘治十年六月(公元1497年7月),卒于明万历二年十二月(公元1575年1月),享年七十八岁。作为明代中后期重要的学者和思想家,唐枢一生历经明孝宗、武宗、世宗、穆宗、神宗五朝。

唐枢出生在归安前溪坊的一个官宦之家,祖父唐应征为浦城县训导,父亲唐诰为南京兵马指挥。七岁入私塾,常有惊人之语。正德十年,以《诗经》补归安博士弟子员。"自后访求师友,涉猎古今,尤志在根极理要,不仅为文字章句之学。"于音律、算术、史家之学无所不究,有《律吕图解》《太极枝辞》《题西铭初集》等作。嘉靖四年,"时湛甘泉先生官南都,往从之,受教月余,闻随事体认天理之说,遂大领悟,平昔琐碎学问镕成一片矣"。① 嘉靖五年举进士,"观政礼部"。次年任刑部陕西清吏司主事,以劾李福达狱被斥为民,前后为官只四十六日。回乡后,隐居鲍山,潜心著书讲学,达四十余年。期间曾邀修《归安县志》,讲学于安定书院,并扶危救困、周济族里种种,多为乡人所称美。五十岁开始四处云游,以为不可以一隅自限,游历九州,"九边及越、蜀、滇、黔险阻厄塞,无不亲历。蹑屩茹草,至老不衰"。② 嘉靖三十一年,土寇江天祥叛乱,唐枢只身赴贼巢游说,使其不战而降。嘉靖三十一年至三十五年,为平定东南沿海的倭寇之乱建言献策,屡获采纳,著有《海议》一书。隆庆元年诏复原职,以年老加秩致仕。万历元年,邀修《湖州府志》;次年,卒于讲学之所。

唐枢学识渊博,百家之书无所不窥。"少学于湛若水,深造实践",对于湛氏"随处体认天理"说有所契悟,又慕阳明"致良知"之学,力图会通湛、王之说,终以"讨真心"说标宗。后筑木钟台于城东,设帐讲学,切磋学术,享誉海内。唐枢弟子众多,其弟子中影响最大者当属许孚远,而许孚远弟子中最知名者又为刘宗周,"唐枢→许孚远→刘宗周"这一学脉在明代学术思想发展史上占有重要的地位。

二、唐枢著述简介

唐枢一生勤于著述,举凡心学、治政、地理、军事、音律、堪舆之学无所不究。生平著书三十余种,总题曰《木钟台集》,计分为:初

---

① 李乐、王表正、许正绶:《唐一庵先生年谱》,《儒藏·史部·儒林年谱》第 21 册,四川大学出版社,2007 年,第 20 页。

② 张廷玉等:《明史·本传》卷二百六,中华书局,1974 年,第 5441 页。

集十种（《礼元剩语》《三一测》《太极枝辞》《宋学商求》《景行馆论》《真谈》《辖圜窝杂著》《感学编》《一庵语录》《酬物难》）；再集十种（《积承录》《因领录》《六谌言》《疑谊偶述》《易修墨守》《春秋读意》《嘉禾问录》《国琛集》《证道编》《周礼因论》）；杂集十种（《政问录》《法缀集》《病榻答言》《冀越通》《未学学》《海议》《列流测》《偶客谈》《游录》《激衷小拟》）。此外，唐枢还参修过《嘉靖实录》、万历《湖州府志》等。另有少数佚文，散落在后代的类书、丛书或诗文集中（如《古今图书集成》《官典》《春明梦余录》《明儒学案》等）。

《木钟台集·初集》刊刻于嘉靖四十三年，次年《再集》十种相继刻成，隆庆三年《杂集》十种付梓，至此全集刊印完成，每集均以元、亨、利、贞分卷。《木钟台集》于唐枢生前刻成，基本涵盖了他个人的所有著作。现存有两个版本，分别是明嘉靖万历间刻本与清咸丰六年唐氏书院刻本。经对勘比较，参考《唐一庵先生年谱》所言，得知两者系同一版本，咸丰唐氏书院本系重刻嘉靖万历间本而成，除了在书末附录了《唐一庵先生年谱》外，其余内容基本系翻刻明本。嘉靖万历间本，今北京大学图书馆有收藏，除了部分书页有残缺外，基本保存了唐枢《木钟台集》的原貌，《四库全书存目丛书·子部杂家类》又将其影印出版，因此较为常见。清咸丰唐氏书院本亦见于北京大学图书馆。

今《唐枢集》的编校整理，以明嘉靖万历间本《木钟台集》为底本，以清咸丰六年唐氏书院本《木钟台集》以及单行的丛书集成本《礼元剩语》《冀越通》《国琛集》等书为参校本，辅以《明儒学案》《古今图书集成》《春明梦余录》《儒藏·史部·儒林年谱》等书进行点校整理，并从散见的后世明清人文集（如万历《湖州府志》等）中辑录佚文若干，附录于后。全书正文厘定为三十卷，卷次依《木钟台集》之目(原《国琛集》分两卷,今作一卷)。附录部分包括咸丰重刻本中的《唐一庵先生年谱》及辑佚佚文。部分文本的点校参考了今人已有的成果,如沈芝盈先生点校的黄宗羲《明儒学案》(中华书局修订本)、王剑英先生点校的《春明梦余录》(北京古籍出版社)、"丛书集成"诸单行本等;附录之"年谱"则参考了李文泽先生点校的《儒藏·史部·儒林年谱·唐一庵先生年谱》(四川大学出版社)。

三、唐枢的"讨真心"说

唐枢的思想学说介于湛、王之间,同时亦能自成一家之言。我们这里仅简要评述他用以标明自己学说宗旨的"讨真心"说,以窥其思想之大端。

(一)何谓"真心"

唐枢极力倡导"讨真心"说,他把"真心"视为一种"实有之心"。唐枢说:"真心是人实有之心,实有之心乃天地生人之根底,亘古今不变。"①又说:"真心乃人实有之心,实有之心是人自知的所在,无贤愚,无古今,无老幼,无操舍,无贵贱。"②在他看来,"真心"是人先天本有的至善本心,是人之为人的内在规定性,能够对人的言行起指导、监督作用。"真心"对每个人来说都是真切而实在的,不分圣凡智愚、古今中外、男女老幼或贫富贵贱,人皆有之。而且,"真心"还是"天地生人之根底"。唐枢认为,人来自天,天不仅赋予人以外在的形体,同时赋予人以"真

---

① 唐枢:《真谈》,《木钟台集》,《四库全书存目丛书》子部第162册,齐鲁书社,1995年,第479页(以下所引该书,仅注明篇名及页码)。

② 唐枢:《景行馆论》,《木钟台集》,第463页。

心"或善的品性。人若珍惜与生俱来的禀赋，并加以呵护、扩充，那么人就是一个能够挺立起来的真正大写的"人"。反之，人若轻忽这种禀赋，甚至戕害它，那么人心便会陷溺下去，人性的光辉便无法彰显，以至于黯淡无光。

　　"心"在传统儒家学说中具有生理、认知、情感、道德等多重内涵。唐枢所谓的"真心"主要是指道德本心，他在"心"之前冠以"真"字，旨在强化道德本心真实无欺的特性以及规约人生的功能，同时也可将道德本心与感性欲念之"心"区别开来。"真"即真实、真诚，它是与"妄""假"相对而言的，无妄、不假即为真。唐枢所讲的"真"无疑具有此类含义，除此之外，他还赋予"真"以丰富的哲学内涵。唐枢说："'真'是颠扑不破，乃天道之自然，即《中庸》之'诚'，《易》之'无妄'"，[①]"真彻宇宙，真贯幽明，真动天地，真通民物，真合动静、内外、本末、精粗，故有偏全不足以语真，有难易不足以语真，有广狭不足以语真，有久暂不足以语真"。[②] 在他看来，"真"与《中庸》的"诚"、《周易》的"无妄"概念是等同的，"真"贯通于宇宙、天地之间，并将动静、内外、本末、精粗等统而为一。实际上唐枢以"真"来象征人心至善、德性圆满与天地和谐，"真"也可以说是一种涵盖宇宙、人类社会以及人的内在精神生活的颠扑不破的真理。唐枢对"真"的评价之高几乎是无以复加了。今人所谓的真、善、美之间虽然有紧密的关联，但也不尽相同，它们三者各有所指。可是在唐枢看来，真、善、美三者都可以统摄于"真"之中，其所谓的"真"，并非只限于真实、真诚、真理等含义，而是一个兼具哲学

---

　① 唐枢：《真谈》，《木钟台集》，第 480 页。
　② 同上书，第 481 页。

本体论、道德价值论以及审美意味的概念。

唐枢在"真心"与"习心"之间进行了区分,"觉之即为性,溺之即为习,觉之与溺相为进退。……真心用则合天下于一,无私好恶而与道为公,所以能使天下各得其所;习心用则岐天下于万,各是其是,以相非焉,各顾其私,以相图焉,而相凌相轧、相雠相怨之祸起矣,此大乱之道也。故真心、习心之消长,系世道升降之机,而治乱之所由出也"。① 这里的"觉"即觉悟、觉解,"溺"即陷溺、沉溺。人通过学习与自我反思,体悟到人本有的心性禀赋,再将这种心性禀赋扩充开来,用之于立身行事,由此而使"真心"真正显豁起来,并能施展于外。"真心"不能呈现,"习心"便乘隙而入。"习心"即习染之心,是人陷溺过多的物欲、情欲之后所导致的一个结果,"着一物,为塞、为偏、为私、为躯壳之身,是谓失其真心"。② 也就是说,人心中出现了阻塞、偏颇、私欲及躯壳之念,它使得"真心"不能自由舒展。

不过,唐枢又指出:"心无两心,立乎其心之大,耳目、口鼻、四肢、百骸从其所令,则为真心。以耳目、口鼻、四肢、百骸之所被以生心,则心非其心矣。心因所被以生,则必匿其己之所自有,此无明之所由来。"③从根本上说,人只有一个心,此即"真心"。唐枢认为"真心"人人具足,并无亏欠。如此一来,人们甚至不需要区分"真心""习心",只言一个"心"即足矣。可是,人既是一种道德性的存在,也是一种感性的存在,有耳目口鼻之欲,有各种现实利益的

---

① 唐枢:《景行馆论·序》,《木钟台集》,第 462 页。
② 唐枢:《真谈》,《木钟台集》,第 479 页。
③ 同上书,第 480 页。

考虑。当人能"立乎其心之大",①即确立道德本心,将其作为立身处世的准则和判断形形色色事物的标准的时候,道德本心(也即唐枢所谓的"真心")就可以向人充分展现出来。这个时候,人的感性欲求仍然存在,可是它并不会成为人德性修养的羁绊,因为"耳目、口鼻、四肢、百骸从其所令",也就是说,人的耳目、口鼻之欲都在"真心"的规约之下,它们没有超出必要的限度,不会对人的成圣成贤目标构成威胁。可是对于绝大多数人而言,这种状态并不能长久维持下去,原因在于,"心得其心之体为真,有所因而动,则受病而为假,体病则用必不当",②现实世界的人无时无刻不面临着各种诱惑,人心便可能"有所因而动"。这里的"因"主要是指外部的诱惑及人自身的本能欲望,人心之"动"使得"心之体"受到了冲击,冲击过大,"真心"则会暗而不彰。这个时候人的"真心"仍然没有消失,它仍以潜隐的方式存在于人的内心深处,只要条件适宜,并采取得当的措施,仍可唤醒处于虚寂状态中的"真心"。

传统儒家中的心学一派大都把"心"作为人性的真正承担者,在他们看来,只有深入到心性的根源,才能真正领悟人之所以为人的道理,进而从根本处培养出人性的自觉。在修养方法上则倡导向内自省,突出人的自我体悟与自求、自得。唐枢也不例外,他把"真心"视为人之所以为人的根据与人立身行事的凭借,其所言之"真心"与陆王心学中的"本心""良知"以及湛甘泉

---

① 《孟子·告子上》曰:"先立乎其大者,则其小者弗能夺也。"宋代心学大师陆九渊对"先立乎其大"一语高度重视,反复阐发,并把它作为人生修养论的根本出发点。唐枢这里所谓的"立乎其心之大"显然汲取了孟子、陆九渊的观点。

② 唐枢:《真谈》,《木钟台集》,第482页。

学说中的"大心"等概念都十分相似。比如,唐枢认为,"真心即是良知",①两者名异而实同。只不过,与王门学者不同的是,唐枢特别强调良知是"人生不能假的所在",②进而又提揭出"真心"这一概念。他之所以如此做,是因为王门部分后学"窃易简之谈,文粗率之虑,乃曰质任自然,此弊之兴,莫知所止"。③ 也就是说,由于王畿、王艮等阳明弟子较突出良知天然自有与当下即是的特性,因而良知便易与知觉、情识混淆,以至于逐渐丧失其道德本体的意义,不再是阳明所讲的良知的本义。唐枢倡导"讨真心"说,旨在呼吁人们珍视那个人人本来就具有的"无虚假,无异同,无始终,而一出于诚"④的"真心",进而使其成为人们行动的指南针。

不可否认的是,"真心"既是包括唐枢在内的传统儒家使用的一个概念,也是中国传统佛教及道教学者热衷探讨的问题,佛、道两家对"真心"的阐述还要早于儒家。比如,华严宗五祖宗密(781—841)就将"真心"作为其佛教理论的一个核心概念,并阐释了"真心"的三大特性:"常住清净""昭昭不昧"和"了了常知"。"常住"即恒常久住,意指"真心"超越了时空及生死变化,永恒存在;"清净"是指自性清净,它是"真心"的又一重要特征。"昭昭不昧"是指明辨事理、明白不暗,它主要揭示了"真心"具有灵知的特点。"了了常知"则指"真心"具有本觉。概而言之,宗密认为,众生的"真心"也就是佛性,它既是人生的本质,也是众生成

---

① 唐枢:《真谈》,《木钟台集》,第 482 页。
② 同上书,第 486 页。
③ 唐枢:《真谈·序》,《木钟台集》,第 476 页。
④ 同上书,第 477 页。

佛的根源。① 再如,道教全真道一派十分强调"真心"的重要性,认为"真心""真性""真行"是三位一体的。全真道的"真心",实际上是对"真性"的另外一种表达方式,其与"真性"一样都是上通天道、下贯性命的本体,具有既内在又超越的特点。两者的不同之处在于,"真心"是体,"真性"是用,而体用又是一致的。全真道认为,仅有"真心""真性"的心性修炼是不够的,还必须有"真行",才能实现登道升仙的目标。② 唐枢的"真心"说对佛、道的心性论及修养方法有所借鉴,但他毕竟是一个正统的儒家人物,其所念兹在兹者是儒家的圣贤之学与成德之教,而非成佛、成仙。

(二)如何"讨真心"

唐枢所谓的"讨真心"即是唤醒真心的工夫,在他看来,通过"讨"的工夫,可使"真心"成为人行为的主宰。"讨"在汉语中主要有研讨、讨伐、治理、索取、乞求、招惹等含义,唐枢学说中的"讨"与上述诸种含义都不完全吻合,而赋予此概念以哲学内涵,"讨"即湛甘泉所言之"体认"或王阳明所言之"致",具有反思、觅求、呈现、推致之义。如何才能"讨"得"真心"? 唐枢作了较为细致、独到的论述,我们试从以下方面进行归纳、阐释:

1."须求自信之真"。唐枢所谓的"自信",主要是指一种道德自信。在他看来,确立道德自信是"讨真心"或成就道德人格的一个前提条件。他说:"本体之真实有,未尝息者。学者只被意见杂

---

① 参见方立天:《中国佛教哲学要义》(上卷),中国人民大学出版社,2005 年,第341—342 页。
② 参见丁原明:《全真道哲学的意蕴及其理论底色》,《商丘师范学院学报》,2012 年第 7 期。

扰，妄以识神……今欲破无明之敝，须求自信之真。"①又说："尽子之道是尽自家所以为人之理，与他人不相假借，不相帮补，只从自家精神命脉处发挥，元非考古人之成法，效他人所为，所以师资友辅，尚论古人，只作成得自家善端了，当得自家本等，元不是冥然悍然随声附影，学者笃信圣人，直须自信才为真切。"②唐枢主张，人人都应相信自己有一颗"真心"（也即本心、良知），"真心"能够对人和事情进行道德和价值上的判断，能够指导自己的意识和行为，即使受到了物欲之蔽、气质之障，也不能使其完全泯灭。当然，不可否认的是，有人"违心自昧"，③要么对"真心"的存在视而不见，要么不能充分体认到"真心"对人生的价值，如此一来，人则易于沉沦下去，以至于"恣荡情理，逐溺世情"，④令人惋惜。唐枢认为，人能否讨得"真心"，关键在于能否守住"自家精神命脉处"。他没有完全排斥圣贤经典的指引、老师的教导、朋友的帮助，不过，这些方面都只能作为一种外在的助缘，道德人格的完善，仍须自我体证，如果一味"随声附影"，则会南辕北辙，愈求愈远。

唐枢又结合王阳明的"致良知"说探讨了道德自信问题，"今时人尽明白理会，只欠躬行，所以阳明先生教之致良知。……实有的心常在这里，这便是良知；即此真察而真行之，便是致。若谓人无实有的心，则非所以为人；若谓实有的心不足用，便是躐等妄想"。⑤"实有的心"也即良知或"真心"，它并非血肉之心，而是指

① 唐枢：《真谈》，《木钟台集》，第486页。
② 唐枢：《景行馆论》，《木钟台集》，第466页。
③ 唐枢：《真谈》，《木钟台集》，第486页。
④ 同上。
⑤ 唐枢：《景行馆论》，《木钟台集》，第469页。

人的道德本心。唐枢这里借由阳明之说表达了人不但有先验的道德良知,而且足够人受用一生,只要善于反躬内省,良知或"真心"就会向人呈现出来。其所说的"实有的心常在这里""若谓人无实有的心,则非所以为人"等语,均宣扬了人的道德自信问题。在唐枢看来,人先天具有向善发展的潜能,人若珍视并充分发挥这种潜能,就能够不断迈向至善的境界。

唐枢认为,道德自信之确立也有赖于人的"立志"。他说:"立志是为学种子,期王而王,期霸而霸。试欲行十里,若行十一二里便觉倦,十五里便觉厌,二十里便病,以其原志不及也,所以凡事必志以行之。……立志是植此元气,元气既植,开发收闭,自然生出许多节序,岂有岁功不成?"①他以行路的例子说明志向高低决定了一个人在德、业方面所可能达到的高度和广度:志向高,则动力大,信心足,实现目标的可能性也就越大。人的志向有很多种,比如成为一个政治家、科学家、艺术家、企业家等,唐枢以及其他传统儒家最看重的显然不是以上志向,而是道德志向,即有志于实现仁德、追求道义。在他们看来,道德志向是其他各种具体的志向得以实现的前提和保障,具体的志向则应以道德志向为归宿。唐枢则进一步指出,道德志向有助于培植人的元气,元气旺盛,人的整体精神面貌就会昂扬向上,人的德性修养及其他诸方面亦会得到显著提升。

2."思则得之"。此语源自《孟子·告子上》:"心之官则思,思则得之,不思则不得也。"唐枢借用了孟子之语阐述了"讨真心"的方法,他说:"心到极真处才了得心之官。心之官则思,讨则所以为

---

① 唐枢:《景行馆论》,《木钟台集》,第465页。

思,思则得之。思非计量揣摩之思,亦非漫天泼地之思,又非将迎意必之思,存存不失之谓思。思者,圣功之本。"①在他看来,人若要讨得"真心",应反求诸己,即反思、体悟内在本有的道德本心。唐枢以"思"释"讨",也受到了其师湛甘泉的影响,湛氏说:"随处体认天理工夫全在省与不省耳。"②可见,湛氏所谓的"体认"具有反思、反省之意。相较于湛甘泉,唐枢对"思"作了更为细致入微的描述,在他看来,"思"不是工于心计式的"计量揣摩",不是漫无目的、不着边际的胡思乱想,也不是主观臆断或固执己见,它主要是指道德上的自我反思,是反省自身缺失、提高德性修养、日益恢复本心并加以存养的过程。注重自我反思是儒家的一个传统,孔子、孟子、程颢、程颐、陆九渊、陈献章、湛甘泉、王阳明等历代大儒无不如此,在这些大儒看来,人通过自我反思,才能够使心性精纯,人的生命也才能超越动物的层次,而成为一个道德的存在。唐枢在此点上无疑能够与历代大儒的精神旨趣遥相呼应。

在传统儒家的话语系统中,"思"与"学"是不可分开的。孔子说:"学而不思则罔,思而不学则殆。"(《论语·为政》)"思"与"学"对于人之求学及修养均较重要,不可偏废。如果学而不思,将会愈学愈迷茫,人的头脑最终变成各种知识、观点的容器而已。反过来,如果思而不学,则人又会陷入空想、虚寂之中,其危害性不亚于"学而不思"。只有兼顾两者,齐修并进,才能使自己在学问及德性修养方面有所提高。后世儒者大都十分赞赏孔子这种学思一致的观点。唐枢亦说:"天下无无学之思,亦无无思之学,思、学偏废,总

---

①　唐枢:《真谈》,《木钟台集》,第480页。

②　湛若水:《问疑续录》,《湛甘泉先生文集》卷十一,《四库全书存目丛书》集部第56册,齐鲁书社,1997年,第641页。

是罔人、殆人。"①显然，唐枢不赞成"无学之思"或"无思之学"，学、思总是一体的，无论轻忽何者均会滋生弊端。比如，"学而不思正是模仿于外，而不自为主者"，②虚心地向书本或他人学习尽管是一件好事，可是如果一味模仿，不加反思，不作取舍，外在的知识终究不能变成自家的东西，无益于人的身心修养。同样，脱离了"学"的思则不是"真思"，而是一种玄思，是一种没有根基的"思"，所以，唐枢指出，"以学为思才是真思"。③

唐枢还将"思"与"慎"字紧密相连，认为"慎字从真、从心，必慎而后能思，必思而后见慎"，④他将"慎"字拆解为"真""心"二字，合起来即是"真心"。这当然只是一种巧合，"真心"与"慎"并不能直接等同。可是唐枢"讨真心"的工夫却突出了一个"慎"字，所谓"必慎而后能思，必思而后见慎"，人在道德反思的整个过程都应做到审慎、虔敬，只有如此，"讨真心"的修养工夫才能取得实效，而"真心"才有可能充分地向人敞开。湛甘泉也指出："体认天理与慎独，其工夫俱同。……慎者，所以体认乎此而已。"⑤湛氏所谓的"体认"具有多重含义，"慎"是其中的一种含义。唐枢作为湛氏的亲炙弟子，对乃师学说多有吸纳与发挥。他以"思"或"慎"释"讨"，就带有湛氏学说的遗风。

　　3."寻讨精详"。唐枢说："人孰无心？只因随情逐物生心，非天地大中之本心，不得为事物之主。必寻讨精详，辨其真而用之，

---

① 唐枢：《景行馆论》，《木钟台集》，第 466 页。
② 同上。
③ 同上。
④ 唐枢：《真谈》，《木钟台集》，第 480 页。
⑤ 黄宗羲：《甘泉学案一》，《明儒学案》卷三十七，中华书局，1985 年，第 889 页。

不帮补外求，亦不索之玄妙无影。……此讨之之功所以不可废也。"①他认为，人如果"随情逐物"，那么人本有的"真心"随时可能被遮蔽住，这样一来，辨别"真心""习心"的工夫便不可缺少。同时，寻讨"真心"又应避免两种倾向：一是避免"帮补外求"。唐枢认为，若要讨得"真心"，则不可向外觅求，而应返归内心。在他看来，忠信孝悌等人伦道德之理都在人心之内，无须到人心之外去求索。如果一味向外追逐，则是背道而驰，反而不利于成就道德。唐枢虽然为湛甘泉的亲炙弟子，但是在此点上却更多地受到了阳明心学的影响，与湛甘泉倡导的"合内外"之学反而不太吻合。二是避免"索之玄妙无影"。依唐枢之意，倡导反求诸己的内省方法，目的在于呈现道德本心，而不是要人追求虚无缥缈的玄远境界。

　　唐枢认为，要做到"寻讨精详"，还须从应事接物的日用常行中做起，克己修身，转化气质。他说："人若以去人欲做存天理工夫，便如捕贼保家，所谓克己复礼。"②在唐枢看来，人不可只看重超旷之悟而忽略身体力行的践履工夫，只有重视"下学"工夫，脚踏实地，致谨于一言一行，才能获得真切的"上达"体验。与多数儒家一样，唐枢没有完全否认本能欲望存在的必要性，但却主张对人的过多欲望加以扼制。他认为，欲壑难填是人之过、恶形成的渊薮之一，无论是改过还是去恶，都需要谨身节欲，进而在天理与人欲之间保持平衡。

　　唐枢说："讨者天功也，非有加于人力。"③此语表明，人若要恢

---

① 唐枢：《真谈》，《木钟台集》，第 479 页。
② 唐枢：《景行馆论》，《木钟台集》，第 466 页。
③ 唐枢：《真谈》，《木钟台集》，第 483 页。

复本心之善,就应效法天道的自然无为,不矫揉造作,不过分拘谨。可见,唐枢虽然较为突出修养工夫的重要性,并且批评了王门部分后学舍弃工夫、径任自然的做法,但他并没有像明末大儒刘宗周那样倡导近乎自惩的极端工夫论,而是主张在做改过迁善等修养工夫的同时,也能拥有一份悠游自在的心境。

由以上分析可以看出,唐枢的"讨真心"说是本体与工夫的有机结合:"真心"是本体,"讨"是工夫,而本体与工夫是紧密相连的。唐枢说:"工夫就是本体,不容添得一些寻见,本体不走作才是真工夫。"①此语表明,一方面不可悬空去说本体,无工夫则无本体,工夫是本体得以存在的必要前提;另一方面,工夫不是盲目的气质生命的冲动,而是应在本体的规约之下开展,如此工夫才不会偏离正确的轨道。

(三)唐枢"讨真心"说之评价

唐枢标举"讨真心"说,目的在于一方面吸纳湛甘泉、王阳明两家学说的优长,另一方面又试图堵住湛、王之说所可能产生的流弊。黄宗羲在评价唐枢之说时指出:"随处体认天理,其旨该矣,而学者或昧于反身寻讨。致良知,其几约矣,而学者或失于直任灵明。此讨真心之言,不得已而立,苟明得真心在我,不二不杂,王、湛两家之学,俱无弊矣。"②也就是说,湛、王之说各有所得,亦各有所失。就所失方面而言,湛甘泉的"随处体认天理"说对"反身寻讨"(即反求诸己)未能给予足够重视。他尽管持心学立场,但其所谓的理(天理)在一定程度上仍然带有朱子学的痕迹,认为理既指

---

① 唐枢:《景行馆论》,《木钟台集》,第466页。
② 黄宗羲:《甘泉学案四》,《明儒学案》卷四十,第950页。

身心性命之理，也包含了事事物物之理，相应地，"体认天理"便不可一味求之于心，还应探索、体察一草一木等外物之理。王阳明"致良知"说的缺陷则在于易导向"直任灵明"。他将心性本体讲得过于轻巧、简易，在工夫教法上也不够严谨。王艮等王门部分后学受到阳明的影响，主张良知当下即是，且倡导自然工夫论，此种工夫论"因不主张庄敬防检，不主张有所戒慎恐惧，很容易流入放旷"，①因而对明代儒学发展带来了一些负面影响。有鉴于此，唐枢的"讨真心"说在致力于会通湛、王之说的同时，又对两家学说的偏颇进行了纠正：一是强调"反求而得其本心"，②试图克服其师湛甘泉学说的逐外之弊；二是通过凸显工夫的方式矫治王阳明及其部分后学轻视修养工夫的弊病。

　　唐枢在倡导"讨真心"说的同时，又致力于"发明性学"。心、性在儒家学说中是一对密不可分的范畴，传统儒家在论"心"时往往会涉及"性"，论"性"时又结合"心"，唐枢也不例外。他认为，性乃"心之生理也，故从心从生"。③从字形上看，"性"由"心"和"生"组成，它本身就有"生"的内涵。不过，唐枢更突出了性的"生生"之义，恰如其弟子沈伟所言："吾师一庵先生虑世之言性者滞于形色而不知生生之活体，言定性者滞于故局而不知生生之活机，故托《太极图说》而系之以枝辞，盖将以开示后学，使归于一，非徒以训诂前闻而已也。"④所谓"生生之活体""生生之活机"，"生"字均重叠使用。"生"字的重叠使用有奇妙的效果，单讲一个"生"字，是自

---

① 陈来：《宋明理学》，华东师范大学出版社，2004年，第272页。
② 唐枢：《真谈·序》，《木钟台集》，第476页。
③ 唐枢：《太极枝辞》附录，《木钟台集》，第442页。
④ 《太极枝辞》之"沈伟序"，《木钟台集》，第434页。

然主义的观点,当自然的生命力减退,到了终点就只剩下死亡。生生的托付却使我们在逆境中仍发挥出创造力,而自然生命的终结也不表示创造过程的终结,因为个体的生命本是天地之化的一部分。① 此外,唐枢亦如程颐、王阳明等宋明儒家一样,以"生生"释"仁"。他说:"心之所以生生处是为仁,修道以仁义礼智信,皆仁之流行也。肫肫其仁,心之所以生生也,即此义。"②在他看来,不可仅从狭义的人伦道德的角度来理解仁,而应同时从生生不息的创造性方面来把握仁的要义。仁是儒家"性学"的一个重要维度,可统摄义、礼、智、信诸德。相应地,当谈到"性""定性"等问题时,唐枢认为也不可"滞于形色""滞于故局",而是要凸显"生生",在永不停息的大化流行中、在人与宇宙融合无间的过程中领悟人之为人的本质,了解人性的真谛。

---

① 参见刘述先:《理想与现实的纠结》,台湾学生书局,1993 年,第 231 页。
② 唐枢:《景行馆论》,《木钟台集》,第 464 页。

《周汝登全集》编校说明

陈时龙

一、周汝登的生平

周汝登(1547—1629),字继元,号海门,浙江嵊县人,万历五年(1577)进士,官至南京尚宝司卿,是晚明重要的思想家,阳明后学的代表人物之一。他十四岁丧父,十八岁入县学为邑诸生。二十四岁时,嵊县令请王畿入剡,诸生旅拜,而周汝登与其事,然自谓当时"尚未能领略其微言"。万历元年(1573),周汝登应浙江乡试,第三十一名中式,其《四书》义颇为主司赏识。万历五年(1577),会试第一百二十二名中式,进士二甲二十八名,观政刑部。中进士后,自举业中摆脱出来,始能向学。万历七年(1579),周汝登使仪征,见到堂兄周梦秀与袁黄,"有所醒发"。万历八年(1580),以南京工部主事榷税芜湖,时当道增税额,而周汝登不忍苛民,以故缺额,谪两淮盐运判官。是年十二月二十七日嫡母丁太安人卒,遂于次年归乡守制,且以生母黄氏年老,拟养母终老。万历十二年(1584),起官,到京口再引归,此后居越五年,游历剡溪,创鹿山书院,修《嵊县志》。再起官,万历十八年(1590)以盐运司分理泰州事,至王良故里，修缮心斋祠，建社学。万历十九年（1591），周汝登任顺天府通判，次年升南京吏部主事。在南京，与邹元标论学相契，又与许孚远辩无善无恶之旨，许孚远作《九谛》，周汝登作《九解》以应。万历二十一年（1593），任南京兵部郎中。万历二十五年（1597），周汝登移官广东，任广东按察佥事。万历二十七年（1599），五十三岁的周汝登上书乞休，获允还剡。万历三十二年（1604），周汝登撰《圣学宗传》成。万历三十四年（1606），朝廷再次起用周汝登，升湖广参议，不赴。万历三十七年（1609），受浙江提学陈大绶之聘编《王门宗旨》。万历四十年（1612）四月，升南京尚宝司卿。万历四十二年（1614），在南京创阳明祠，作《阳明祠志》，讲阳明之学，门人祁承㸁录为《或问十条》。万历四十四年（1616），升南京太仆寺少卿，赴滁州。在滁时，修复滁州阳明祠并作《滁州阳明祠志》。天启元年（1621）十一月，升任南京光禄寺卿，疏辞不许。天启四年（1624），升通政使，请辞，得加户部右侍郎衔致仕，时在天启五年乙丑，年七十九岁。崇祯二年（1629）春，编定《四书宗旨》，时有诏起工部尚书，未任而卒。① 综其一生来看，周汝登从未留恋于仕途，但到七十岁一般致仕的年龄，却还升任南京太仆寺卿，赴滁州任官，而最终在七十九岁的年龄致仕。

关于周汝登，其师承何人是一个重要的问题。《明史》载："艮传林春、徐樾。樾传颜钧。钧传罗汝芳、梁汝元。汝芳传杨起元、周汝登、蔡悉。……杨起元、周汝登，皆万历五年进士。……汝登，嵊人。初为南京工部主事，榷税不如额，谪两淮盐运判官，累官南

---

① 关于周汝登生平的介绍，主要依据彭国翔《周海门先生年谱稿》，载氏著《近世儒学史的辩正与钩沉》，中华书局，2015年，第316—379页。

京尚宝卿。起元清修姱节,然其学不讳禅。汝登更欲合儒释而会
通之,辑《圣学宗传》,尽采先儒语类禅者以入。盖万历世士大夫讲
学者多类此。"①黄宗羲《明儒学案》中称周汝登以罗汝芳为师,常
供罗汝芳之像以祭拜。《明儒学案》卷三十六《泰州学案五·尚宝
周海门先生汝登》云:"先生有从兄周梦秀,闻道于龙溪,先生因之,
遂知向学。已见近溪,七日无所启请,偶问:'如何是择善固执?'近
溪曰:'择了这善而固执之者也。'从此便有悟入。近溪尝以《法苑
珠林》示先生,先生览一二页,欲有所言,近溪止之,令且看去。先
生竦然若鞭背。故先生供近溪像,节日必祭,事之终身。"②这一说
法也为四库馆臣所袭取。《四库全书总目》在为周汝登《王门宗旨》
所作提要中说:"汝登尝供罗汝芳像,节日必祭祀之。"③然而,周汝
登果真如此崇拜罗汝芳吗? 考之周汝登的诗文会语,其谈到罗汝
芳之处并不多。例如,在南京,有门人问周汝登:"龙溪子与近溪子
语录如何?"周汝登回答:"龙溪子之语,上中下根俱接得着;近溪子
之语,须上根方能领略,中下根人辏泊不易。"(《东越证学录》卷一
《南都会语》)又在越中曾与门人说:"昔罗近溪先生对执政言,须劝
天子讲学,此千古大关件。"(《东越证学录》卷四《越中会语》)门人
思位曾"举近溪先生说'捧茶童子是戒惧',问此意如何",周汝登
说:"女亦有如童子捧茶时否?"思位曰:"有。"先生曰:"女认得否?"
思位曰:"认不得。"先生曰:"既自认不得,如何又问童子? 且自认

　　① 张廷玉:《明史》卷一七一《儒林二》,中华书局,1974 年,第 7276 页。
　　② 黄宗羲:《明儒学案》卷三十六《泰州学案五·尚宝周海门先生汝登》,中华书
局,1985 年,第 854 页。
　　③ 永瑢:《四库全书总目》卷九十六,《王门宗旨》十四卷条,中华书局,1965 年,第
815 页。

看。"(《东越证学录》卷五)又有一次,门人问:"'用力之久,一旦豁然贯通',兹言是否?"周汝登说:"极是。"门人再问:"近溪先生谓'捧茶童子,当下即是',岂待用力之久耶?"周汝登曰:"童子虽是,由之而不知,欲知必用力。才用力而即知者,能有几人? 故必用力之久也。"(《东越证学录》卷五)周汝登在南京时,曾建阳明祠,而罗汝芳亦在私淑后学之列,其所作罗汝芳的小传云:"罗汝芳,字维德,号近溪,江西南城人。举进士,历官云南参政。近溪学祖心斋,后多自得。肫肫万物一体,意必俱忘。语言指示直截,人未易跻,惟上根者契之。近溪不皎皎为廉,而身后家无余赀,子孙贫窭,甚至借祠宇为居,视名清而蓄厚者异矣。年七十余卒。门人私谥曰'明德'。"(《阳明先生祠志》卷三)其谈及罗汝芳,仅此五处。考此五处之记载,周汝登对于罗汝芳虽然认同,但却认为其学只能接中上根人,不如王畿之学"上中下根俱接得着"。而其"童子捧茶"之说,亦须修正,只因"欲知必用力",而一旦要用力,大部分人必久而一旦豁然贯通。从此五处的言论来看,见不到周汝登对罗汝芳有多大的崇拜之情。而且,若论其如此景仰罗汝芳,则其会语、诗文中仅四处提到近溪,也太让人讶异了。

相反,周汝登在不少诗文中称王畿为师。《东越证学录》卷四《越中会语》答门人问时引王畿语,称"龙溪先师云"。卷五《剡中会语》中答门人问"天根月窟"时云:"予之言固与龙溪先师之言相表里也。"卷十五又有《登龙溪师讲楼》《中秋大会天泉桥》二诗,均称龙溪为师。在为王龙溪之子所作《宗溪王公六十寿序》一文中,更是反复称颂"吾师"王龙溪为阳明嫡传,如所谓"嗣阳明者,则吾师龙溪子","当时及阳明之门者,不知凡几,而称嫡骨子者,惟师一人"(《东越证学录》卷八)。当然,在卷五《剡中会语》中,周汝登在答门人问时专门就其与王畿之关系作了一番说明。时有人问他："子于龙溪先生，及门受业乎？"周汝登曰："及门而未受业，受业而非及门矣……予少年不知学。隆庆庚午，邑令君请先生入剡，率诸生旅拜。不肖与焉，虽侍侧听讲，而不能领略，故及门而不可谓之受业。后予通籍后，始知慕学，渐有所窥，思先生平日之言为有味，取会语读之，一一皆与心契，乃切归依，而先生此时逝矣，实受业而非及门也。"因此，虽然《明史》附周汝登传于罗汝芳传后，黄宗羲《明儒学案》也将周汝登收录《泰州学案》，但周汝登实际上是王畿的学生，可以说是浙中王门的嫡传。虽然没有正式以王畿为师，但周汝登自认为其思想是承王畿而来的。他不仅继承了王龙溪的无善无恶论，还与许孚远等人在南京就四无说进行辩论，捍卫师说，间接引发了之后以反对四无之说为目标的东林学派的形成。同时或后来的人也都将周汝登看作上继王畿而活跃于晚明的思想人物。邹元标《寿海门周公七十序》说："自王公没后，绍兴赖龙溪王子衍其传，然海内疑信者过半。龙溪氏往，予尝以失传为忧，乃天复挺生吾友嵊县周子继元……非特有功龙溪，实有功新建，不但有功新建，斯道果有正鹄，且有功斯世。"邹元标对周汝登的评价很高，认为阳明为善去恶是"发轫语"，而王畿、周汝登等人主张的无善无恶乃是"到家语"。刘宗周在《祭周海门先生文》中也说："（阳明）及门之士于吾越最著者，为龙溪先生。又百年，龙溪之门于吾越最著者为（周海门）先生。"①东林学派顾宪成的侄孙顾杲（1607—1645）对周汝登也很钦佩，"广印龙溪、海门之言"，②显然

---

①　民国《嵊县志》卷二十七《艺文志·哀辞》。

②　顾杲：《子方公家传》，载见顾杲《悟秋草堂诗集》，《无锡文库》第四辑影清光绪元年木活字本，凤凰出版社，2012年，第27页。

视龙溪、海门为一脉。清人邵廷采云："越中之学宗龙溪者,为周汝登及陶望龄、奭龄兄弟。汝登号海门,嵊县进士。亲贽龙溪,笃信'四无'之教。"①综上所述,彭国翔先生谓黄宗羲所语周汝登从学罗汝芳及终身设像祭拜之语不知何本,然"就师承、地域亦或自我认同而言,海门均当列于浙中王门",②的为确论。不过,在对黄宗羲将周海门置于泰州学案之中表示质疑之外,冈田武彦先生所说的海门之学"颇与近溪相通而传泰州流风"③的论断仍不能完全忽视,更何况周海门还曾在泰州一地任官,建书院讲学,"月会十场之士"。而且,在周汝登的《圣学宗传》中,王门后学自徐爱以下共录徐爱、钱德洪、王畿、邹守益、欧阳德、薛侃、王艮、黄弘纲、何廷仁、徐樾、罗洪先、赵贞吉、王栋、罗汝芳十四人,其中至少王艮、徐樾、赵贞吉、王栋、罗汝芳五人都属于黄宗羲《泰州学案》中的人物,更不用提到王栋下还附有朱恕、韩贞、夏廷美三人。

当然,周汝登除了与王畿有学脉上的相承之外,其治学所受到的影响更直接地源于其从兄周梦秀(?—1582)。周氏一门从事理学者不少,所谓"周氏之多贤而以道学传世久矣"(陶望龄《歇庵集》卷十《题周双溪先生遗训卷》)。周梦秀受王畿影响很深,与张元忭等人交往也很密切,甚至密切到可以批评张元忭"近年进修与酉、戌年稍放宽"。④ 周梦秀的弟弟周梦科亦从学于王畿与张元忭(《东越证学录》卷七《剡源遗草序》)。周汝登自小受到周梦秀的影

① 邵廷采:《思复堂文集》卷一《王门弟子所知传》,浙江古籍出版社,2010年,第49页。
② 彭国翔:《周海门先生年谱稿》,第322页。并可参见氏著《周海门的学派归属与〈明儒学案〉相关问题之检讨》,《近世儒学史的辩正与钩沉》,第201—249页。
③ [日]冈田武彦:《王阳明与明末儒学》,吴光等译,上海古籍出版社,2000年,第182页。
④ 张元忭:《张元忭集》,上海古籍出版社,2015年,第109页。

响，"乙丑(1565)结文社相砥砺"，但尚局限于为文；至己卯(1579)在仪征相会，始知受其影响而知向学；而至庚辰(1580)周汝登榷税芜湖，"余大病垂死，兄昼夜省视不怠，病中谈证，则又莫逆"(《东越证学录》卷九《题继实兄书后》)。周汝登《剡源遗草序》也说："先，继廉有世兄继实，称剡山高士，于余为从兄。高士以理学著……余敬事之，称莫逆。"(《东越证学录》卷七)因此，周汝登所受影响，大概因周梦秀而可上溯至王畿。作为理学家，周汝登的交游圈中有不少晚明的著名理学家，如陶望龄、奭龄兄弟，邹元标、杨起元、祝世禄等人。但是，总体来看，他所与交游密切的人物以浙江一地的人士居多。加之他也不是一个热衷于游学的人物，因而他的理学也就只在一个相对较小范围得到认可。

　　周汝登的兴趣很广泛，据说还善弈。他的一位同年好友冯梦祯说他"于百家众技靡不探寻"而"尤嗜学佛"。[1] 实际上，周汝登是一个信仰佛教的居士，自号"海门居士"(《东越证学录》卷十三《圆觉堂募缘题词》)，持儒释会通之论。他与晚明佛教四大名僧均有往来，与浙东的僧人交往也很多，在浙东的寺院建设中很尽心力，对晚明佛教在浙东的传播做出了巨大贡献。[2]

二、周汝登的思想

　　按照邹元标的说法，周汝登是王畿的嫡传。对良知、无善无恶

---

　　① 冯梦祯：《快雪堂集》卷七《寿周母黄太安人开九褒序》，《四库全书存目丛书》集部第 164 册影明万历四十四年黄汝亨朱之蕃等刻本，第 6—8 页。
　　② 彭国翔：《周海门与佛教——历史与思想》，载氏著《近世儒学史的辩正与钩沉》，第 250—315 页。

等王畿所秉持的核心的理学概念均有坚持。比起王畿来，周汝登还有更强烈的门户观念和宗派意识，在沿着儒学与佛学之融会的道路上也走得更远。以下就良知现成、无善无恶、会通儒释几点略谈周汝登的思想。

（一）良知现成。对于良知，周汝登极为笃信。周汝登六十九岁时在南京阳明祠的讲学中，对于阳明的良知有较为集中的讨论。有人问，孔子《论语》之旨是"求仁"，而不讲"良知"，良知果足尽孔门之教旨乎？周汝登回答："孔门教旨，详于《大学》。首言'明德'，即此知也。次言'至善'，即指此知之良也。工夫惟在'知止'。始终一知耳。"因此，孔子不是不讲"良知"，而是巧妙地在讲，例如《论语》起首便说"学而时习"，而照《白虎通》的解释，其中的"学"是"觉"的意思，"时习"是"常觉"的意思。言下之意，"觉"即是"知"。此外，他认为孔子言"知"的地方还有很多，如"知生""知死""是知"等。孔子言"求仁"，而"仁即觉"，不仁即"人寒我不知其寒，人饥我不知其饥，人颠连无告我不知其颠连"，因此，"求仁、致良知，无有二也"（《阳明先生祠志》卷中《或问十条》）。周汝登认为，良知是一切具足的，无须一毫假借。他说："文成公揭示良知，令人反求本心，一切具足，无容外假。"（《东越证学录》二十卷本卷九《题奇贞传》）针对有些人认为良知还不够尽性体之妙，"落后天"，周汝登说："疑良知落后天者，谓昭昭灵灵已耳，向上更有不识不知之体在。此其论非不精，特于性、于良知犹未尽也。性不囿于昭昭灵灵，执是冒认固非；性不外于昭昭灵灵，舍是别求亦谬。……良知知是知非，固是昭昭灵灵。然知以不虑，则是非虽形而此知非有，是非既往而此知非无，实不止于昭昭灵灵。故良知者，不识之识，不知之知也。《易》谓'通乎昼夜之道而知'者，此知也，无昼夜也。

《礼》言'体魄则降,知气在上'者,此知也,无死生也。"(《阳明先生
祠志》卷中《或问十条》)他认为所谓良知落于后天的说法是"浅视
良知,非诋至教"(《东越证学录》卷四《越中会语》),对此辩之甚力。
万历二十九年(1601)二月,在嵊县的一次讲会中,县学训导赵怀莲
道,"论良知未足尽学,须从不睹不闻上着力"。周汝登反驳说:"若
真谓良知不足以尽,而更求之不睹不闻,则是不虑之知尚有睹闻
在,离良知之外又有个不睹不闻,为病不小,大须善会。夫良知,即
是不睹不闻。不睹不闻,即是良知。……若教人悬空口说个不睹
不闻,心念个不睹不闻,便谓玄妙,是重增学人之迷昧矣。"(《东越
证学录》卷五《剡中会语》)当然,周汝登更不认为"良知"二字缺乏
躬行。明代反对良知的人常说阳明讲良知遗漏了"良能"。当人问
及:"单言'知',终疑缺践履之功。"周汝登则回道:"悟前所谓'知外
无理''知外无事',已自一切具足,何必更言践履?……知不是玄
虚,日可见之行事,故致不落枯寂,在于物上用力。物即事也。意
之所到是物。如意在事亲,即事亲是物;意在读书,即读书是物。
推之凡一念所到,无不是物。……欲知至,必格物。知与物不一不
二,致与格非内非外。工夫无一处可渗漏,无一刻可间断,无一忽
可欺瞒。践履莫密于此。谓之少践履,得乎?"(《阳明先生祠志》卷
中《或问十条》)对于两种错误,周汝登称之为"掠虚影者谓良知沦
于空寂、少却躬行",而"执一隅者谓良知已属后天,未是本体"(《东
越证学录》卷三《武林会语》),都未能正确理解良知。为了符合"无
善无恶即是至善"之解,周汝登对"良知"二字的解释别出心裁。他
说:"良知'良'字,汉注疏训'甚'也,极当。如至善、至德、至礼、至
乐、太极、太初等'至'字、'太'字,皆共'甚'字之义,有不可拟议、不
可名言之妙。"(《东越证学录》卷四《越中会语》)虽然似乎极力要从

训诂上找证据,但也少不了被清儒批评。四库馆臣批评说:"其立意新奇,非惟孟子无此说,即王守仁亦无此说,斯真龙溪末派,惟所欲言者矣!"①在一些讲学场合中,周汝登对良知问题还常有别的发挥。例如,他说:"世道之所以常维,赖此公论。公论何来?人心所出,即是良知。一部《春秋》,只是留得一个公论。千载公论,只是提得一个良知。"(《东越证学录》卷四《越中会语》)

良知自足,故而"当下"最重要。他说:"信得及者,当下即是。稍涉拟议,即迢迢万里然。"(《东越证学录》卷一《南都会语》)但致良知并非全不讲究工夫。对于周汝登来说,良知不依赖分析与思考,更不依赖于读书,而是当下切近自身进行反思。他说:"学问不可悬空立论,须于言下就体入自身。即今说良知,就看我只今问答,是良知不是良知;说不睹不闻,就看我只今问答,是睹闻是不睹不闻。密密自察,方有下落。若只泛泛论去,言自言,我自我,又欲等待他时体验,则愈讲愈支,如说食不饱,竟有何益!"(《东越证学录》卷四《越中会语》)良知现成,切近自身即可。周汝登《会中司训赵公谓良知未足尽道于不睹不闻之体未明当下稍为商之》诗云:"不闻不睹未生前,此个工夫用亦难。要识工夫何处用,无过怒喜哀乐间。"又云:"圣门真诀几人传,天载无声说妙玄。说得妙玄成底用,人情之外别无天。"(《东越证学录》卷十五)这是在说,人们应该不离人情与日常喜怒哀乐而悟良知。至于方法,周汝登则最重视"迁善改过"四字。他说:"人改过如洗面。不洗而见得人否?洗面,能于面上光得些子添否?有一日可不洗否?日日洗,能一日光添一日否?"(《东越证学录》卷三《武林会语》)反向理解,虽然改过

---

① 永瑢:《四库全书总目》卷一七九,《海门先生集》十二卷条,第 1614 页。

并不使良知"添",但却像洗脸一样重要,因为改过可以使蒙在良知
上的尘翳净化。万历二十七年(1599)秋,周汝登与陶望龄等人讲
学于绍兴阳明祠,语诸友曰:"今遗教具在,我辈正当以身发明,从
家庭中竭力,以孝弟忠信为根基,在境缘上勘磨,莫为声色货利所
玷染。习心浮气,消融必尽。改过知非,丝发莫纵。察之隐微,见
之行事,使人知致良知之教原是如此,然后微言始著,吾道益明。"
(《东越证学录》卷四《越中会语》)陶奭龄在《小柴桑喃喃录》也记载
周汝登曾论改过云:"人不能无过,如身不能无痛痒。有过便觉,便
是知痛知痒;一觉便改,便是痛处痒,痒处搔;一改便了,便是本无
痛痒,亦无摩搔。彼泥现成之说者,是谓全无痛痒也;泥无工夫之
说者,是谓全不搔痒也。若道常须照管者,是谓预摩以待痛,预搔
以待痒也,皆非也。"①可见,周汝登虽然认为良知自足,但不以为
良知现成,而是要"知是知非",然后一知便改,如此以复其良知。
其对于"改过迁善"四字,佩之终身。在回答门人王世韬"吾师近在
山中以何为精进"时,周汝登说:"予绝无伎俩可呈,近惟以'改过迁
善'作四字符,终日终年力此四字,觉无处用不着,无刻放得过。盖
此四字,与'着衣吃饭、梳头洗面'八字终吾身矣。"(《东越证学录》
卷九《题世韬卷》)

　　(二)无善无恶。关于性无善无恶之论,周汝登在南京与许孚
远的辩论中有综合的阐释。《九解》共有九条,基本上都是针对无
善无恶的问题而发,周汝登在此问题上的一系列观点能自圆其说。

　　其一,心体本虚,故无一物可着,善自然亦着不得。他说:"心
如太虚,说无一物可着,说不杂气质,不落知见,已是斯旨矣,而卒

---

①　陶奭龄:《小柴桑喃喃录》下卷,明崇祯刻本。

不放舍一善字,则又不虚矣。"(《南都会语·解三》)

　　其二,人性本善是指一种至善,而至善无对,不但无恶,即善也是无的,所谓"恶既无,而善不必再立"(《东越证学录》卷一《南都会语·解一》)。与太极一样,至善是一种无对的状态,是超越善恶的。周汝登说:"无极之极,是为太极;无心之心,是为天心;无善之善,是为至善。"①他还说:"人性本善者,至善也。不明至善,便成蔽陷。反其性之初者,不失赤子之心耳。赤子之心无恶,岂更有善耶?"若只在善字上打转,反而是一种蔽陷,则可能有意为善,而"吉人为善,为此不有之善、无意之善而已矣"(《东越证学录》卷一《南都会语·解七》)。

　　其三,从社会道德的营建上来说,为善去恶自然是需要的,但却只是表象,只是一种迹。无善无恶不妨为善去恶,但只有悟得无善无恶,为善去恶才会是真正发自内心的行为。他说:"维世范俗,以为善去恶为堤防,而尽性知天,必无善无恶为究竟。无善无恶,即为善去恶而无迹,而为善去恶,悟无善无恶而始真。"(《东越证学录》卷一《南都会语·解一》)

　　其四,无善无恶,其持循工夫重在"无恶"二字,如为孝子求免于不孝,为忠臣但求免于不忠。因此,他说"无善无恶"四字相连,人们有时候批评他主张"无善",则有些片面:"四字相连,而单举无善,已非。即无善,亦如所谓'有厥善,丧厥善'耳。"②又说:"既言无善,而又言无恶,视无极无心之旨,指示更备,何疑之有?"③归结起来,"无恶"二字也是他所重视的。他回应许孚远说:"文成何尝不教人修为,即'无恶'二字,亦足竭力一生,可嫌少乎?"(《东越证

---

①　周汝登:《阳明先生祠志》卷下《或问十条》。
②　周汝登:《东越证学录》(二十卷本)卷十九《与盐台杨弱水》。
③　周汝登:《阳明先生祠志》卷下《或问十条》。

学录》卷一《南都会语·解六》)当有人问他:"无善无恶,则为人臣子何所持循?"周汝登回答说:"为人臣者,只求免于不忠。为人子者,只求免于不孝。如此持循,工夫尽有可做……今人只要立忠立孝,便是私心。"(《东越证学录》卷一《南都会语》)"无恶"如"免于不忠"之类,亦与其以"改过"为致良知工夫相近。从本体到工夫,对于无善无恶论者而言,善、恶均不重要,重要的是"无"。

其五,有人针对无善即无心为善,提出既然可以"无心为善",也就可以"无心为恶",从而使人猖狂而无所顾忌。周汝登对此回应说:"善可无心,恶必有心。有无心之善,决无有无心之恶。"(《东越证学录》卷五《剡中会语》)所以,无善无恶之说不是道德品行败坏者的借口。

(三)儒释会通。周汝登是晚明会通儒释的代表人物之一,主张"儒释真功无二"(《佛法正轮》上卷多罗尊者条)。但是,周汝登却从不以为辨儒释异同是当日之急务。在回答门人王思位问儒释异同时,他说:"辨释氏同异不是急务。"(《东越证学录》卷五《剡中会语》)这倒未必是他在回避这一问题。在回答许孚远关于儒释异同问题时,周汝登说:"儒释同异,从来辨论已多,不必重举,今日所辨在儒门中之异同。"(《东越证学录》卷一《南中会语》)可见,周汝登认为现在最要紧的是解决儒学内部的宗旨分歧,让人认识到真正的圣学。因此,他直接辩论儒释异同的言论并不多,倒是在编纂图书时多将儒释合一的观念贯彻其中。徐乾学《明史列传》称周汝登"学不讳禅……更欲合儒释而会通之,辑《圣学宗传》,尽采先儒语类禅者以入"。[1]《圣学宗传》以外,周汝登也常列举儒学中的著

① 徐乾学:《徐本明史列传》卷七十,《明人传记丛刊》第 93 册影印本,第 218—219 页。

名人物如邵雍、程伊川、朱熹与释门之渊源。例如,他说:"伊川谓佛氏学者当如淫声美色以远之,然自己又不然。观其与韩持国、杨子安、冯东皋辈,往往吐露机锋,非深于禅者不能。晦翁亦然。其《斋居》诗曰:'端居独无事,聊披释氏书。'……二先生之崇禅如此,则其诸所拒辟之词,或为学人地耳。"(《东越证学录》卷五《剡中会语》)对于真悟者而言,儒佛不杂而无异。他说:"真了,则于世法不须移易一少许,而佛法自存;佛法不必希异一丝毫,而世法不染。"(《东越证学录》卷六《渭水仙舟序》)在《佛法正轮序》中,周汝登集中讨论了他心目中的儒释关系:"儒与禅合乎? 曰:不可合也。儒与禅分乎? 曰:不可分也。何以明之? 譬之水然,水有江有河,江不可为河,犹河不可为江,欲合为一,虽至神不能。此儒禅不可合也。江河殊矣,而湿性同,流行同,利济同,到海同,必歧为二,虽至愚不许。此儒禅不可分也。不可合者,因缘之应迹难齐;而不可分者,心性之根宗无二。……孔子言'朝闻夕死'、'无可无不可',如《周易》太极之旨,悟之则无疑于禅,可以不逃,可以不辟矣。……如来言治生产业与实相不相违悖,如《维摩》《华严》之旨,悟之则无碍于儒,可以用世,可以超世矣。孔子之旨,阐在濂洛以后诸儒;如来之旨,阐在曹溪以下诸师。嗟乎! 人而有悟于此,则儒自儒,禅自禅,不见其分;儒即禅,禅即儒,不见其合。"(《东越证学录》卷七)这一儒释"迹分而实合"的观点在晚明儒者间其实颇为流行,稍早的管志道(1536—1608)即强调儒释"教不相滥、理不相碍"——"理则儒释不宜相碍,教则儒释不宜相滥"。①

---

① 管志道:《问辨牍》元集《答王太常塘南先生书》。

三、周汝登的著述

周汝登著述颇多。康熙《嵊县志》卷十《人物志·理学》载："周汝登,字继元,谟之子……著《证学录》《圣学宗传》《圣行宗系》《四书宗旨》《程门微旨》《王门宗旨》《助道微机》《杨邵诗微》,共二十余部。"张克伟先生列举周汝登著作十八种,分别是:一、《圣学宗传》十八卷;二、《东越证学录》十六卷;三、《四书宗旨》六卷;四、《海门语录》一卷;五、《王门宗旨》十四卷;六、《程门微旨》一卷;七、《宗传咏古》十卷;八、《王心斋奏疏类编别传汇选》二卷;九、《海门先生集》十二卷;十、《宋明四先生语录》八卷;十一、《助道微机》六卷;十二、《朱子语录》一卷;十三、《邵杨诗微》一卷;十四、《嵊县志》十三卷;十五、《诗学解》;十六、《会语》;十七、《东越传宗录四种》;十八、《圣学宗系》。① 但以上所列,皆未足尽周汝登之著述,如《佛法正轮》二卷则皆未著录。以下对周汝登著述略加考释,并附载其版本及收藏情况:

（一）《四书宗旨》。《四书宗旨》六卷是周汝登最重视的《四书》学著作。直至其逝世的崇祯二年（1629）,周汝登还在修订该书。此书稀见,《明史·艺文志》及《四库全书总目》均未著录。书分六卷,分别为《大学》《中庸》《上论》《下论》《上孟》《下孟》,但不是逐字逐句对《四书》进行诠释,而是选择自己深有体悟的章节作解。此书有崇祯己巳二年郑重耀刊本,藏台湾"国家图书馆"。《中国子学名著集成》（萧天石主编,中国子学名著集成基金会排印,1978

---

① 张克伟:《周汝登哲学思想初探》,《汕头大学学报》,1992 年第 1 期,第 34 页。

年)曾据此影印,其最末一卷《下孟》末阙数页。另据日本学者佐野公治言,日本无穷会东洋文化研究所藏有《四书宗旨》一书,卷首"载有前述《中国子学名著集成》影印本所缺失的封面以及王业浩序"。①　又,2012 年线装书局出版《子部珍本丛刊》,亦影印出版了周汝登的《四书宗旨》。

(二)《圣学宗传》。《四库全书总目》著录于史部传记类存目,云:"《圣学宗传》十八卷,两淮马裕家藏本,明周汝登编。汝登字继元,又字海门,嵊县人,万历丁丑进士,官至南京尚宝司卿,《明史·儒林传》附载《王畿传》。末称'王守仁传王艮,艮传徐樾,樾传颜钧,钧传罗汝芳,汝芳传杨起元及汝登,起元清修姱节,然其学不讳禅,汝登更欲合儒释而会通之,辑《圣学宗传》,尽采先儒语类禅者以入,盖万历以后,士大夫讲学者多类此'云云,即此书也。首载黄卷《正系图》,其序自伏羲传至伊川程子,下分二支:一支朱子以下,不系一人;一支则陆九渊之下系以王守仁,并称'卷是图信阳明笃,叙统系明,与《圣学宗传》足相发明'云。"②此书十八卷,上起伏羲,下至王门后学罗汝芳。该书的版本情况较复杂,兹据所知版本条列如下:1. 万历三十三年王世韬刻本。孔子文化大全编辑部编辑《孔子文化大全》(山东友谊书社,1989 年)影印的应是此初刻本,有陶望龄万历乙巳(1605)写刻序,云:"是编成于万历乙巳冬十月,杀青寿梓,王子世韬舅弟实肩其费,功亦伟云。"2. 复旦大学图书馆藏明万历三十四年刻本,有万历丙午(1606)邹元标序、陶望龄序、万历丙午余懋孳后序,《四库存目丛书》史部第 98—99 册、《续

---

① ［日］佐野公治:《周汝登的四书学》,载佐野公治著、张文朝、庄兵译:《四书学史的研究》,台北:万卷楼,2014 年,第 299 页。

② 永瑢:《四库全书总目》卷六二,《圣学宗传》十八卷条,第 558 页。

修四库全书》史部第513册据此本影印。3.吉林大学图书馆藏万历三十四年刻本,题"圣学宗传,陶石篑订正,豁然堂藏板",首陶望龄序,次万历丙午邹元标、余懋孳后序。4.台湾"国家图书馆"藏万历三十四年刻本。此本虽著录为"明万历乙巳东越王氏刻本",然亦题"圣学宗传,陶石篑订正,豁然堂藏板",首陶望龄序,次万历丙午邹元标、余懋孳后序,似与吉林大学图书馆所藏为同一刻本。5.普林斯顿大学葛思德东方图书馆藏万历三十四年刊本,封面镌"新刊周海门先生编测圣学宗传,陶石篑先生订正",有陶望龄序、万历丙午邹元标序、余懋孳后序。据屈万里《普林斯顿大学葛思德东方图书馆所藏中文善本书目书志》云,馆藏《圣学宗传》"卷前有道统图",则为此版本仅见,或即四库馆臣所见附载之黄卷《正系图》。6.日本国会图书馆藏万历四十一年刊本,有万历四十一年跋,又末附《宗传咏古》,则亦仅见。按,万历三十四年刊本,多是在万历三十三年刻本的基础上增刻邹元标序、余懋孳后序,而原来陶望龄序也不再是写刻本了。但是,复旦大学藏万历三十四年刻本的序文的顺序是邹元标序、陶望龄序、余懋孳后序,而其他几种的顺序则依次是陶序、邹序、余序。

　　(三)《宗传咏古》。徐乾学《传是楼书目》著录为"一卷"。今存两种版本:一为《东越传宗》四种本,藏日本前田育德会;一为《圣学宗传》万历四十一年刊本附载,藏日本国会图书馆。

　　(四)《圣行宗系》。从标题看,《圣行宗系》与《圣学宗传》殆相辅相成之作,然少见著录,唯康熙《嵊县志》卷十《人物志·理学》著录此书,似佚。

　　(五)《东越传宗录》。徐乾学《传是楼书目》著录为"三卷",今有《东越传宗》四种本,藏日本前田育德会。

　　(六)《嵊县志》。万历《嵊县志》十三卷,万民纪、周汝登纂修,有林岳伟万历戊子(1588)序,中国国家图书馆藏。日本公文书馆藏有《嵊县志》十卷,题周汝登纂,清康熙二十三年刻本。此系周汝登为家乡嵊县所编地方志,志中有不少以"周汝登曰"起首的小序或论赞,大部分已著录于《东越证学录》。

　　(七)《阳明先生祠志》。《阳明先生祠志》是周汝登为其万历四十二年(1614)创建的南京阳明祠所修的志书。此书三卷,一册,中国国家图书馆藏明万历刻本,首有周汝登万历甲寅(1614)《志引》,正文分上、中、下三卷。上卷有祠图、《祠事纪》十条、《呈上文移(附各衙门批词)》、焦竑《祠堂记》一篇、祭文四篇、对联;中卷为《先生谱略》《从祀及门弟子行略》《从祀私淑弟子行略》;下卷《或问》十条、《建祠名公姓氏》、《关送江防厅条款》等。其中,周汝登撰写的《志引》《祠事纪》及其门人祁承爜记录的《或问》十条史料价值很高:《祠事纪》详细记录阳明祠的四至、建筑、资产、祭祀礼仪等,是一份具体而微的专志;《或问》十条记录周汝登讲学阳明祠的会语,集中表达周汝登对阳明学的理解,对研究周汝登思想有很重要的价值。《志引》《祠事纪》及《或问》十条,不见于常见的《东越证学录》十六卷本,但收入《东越证学录》二十卷本,分别载见其卷一《南都会语》和卷十《杂文》内。又按,清余霭元(1799年进士)在道光四年(1824)任江安督粮道事时重修南京阳明祠,曾自"上元陈司训杙"处见"明时公旧祠志二卷",而所引"春秋二祭乃系地方公典"、"神明所栖,礼宜祇肃,讲学之士于此寓止不得久占"等语,①显系

---

　　①　余霭元:《重修王文成公祠记》,载武念祖修,陈杙纂:(道光)《上元县志》卷二十三《艺文》,《中国地方志集成》江苏府县志辑第3册影道光四年刻本,江苏古籍出版社,1991年,第486页。

周汝登《阳明先生祠志·祠事十纪》语。不知何以此为二卷，彼为三卷？然二卷本未见。

（八）《滁州阳明先生祠志》。祁承爜《澹生堂集》卷十三《戊午历》记载："五月……二十四日，得海门周师书并寄《滁阳王文成公祠志》及《金刚经解》与《太上感应篇》。书中诲余以学在自信，相慰不浅。"时周汝登任官南太仆寺卿，驻守滁州，乃修缮滁州阳明先生祠。周汝登《东越证学录》（二十卷本）卷十《阳明先生滁阳祠志引》云："滁山水以欧阳子名。……越数百年，阳明先生以教铎鸣于兹地，阐发性灵，微言奥旨，其视二记为何如？而且朋来远方，歌振山谷，宛然沂水春风，其视太守风流又何如？……余既料理先生祠事，而且编年为之志，凡先生言教身教在滁者咸为纪述，而后学或推演或追崇者，并为表著，使人得以考镜而作求。虽在滁言滁，而先生体用之全具矣。"此书似佚。

（九）《滁山三祠志》。周汝登《东越证学录》卷十《滁山三祠志引》云："滁之南山上有三祠焉：九贤、二贤祀追唐宋，闿祠肇自本朝，故闿贤亦惟本朝耳。唐宋之贤，自欧、苏而下，具足炳彪千古。闿贤有大小，而其最著者则轶唐宋而上之矣。滁以弹丸之地，数里之间，三祠鼎峙，群哲星罗，俎豆交辉，古今相映，可不谓奇逢盛事也哉！来诸诸祠，谁不敬慕？既敬慕，则必图效法。欲效法，尤必知归依。何以明之？语云'墟墓与哀宗庙钦'，盖言感也。仰瞻庙貌，想见其人，恨不与之执鞭，谁无是心？不待勉强，自然敬慕。然使敬慕之心入祠而有，出祠则无，是为浮慕。须求其所以宣之口体之身、施之有政者，生与媲美，没与齐名，敬慕方真，故必效法。然使虽知效法，泛然旁求，取政事则遗文章，袭风流则失气节，采花忘实，只成优孟。要惟性命之儒，方有集成之用。如偃、商、由、赐各擅一科，而濂溪示人，必云'学颜子之所学'。学颜方能希孔，四子在其中矣。今日尚友群贤，当知趋向，谁为颜子，便可归依。夫知此则祠匪虚设，而瞻谒亦不为徒也。予既作《三祠志》，更以是告来谒者，书之编端，称引言云。"此书似佚。

（十）《程门微旨》。徐乾学《传是楼书目》著录为"二卷"。周汝登《佛法正轮引》云："孔子之旨，阐在濂洛以后诸儒，故录取程门及邵、杨诸诗而示之儒。"（《佛法正轮》卷首）所谓"录取程门及邵、杨诸诗"，殆即《程门微旨》《邵杨诗微》之作。周汝登《东越证学录》卷六《程门微旨序》云："学者自孔门而后，尊程门矣，然尊之而未必信也。夫信与疑对，信则不疑。今观《遗书》中，若论性则有'人生而静以上不容说'数语，论学则有'学者先须识仁'一篇，此皆直截吐露，最为吃紧者也。而后之儒者曰：'若因不容说，而遂不可说，终至渺茫而无止。'又曰：'识仁一段说话，乃地位高者之事。学者取此甚远。'由斯以观，则于前语俱不能无疑矣，即所称信，又不过泥诸方便接引之辞以为极则，而直截根源反为所掩，犹之取椟而遗珠，终不可谓之信能及也。信不及于程门，则继此为象山，为阳明，真得其传而皆不免于疑且诋，益无足怪！真宗莫辨，学术分歧，是非乱而人不知归所从来已！夫学不尊程，难以语学；尊不真信，难以语尊。然真信在契其直截之旨，而语与方便杂出，如水中乳，贵乎鉴择。不肖因与友朋参订，摘而抄之，类为一帙，分为八篇，曰《在已》，曰《此个》，曰《不二》，曰《本知》，曰《冥行》，曰《圣妙》，曰《活泼泼》，总命曰《程门微旨》。旨在语中，如味在饮食，人鲜能知，故云微耳。"清初魏裔介作《周程张朱正脉》，辑入周汝登之《程门微旨》，取其十之五。《四库全书总目》云："《周程张朱正脉》，无卷数。是编首录周子《太极图说》，次张子《西铭》《东铭》，次周汝登所辑

《程门微旨》,次国朝孙承泽所辑《考正晚年定论》,及朱子与廖德明问答。题曰《正脉》,以诸儒之脉在是也。其自序谓周海门所辑《程门微旨》、王阳明所辑《朱子晚年定论》未足发蒙启迷,于《微旨》取十之五,于王阳明所辑则尽删之,而取北海《考正定论》云云。然《微旨》内如'觉悟便是性'一条,及'汉江老父云心存诚敬固善,不若无心'一条,依然王门之宗旨,则持择犹未审也。"此亦可见周汝登辑《程门微旨》之宗旨。此书今存,有《东越传宗》四种本,日本前田育德会藏。

(十一)《朱子语录》。《朱子语录》一卷,周汝登辑,吴勉学刻《宋明四先生语录》(庆安五年1652年和刻本)四种之一,台中之东海大学图书馆、日本静嘉堂文库藏。

(十二)《王门宗旨》。《王门宗旨》十四卷,系周汝登应浙江提学副使陈大绶之请,节录王阳明及其门人王艮、徐爱、钱德洪、王畿等人文字而成,包括《王阳明先生语抄》七卷、《王心斋先生语抄》一卷、《徐曰仁先生语抄》一卷、《钱绪山先生语抄》一卷、《龙溪王先生语抄》四卷。《四库全书总目》卷九十六子部儒家类存目二载:"《王门宗旨》十四卷。明周汝登编。汝登有《圣学宗传》,已著录。是编首载王守仁讲学之语,并其奏疏、杂著、诗文,而以王艮、徐曰仁、钱德洪、王畿之说次焉。盖督学陈大绶之意,而汝登编次之。书成之后,陶望龄又为校定。……首载汝登自序云,首称宗者,明为千圣之嫡嗣也。数门人语附见而概系之王门者,统于宗无二旨之义也。然姚江再传以后,去其师之本旨益远。汝登此编,徒争王学之门户,实不足以发明王学也。"①此书今存,有明万历余懋孳刻本。

---

① 　永瑢:《四库全书总目》卷九六,《王门宗旨》十四卷条,第815页。

《四库全书存目丛书》子部第13册曾据浙江图书馆藏本影印，仅存十一卷。《续修四库全书》子部第942册据上海师大图书馆藏本影印，则为全帙。日本东北大学藏周汝登《王心斋先生语抄》一卷，写本，或为其中的《王心斋先生语抄》。

　　（十三）《佛法正轮》。《佛法正轮》又名《直心编》。方如骐《直心编引》说："人多护惜门面，不敢显言，先生直心，乃尔直述，因命曰《直心编》。"正文前有方如骐读是书之心得十条，上卷为佛门诸语十八则，下卷为儒门诸语十八则、玄门诸语四则，又别附三则。此书二卷，有万历年间方如骐刊本。《美国哈佛大学哈佛燕京图书馆藏中文善本汇刊》（商务印书馆、广西师范大学出版社，2003年）第33册据此影印。

　　（十四）《周海门先生文录》。《周海门先生文录》十二卷是周汝登的会语与诗文集。《四库全书总目》著录于存目，作《海门先生集》，云："海门先生集十二卷，明周汝登撰。……是集凡文十卷、诗二卷。集中如《九解》九篇，越中、南都、剡中、东粤、新安会语五篇，皆聚徒讲学之语。其释'良知'二字，谓'良'训'甚'也，当如至善、至德、至礼、至乐、太极、太初等，'至'字、'太'字皆'甚'字之义，有不可拟议、不可名言之妙。其立义新奇，非惟孟子无此说，即王守仁亦无此说，斯真龙溪末派，惟所欲言者矣。诗亦作白沙、定山之体。其正唐诗一十五首，尤不可解，如取李白'问余何事栖碧山'一首，翻其意而窜改之曰'桃花流水依然在，别有天地只人闲'，是不几王安石之'一鸟不鸣山更幽'乎！"①《周海门先生文录》现存明万历间张元璟等刻本，北京大学图书馆及国家图书馆藏，《四库全书

---

　　①　永瑢：《四库全书总目》卷一七九，《东越证学录》十六卷条，第1614页。

存目丛书》集部第 165 册有影印本,其卷十二之末亦有阙页。每卷卷题下列校梓姓氏:卷一题"门人山阴张元憬、山阴钱经国、山阴张企之、山阴刘㙔、剡城王继晃校梓";卷二题"门人山阴祁承爍、会稽范维达、会稽周敬先、会稽钱忠爱校梓";卷三题"门人上虞郑一骥、山阴刘埁、山钱钱宗经、山阴王继爍、会稽范继华校梓";卷四题"门人山阴全继志、山阴梁应期、山阴刘垸、休宁吴可期、会稽余万宗校梓";卷五题"门人山阴彭若昌、山阴缪伯升、会稽范继益、山阴王继炳、山阴何光达校梓";卷六题"会稽陶尊治、上虞郑一鳌、余姚史孝蒙、会稽沈应龙、上虞郑汝铖、剡城袁祖幹校梓";卷七题"门人婺源余懋孳、金陵吴自弘、钱塘袁升闻、古歙郑泽、休宁吴世龙、余姚王先达校梓";卷八题"门人雷阳柯时俊、金陵何应咸、泰州王元鼎、会稽陶鉴、古歙余永宁、高邮李自华校梓";卷九题"门人剡城应凤仪、剡城王三台、婺源欧阳豪、剡城魏观光、剡城叶应斗、金陵吴承邰校梓";卷十题"门人剡城吴钰、剡城钱永澄、剡城吴振升、剡城吴应雷、剡城喻安情校梓";卷十一题"门人剡城袁祖和、剡城张我纲、剡城丁光祖、剡城袁祖宪、剡城丁美祖、剡城赵应杨校梓";卷十二题"男周孕衷、周孕浮录草,门人剡城王心纯、剡城喻允瑛校梓"。列名校梓的门人达六十一人之多。观其篇章文字,多与《东越证学录》同,但也有溢出的篇章,故学者或谓此大致是《东越证学录》的略本,而文本略异,不确。实际上,从《东越证学录》十六卷本所收诗中不少是从《周海门先生文录》中同一题名的诗下节略数首的情况来看,《周海门先生文录》编辑时间可能早于《东越证学录》。

　　(十五)《东越证学录》。《东越证学录》收录周汝登的会语及诗文,即康熙《嵊县志》所称之"《证学录》",《明史·艺文志》未著录,《四库全书总目》著录于存目。《四库全书总目》云:"《东越证学录》,十六卷,明周汝登撰。汝登传王畿之说,故是录以证学为名,而会语亦与诗文并列。"其书现存,有十六卷本和二十卷本,而十六卷本又有万历三十三年刊本与清刊本两个版本,从而形成了三个版本:A.《东越证学录》十六卷,万历刻本,首有陶望龄、邹元标序,清华大学图书馆等各馆有藏,《四库存目丛书》集部第165册影印。台湾伟文图书出版公司出版的《明人文集丛刊》所影印的应属同一版本。B.《东越证学录》十六卷,清刊本,上海图书馆藏,首有陶望龄《海门先生证学录原序》、刘宗周《祭周海门先生文》、张逢欢《嵊县志理学传》,不录邹元标序。然偶有错乱,如卷六序《养中字说序(八论附)》,即是将《养中字说》与《程门微旨序(附论)》混杂为一篇。C.《东越证学录》二十卷,明万历间刻本,国家图书馆、湖北省图书馆藏。二十卷本所收诗文、会语,有万历三十三年后所作,可见十六卷本在前,而二十卷本在后。浙江古籍出版社2015年出版《周汝登集》系以《东越证学录》十六卷本为底本。

(十六)《周汝登集》。收入明人杨瞿崃编纂的《国朝人文翼统》(明崇祯八年序刊本),日本前田育德会藏。

(十七)《九谛解疏》。《九谛疏解》一卷,殆合周汝登与许孚远南京辩无善无恶之九谛与九解,以及清代王炜之疏而成,收入《昭代丛书》。

(十八)《类选唐诗助道微机》。此书六卷,国家图书馆藏胶卷,似以湖南省图书馆藏本为底本。屈万里《普林斯顿大学葛思德东方图书馆中文善本书志》卷三子部载:"《助道微机》六卷,十二册,二函。明周汝登编。明万历间刊本。九行十八字。板匡高20.1公分,宽13.7公分。是编选集唐人诗,以说义理者为主,凡分:心学、家庭、君道、臣道、交友、边塞、饮酒、静趣、感策、对治、禅门、玄门,共十二类。盖因诗以讲学,与一般诗选异趣。《四库全书总目》著录汝登《圣学宗传》等书,而无此编。有万历四十七年方如骐序。"周汝登为《助道微机》及其下各门所撰小序,均收入《东越证学录》二十卷本。

(十九)《诗学解》。民国《嵊县志》卷二十三《经籍志》载:"《诗学解》。府志,明周汝登撰。"此书似佚。

(二十)《邵杨诗微》,或作《邵杨二先生诗微》。邵即邵雍,杨即杨简。周汝登《东越证学录》卷六《邵杨诗微序》云:"余尝次有《程门微旨》,阐抉真宗,而世之拘儒,于其中所谓'此个'等语皆以为近禅,而欲别为之解,吾诚不知其将作如何解也!近读康节、慈湖二先生诗,其语弥似禅,而其旨弥彻,因为摘揭各数十首,以附《微旨》之后。"此书有《东越传宗》四种本,藏日本前田育德会。

(二十一)《邵杨书微》。徐乾学《传是楼书目》著录为"二卷",未知与《邵杨诗微》为二书,抑为一书?

四、关于《周汝登全集》的编校说明

《周汝登全集》主要收录周汝登创作的文字,而由他编纂、选录的文字则酌情收录,例如《朱子语录》《王门宗旨》《嵊县志》均由周汝登编纂,但不收录,仅将其中相关论赞文字相应补充到其诗文集中。此外,《周海门先生文录》所录文字与《东越证学录》相差不多,且已收入《儒藏》及浙江古籍出版社 2015 年出版的《周汝登集》,故此次点校仅将载见于《周海门先生文录》而不见于《东越证学录》的篇章加以辑录,见附录一;少量既载于《周海门先生文录》又载于《东越证学录》的诗文,若文字有较大出入者,则出点校记以表之。

新点校的《周汝登集》,将收录周汝登的著作十种。

(一)《东越证学录》

《东越证学录》十六卷本较常见。《明人文集丛刊》(台北:文海出版社,1970 年)第一期第 25 种曾影印出版;《四库全书存目丛书》(齐鲁书社,1997 年)集部第 165 册影印清华大学图书馆藏明万历刻本,与《明人文集丛刊》所影印者系同一版本,但阙了最末两页。此次点校,以《明人文集丛刊》影印之明万历三十三年刊十六卷本为底本,简称"《文集丛刊》本",而参校以《四库全书存目丛书》之影印本,简称"《存目》本"。

诚如前述,《东越证学录》有十六卷本、二十卷本。两者不仅仅是卷数的差异,而是二十卷本在内容上溢出太多。浙江古籍出版社 2015 年出版的《周汝登集》收录的《东越证学录》是以十六卷本为底本。但是,考中国国家图书馆藏《东越证学录》二十卷本,题"明万历刻本",十六册,首邹元标《东越证学录序》,次陶望龄《海门先生证学录序》,其目次,卷一至卷五为会语,卷六至卷八为序,与十六卷同;卷九"题跋",与十六卷本卷九"题"稍异;卷十杂文,而十六卷本之卷十为"疏""书";卷十一记,卷十二传,与十六卷本同;卷十三杂署,而十六卷本作"杂著";卷十四志铭,而十六卷本作"墓志铭";卷十五行状、卷十六祭文,在十六卷本中乃与墓志铭合为一卷,即卷十四;卷十七至卷十八为诗,而十六卷本以卷十五至卷十六为诗;卷十九书;卷二十疏。可见,二十卷本的卷目设置与十六卷本也不一样,内容上多了"杂文""行状""祭文"三卷,又将"书""疏"分为两卷。细析其内容,二十卷本较十六卷本也多出不少。卷一《南都会语》,多祁承爜所记《或问十条》,此次点校以其已入《阳明先生祠志》卷下,不赘录;卷二多《吴舟杂语》十一则,今补入卷二；卷五《剡中会语》多"国朝祭祀"至"或问李彦平"等二十七条，今补入卷五；卷六序，多《刻王龙溪先生集序》《南皋邹子愿学集序》两篇序文，今补入卷六；卷七序，多《易参序》一篇，今补入卷七；卷八序，多《寿绍南吴先生七十序》《寿钱伯济六十》两篇序文，今补入卷八；卷九题，多《书鲍尚书传后》《题阳明夫子与黄久庵公手书湛公题识卷》《题淡生堂藏书约册》《题荐亲实际编》《题奇贞传》等五篇，今补入卷九；卷十杂文，多书信《答常熟令辞讲席启》《答李别驾》《答王生纳贽》三通，今补入卷十；又，卷十杂文多《造寂庵大师募言》《来远亭说》两篇，又有《助道微机》，自《引言》外，下分《心学》《家庭》《君道》《臣道》《交友》《边塞》《饮酒》《静趣》《感策》《对治》《禅门》《玄门》十二门，又有《阳明先生滁阳祠引》《滁山三祠志引》两篇，均补入卷十三杂著；另有《阳明先生南都祠志引言》一文，以其已见《阳明先生祠志》，不赘录；卷十一记，多《九贤祠记》《二贤祠记》《同贤祠记》三篇记文，今补入卷十一；卷十三杂署，多《养中字说》，今亦补入卷十三杂著中；卷十四墓志铭，多《敕赠文林郎湖广道监察御史苍崖龙公墓志铭》一篇，补入卷十四；卷十五行状，多《刘母王太孺人行状》，卷十六祭文多《吊国超文》一篇，均补入卷十四；卷十九书，多《与中丞某紫亭》《与盐台杨弱水》三封书信，今补入卷十；卷二十疏，多《马政考成疏》，今补入卷十。因此，新编的《东越证学录》虽然仍以十六卷本为底本，但补入了大量二十卷本的内容。

（二）《四书宗旨》

《四书宗旨》以《中国子学名著集成》影印崇祯己巳二年郑重耀刊本为底本。又据称周汝登门人张汝霖之孙张岱所著《四书遇》多采周汝登之说，则间或以之对勘。

（三）《圣学宗传》

《圣学宗传》是周汝登最重要的作品之一，且周汝登在其中所著录的每位先贤语录摘引之后以"蠡测"发表自己的观点，虽然已有两种点校本，分别是凤凰出版社 2015 年出版的《圣学宗传》、浙江古籍出版社 2015 年出版的《周汝登集》，但仍予以收录。

（四）《阳明先生祠志》

《阳明先生祠志》以中国国家图书馆藏明万历刻本为底本。

（五）《佛法正轮》

《佛法正轮》以《美国哈佛大学哈佛燕京图书馆藏中文善本汇刊》影印明万历年间方如骐刊本为底本。

（六）《邵杨诗微》

《邵杨诗微》以日本前田育德会藏《东越传宗》四种本为底本。

（七）《程门微旨》

《程门微旨》以日本前田育德会藏《东越传宗》四种本为底本。

（八）《东越传宗录》

《东越传宗录》以日本前田育德会藏《东越传宗》四种本为底本。

（九）《宗传咏古》

《宗传咏古》以日本前田育德会藏《东越传宗》四种本为底本。

（十）《类选唐诗助道微机》

《类选唐诗助道微机》以国家图书馆藏本为底本。

（十一）附录

《附录》部分含《周海门先生文录》《语录、诗文辑佚》《序跋》《传记资料》《交游诗文及书信》五部分。

《陶奭龄集》编校说明

李会富

一

　　陶奭龄(1571—1640),字君奭,一字公望,号石梁,晚年自号柴桑老人,浙江绍兴府会稽县陶家堰(今浙江省绍兴市越城区陶堰镇陶堰村)人,与其兄陶望龄皆为明朝后期著名的理学家,阳明后学的重要代表。兄弟二人,"自相师友,唱和一堂,学者称为二陶"。①

　　陶奭龄出身于越中名门望族。其父陶承学为嘉靖二十六年丁未科进士,官至南京礼部尚书。其兄陶望龄为万历十七年会元,殿试第三人,"为海内文章山斗",②累官至国子监祭酒。奭龄为陶承学第四子,③自幼聪慧俊颖。《康熙会稽县志》本传说他"生而近

---

① 董钦德等辑:《康熙会稽县志》卷二十四《人物志·理学》,台北:成文出版社,1983年,第508页。

② 陆鏊纂修:《肇庆府志》卷二十《名宦传二》,殷梦霞选编:《日本藏中国罕见地方志丛刊续编》第14册,图书出版社,2003年,第791页。

③ 按,《会稽陶氏族谱》《康熙会稽县志》本传皆称陶奭龄为陶承学第四子。然陶望龄《歇庵集·亡兄虞仲传》载,陶承学在长子陶与龄、次子陶益龄之后,得孪生子,长曰望龄,次曰高龄,而高龄早夭。故奭龄实则并非第四子,只因高龄早夭,不入行辈,而称四子。

道；持身制行，不规而圆，不矩而方；为文学日，即主张正学"。①他年轻时长期追随其兄陶望龄，"负墙请事，服膺绪论"，②深受其影响。在陶望龄的带领下，他相交于公安袁宏道、海门周汝登等人。万历二十四年，他随陶望龄赴吴县会见袁宏道，与他们一起游览太湖名胜。第二年春，他们又一起游览了西湖、天目、黄山、齐云等东南名胜。由此，陶奭龄得到袁宏道的赏识。宏道曾称赞他"爽朗轩识"，③"真实颖秀"。④ 万历二十七年秋，周汝登访越，陶望龄、陶奭龄兄弟二人与周汝登一起在山阴阳明祠共创"证修会"。作为"证修会"的重要创立者之一，陶奭龄深受周汝登器重。周汝登希望奭龄能"振作此会，为后来人作前导，为吾道计无穷"。⑤ 后来，他还曾劝人向陶奭龄学习，认为当世学道者中，"陶石梁兄真可作法"⑥。

　　万历三十一年，陶奭龄乡试中式，后屡次赴京参加会试，皆不第。关于陶奭龄参加会试的经历，现存文献记载较少，仅可通过《赐曲园今是堂集》《小柴桑喃喃录》等文献的零星记载窥其大概。在万历三十二年至四十四年朝廷举行的五次会试中，现存文献明确表明，陶奭龄参加了万历三十二年甲辰科、三十五年丁未科、四

　　① 董钦德等辑：《康熙会稽县志》卷二十四《人物志·理学》，台北：成文出版社，1983年，第508页。
　　② 陶奭龄：《海门先生挽章》，《赐曲园今是堂集》卷十，国家图书馆藏明崇祯刻本，第36页。
　　③ 钱伯城笺校：《袁宏道集笺校》卷六，上海古籍出版社，1981年，第279页。
　　④ 钱伯城笺校：《袁宏道集笺校》卷十九，同上，第746页。
　　⑤ 周汝登：《东越证学录》卷十，《四库全书存目丛书》集部第165册，第601页。
　　⑥ 周汝登：《与范孟兼（又）》，《海门先生文录》卷十，《四库全书存目丛书》集部第165册，第367页。

十一年癸丑科、四十四年丙辰科会试。关于甲辰科会试,《小柴桑喃喃录》卷上记载:"甲辰都试罢还,谒房师张玄翁于孝乌,缱绻无已。屡辞行,辄加絷维,曰:'非得从心之数,勿言别也。'余奉书云:'老师恩重,欲黾勉于从心;贱子缘悭,殆庶几于知命。'师读之一笑,乃治席郊外,听其归。"①这段文字描述了陶奭龄甲辰会试落第后拜见房师张玄翁的情景。玄翁之言显然有勉力奭龄不要气馁、来日方长之意,而奭龄则以"知命"答之,表现了落第之后的洒脱之态。甲辰第一次会试落第后,正如张玄翁所勉励的那样,陶奭龄并没有气馁,而是准备参加三年之后的丁未会试。《赐曲园今是堂集》卷三有诗题曰"万历丙午,计偕北上,初冬过任城"②云云,便是他曾参加丁未会试的明证。关于参加丁未会试的情况,《小柴桑喃喃录》中也有记载:"丁未年余上春官,嘉宾分考,已得旨回避。次日且入帘矣,嘉宾忽过余寓,剧谈久之。余饮之酒,至晡时始去。闱中命题多嘉宾所拟,其意欲以一二相授,而余绝口不及此,故难于发言而罢。"③这即是说,陶望龄的门生(即陶望龄万历二十三年乙未任会试同考官时所选中的进士)汤嘉宾(名宾尹)担任这次会试的同考官,且会试的命题多由他所拟定。他于考前一日拜访陶奭龄,欲暗中向其透露考试内容,但石梁绝口不问考题。另外,袁宏道在写给陶望龄的书信中也谈到了陶奭龄参加丁未会试的情况。他的《与陶祭酒》有云:"廿一官相聚无多时,遂别。此番与胖

①   陶奭龄:《小柴桑喃喃录》卷上,明崇祯吴宁李为芝校刊本,第47页。
②   陶奭龄:《赐曲园今是堂集》卷三,国家图书馆藏明崇祯刻本,第6页。
③   陶奭龄:《小柴桑喃喃录》卷上,明崇祯吴宁李为芝校刊本,第20页。

同被落，深可惜。"①据钱伯城先生考定，该信在万历三十五年作
于北京，其中"廿一官"即指陶奭龄，"胖"即指袁中道。这表明，
丁未赴京会试期间，陶奭龄曾与在京的袁宏道兄弟多有交往，而
宏道则对陶奭龄、袁中道的会试落第表达了惋惜之情。关于癸
丑会试，《小柴桑喃喃录》卷下有"万历癸丑，余都试罢，病卧邸
中"②云云。可见，万历四十一年会试不第后，陶奭龄曾病于北
京。关于丙辰会试，《赐曲园今是堂集》卷六曾记载："乙卯，余将
上春官，遇丹仲钱塘，信宿于吴山之仁皇寺。临背面，与期：'吾
此行不第者，将乞一毡子里矣。'时仲秋之十一日也。"③这样，在
万历三十二年到四十四年朝廷举行的五次会试中，陶奭龄参加
了其中四次，④皆不中。所以，在丙辰落选后，他便谒选地方教
职，不再热衷于进士功名。相关文献也没有陶奭龄在万历丙辰
之后参加会试的明确记载。⑤

　　万历四十四再赴会试不中后，陶奭龄谒选浙江金华府东阳县
教谕，时年四十六岁。天启四年，转任杭州府余杭县教谕。对于这
两次任职县学教谕，《赐曲园今是堂集》卷六《吴宁集》（东阳县古称

---

　　①　钱伯城笺校：《袁宏道集笺校》卷五十五，上海古籍出版社，1981 年，第
1599 页。

　　②　陶奭龄：《小柴桑喃喃录》卷下，明崇祯吴宁李为芝校刊本，第 27 页。

　　③　陶奭龄：《赐曲园今是堂集》卷六，国家图书馆藏明崇祯刻本，第 1 页。

　　④　万历三十八年庚戌会试，陶奭岭很可能因为万历三十七年其兄陶望龄去世
而没有参加。

　　⑤　然而，《赐曲园今是堂集》卷三《敝裘集》有诗题曰："立春日至新嘉驿……时戊
午嘉平月廿一日也。"（《赐曲园今是堂集》卷三，国家图书馆藏明崇祯刻本，第 3 页）新
嘉驿是明代山东兖州府滋阳县的一处驿站。"戊午嘉平月廿有一日"即万历四十六年十
二月二十一日，次年春即有会试开考。这段记载表明，万历四十七年己未开科会试的前
一年冬，陶奭龄曾北上。陶奭龄的这次北上是否为了参加来年会试，现不得而知。

吴宁)和卷七《菪川集》分别都有文字记载。另外,《康熙会稽县志》卷二十四《理学志》所录陶奭龄传明确记载了他任职东阳教谕的情况,民国《杭州府志》也有他任职余杭教谕的记载。除了以上两任县学教谕外,《会稽陶氏族谱》所录清陶式玉所作《济宁州知州石梁公传》称,陶奭龄在任职东阳教谕前曾任建德教谕。《乾隆建德县志》也记载陶奭龄曾于万历年间任职建德教谕。该书所列陶奭龄传称:"陶奭龄,会稽人,夙有文名,万历间来司教铎,启迪多方。故事,诸生有贽仪,力却不受。凡贫而无资者,常召致门下饮食之。迄今遗老犹有道其事者,以为长厚最著云。"①《乾隆建德县志》虽然列有陶奭龄传,但其记载较为模糊,并没有说明陶奭龄任职该县教谕的具体时间段。其所列任职该县的官宦表,在"教谕"栏中,将陶奭龄列在万历朝教谕最后一位,置于万历四十四年任教谕的史启英之后。然而,《康熙会稽县志》却并没有关于陶奭龄任职建德教谕的记载。现存《赐曲园今是堂集》也只有陶奭龄任职东阳教谕、余杭教谕的记载,而无任职建德教谕的记载。且陶奭龄在其诗《张令君索履历以诗系尺牍后答之》之引言中曾总结自己的仕途经历云:"鄙人浮沉一官,处百僚之底,署教两邑,司理端州,移守任城,即拂衣归卧。"②其中,"署教两邑"当指任曾任东阳、余杭两县教谕。该引言并未提及他曾任建德教谕。据此推断,《会稽陶氏族谱》和《乾隆建德县志》关于陶奭龄任职建德教谕的记载很可能有误,陶奭龄可能未曾任职建德教谕。

天启七年,陶奭龄升任广东肇庆府推官。在任职肇庆期间,他

---

① 《乾隆建德县志》卷六,故宫博物院编:《故宫珍本丛刊》第93册,海南出版社,2001年,第156页。

② 陶奭龄:《赐曲园今是堂集》卷十,国家图书馆藏明崇祯刻本,第25页。

"辨诬盗,释冤狱,人颂为神明"。① 崇祯三年,肇庆推官任职考满,晋为山东济宁州知州,不赴任,归家,时已六十岁矣。

陶奭龄归家后,在其私第筑今是堂,率子孙讲学其中。他一边讲学授徒,传道授业,一边延交学友,激发认证。崇祯四年三月,他与刘宗周共创证人社,集会讲学于陶文简公祠、古小学、阳明祠及白马岩居等地,成为斯道盟主,"此道赖以不孤"。② 崇祯六年九月,与徐如翰(字伯鹰,上虞人)、陈治安(字迩道,会稽人)、董懋中(字建叔,会稽人)等共七人雅集曹山,"续香山洛社之胜",③号称曹山七老。崇祯十二年十二月卒,④享年六十九岁,私谥文觉。

二

陶奭龄一生履试春闱不第,为官时间亦不太长,且"吏隐州郡间",⑤

---

① 董钦德等辑:《康熙会稽县志》卷二十四《人物志·理学》,台北:成文出版社,1983年,第509页。

② 吴光主编:《刘宗周全集》第2册,浙江古籍出版社,2007年,第548页。

③ 陶奭龄:《曹山七老诗》,《赐曲园今是堂集》卷十,国家图书馆藏明崇祯刻本,第16页。

④ 陶奭龄的卒年,据祁彪佳《弃录》、刘汋《刘子年谱》推断。《弃录》为祁氏所作的日记,其中记载祁氏曾于崇祯十二年己卯十二月"二十五日早,入陶宅吊石梁先生"(《祁彪佳文稿》第2册,书目文献出版社,1991年,第1176页)。据此,陶奭龄卒年当在崇祯十二年,具体日期当在十二月二十五日前。另,刘汋《刘子年谱》记载,崇祯十三年正月,"石梁先生卒,先生(刘宗周)率门下士哭之"。按常理,刘宗周哭奠陶奭龄的时间应该在陶奭龄去世后不久。据此,陶奭龄的去世时间应该不会早于崇祯十二年十二月。

⑤ 刘宗周:《今是堂集序》,陶奭龄:《赐曲园今是堂集》卷首,国家图书馆藏明崇祯刻本,第1页。

"处百僚之底"。① 他把一生主要精力放在了学术研修上,坚持不懈地钻研学术、探寻正道、切磋体悟、讲学授徒。他在学术上传承并发展了其兄陶望龄之学,久而有所自得。

陶奭龄对陶望龄思想的继承主要体现在两个方面:一是作为阳明后学的重要代表,他继承了越中王门自王龙溪到周汝登、陶望龄一脉的学术传统,延续了他们重本体、重体悟的思想倾向,成为越中王龙溪、周汝登、陶望龄一脉的重要学术传人;一是作为晚明时期儒佛合流的重要代表,他发展了陶望龄等人融汇儒佛的思想特点,进一步将儒家的伦常道德与佛教的教义学说结合起来,用佛教的因果思想去论证儒家伦常的合理性。这使得陶奭龄的思想既具有儒学的问题意识和价值取向,尊崇阳明的良知心学,宣扬儒家的伦常道德,又具有佛教的学术话语和论证方式,尊崇佛教的精神信仰,宣扬佛教的因果报应。因而,他既是一位恪守伦常的儒者,又是一位修习佛学的居士。

相比于陶望龄,陶奭龄对佛教的崇信更为明显。陶望龄对儒学与禅学的融合,在很多时候体现为佛学理论、佛门禅法与心学理论、心学工夫的融通;而陶奭龄对儒学与禅学的融合,则更多地体现在对人伦日用的强调上,在实践上强化了儒家伦理的佛学意涵。他的《小柴桑喃喃录》便明显体现了这一特点。在该书中,陶奭龄引用了大量佛教典故、儒门轶事和社会传闻,阐述了善恶报应思想,劝其子弟改过迁善、恪守道德、和睦相处、勤俭持家。他认为,佛教所宣扬的因果报应、六道轮回都是可信的,人们只有积下善因

---

① 陶奭龄:《张令君索履历以诗系尺牍后答之》,《赐曲园今是堂集》卷十,国家图书馆藏明崇祯刻本,第 25 页。

才会得到善果。他说:"有德则有福,有福则受用具。但得本,莫愁末。德者,本也。"①这就是说,德、福之间是有因果对应关系的。相对于福,德是因,是本。要想获得福报,就必须做好道德修养,遵守儒家的伦常道德。他由此认为,规范日常人伦的孝友之道是人们不可或缺的:"孝友如饮食衣服,一日不足,便有性命之忧。"②这样,他便将对佛教的信仰导向了儒家的孝悌忠信等人伦道德。

陶奭龄对儒学与佛学的融合,基于他对三教关系的判断。与陶望龄等人一样,陶奭龄认为儒释道三教在思想上具有共通性,它们统一于心性修养之学。他认为,"世间万法皆生于心。欲身相具,世界平,一切万法如意,只应缮治其心",③所以,"佛之为教,原止修缮性灵",④对本心的修习是学佛的核心要旨。信佛修佛的正确法门应该是直指本心,加强心性修养。造经、造像、建寺、布施等功德,都不是佛教修行的根本方法,因而,"菩提达磨始来自五天,建惟心之旨,扫除功德"。⑤ 心性的修养无法离开日常生活的锻炼,所以修习佛教"惟心之旨"不但不需要出离世间、脱却人伦,反而要在人伦日用中实行,所谓"佛法虽超生死,践履无逾实行"。⑥从根本上说,修习佛法与践行儒家伦常是完全统一的,佛教的"惟心"之学与儒家心学是完全契合的。他说:"释氏得直指之宗,始知成佛之期不须远劫;道家得全真之教,始知炼神之指不在长年。此

---

① 　陶奭龄:《小柴桑喃喃录》卷上,明崇祯吴宁李为芝校刊本,第59页。
② 　同上书,第3页。
③ 　同上书,第32页。
④ 　同上书,第26页。
⑤ 　同上书,第2页。
⑥ 　同上书,第11页。

其人皆深得二氏之髓,如吾儒之有道州、姚江也。"①这就从根本思想上将佛学与阳明心学融合为一体了。

　　陶奭龄的学术思想在其晚年与刘宗周主盟证人社的过程中得到进一步阐述。陶奭龄与刘宗周一样,都是"证人"之学的倡导者。他们都认为,圣人之道乃是人之为人的原因所在,圣人之学就是学习做人。他们说:"学以学为人也。"②学者学习圣人之学,就是要体证人之为人的本性,即"证人"。圣人之性人皆有之,圣人之道本存在于人心之中,因而"证人"之学乃是学者对本心的自我体认,即"自证"。陶奭龄说:"证人无他道,复吾心而已矣。"③然而,在自证本心的方法上,陶奭龄与刘宗周有所不同。刘宗周偏重"坐下"工夫,强调就当下的事事物物、一言一行呈露良知;而陶奭龄偏重体认本体,强调自家本心原本就是圣人之心。陶奭龄认为,"证人"之学首先要识认这个自家本心。他说:"学者须识认本体。识得本体,则工夫在其中。"④相对于刘宗周强调识认本体之后的迁善改过工夫,陶奭龄认为,"识认"本身就是工夫,只要识得本体,"但得良知,自能迁改"。⑤ 这便突出了良知本体的自知自照的特性,体现了龙溪一脉的思想特色。

　　在日常迁善改过工夫方面,陶奭龄与刘宗周都受到当时流行

---

　　① 陶奭龄:《小柴桑喃喃录》卷上,明崇祯吴宁李为芝校刊本,第58页。

　　② 陶奭龄:《证人社题词》,载刘鳞长《浙学宗传》,《四库全书存目丛书》史部第111册,第141页。又见刘宗周:《人谱续篇一》,吴光主编《刘宗周全集》第2册,浙江古籍出版社,2007年,第5页。

　　③ 陶奭龄:《证人社语录题辞》,吴光主编《刘宗周全集》第2册,浙江古籍出版社,2007年,第549页。

　　④ 同上书,第507页。

　　⑤ 同上书,第511页。

的劝善思潮的深刻影响,借鉴了功过格的为学方法。但是在对待迁善和改过的态度上,陶奭龄又与刘宗周存在明显差异。陶奭龄主持编作的《迁改格》,仿照《太微仙君功过格》和云栖大师《自知录》,将迁善和改过并列为《迁改格》的内容,主张为善有功。而刘宗周则认为以善为功容易引起功利之念,所以他作《人谱》,"言过不言功,以远利也",①并将功过格改为《纪过格》,只记改过,不记为善。很显然,陶奭龄的迁善改过思想深受佛教思想的影响,体现了佛教的因果报应观念。但是,正如前文所述,陶奭龄对佛教思想的吸收,并不是彻底倒向佛门中去,而是利用佛教的思想论证儒门的伦常和修养,是对儒释二教的有机融合。在他看来,迁善改过工夫虽然很重要,但并不是为学的最终宗旨所在,而只是体认本体的方法。体认无善无恶的良知本体,才是为学工夫的根本。他认为,"迁与改,皆无住义,皆去翳法"。②改过固然是要去除对良知本体的遮蔽,而迁善亦并非对良知本体有所增加,同样是要去除对良知本体的遮蔽。按照这种逻辑,儒释二教的不同教法,便都是呈现本心的不同法门,学者不可过于执著。所以刘宗周认为,陶奭龄之于禅,正如陶渊明之于酒,"托兴在此而取喻在彼,凡以自得其所为止者耳"。③

　　陶奭龄与其兄陶望龄一样,都是阳明后学中富有思想个性的重要思想家,在整个阳明后学的衍化发展中具有重要地位,尤其在

---

　　①　吴光主编:《刘宗周全集》第 2 册,浙江古籍出版社,2007 年,第 2 页。

　　②　陶奭龄:《迁改格叙》,载刘鳞长:《浙学宗传》,《四库全书存目丛书》史部第 111 册,第 140 页。

　　③　刘宗周:《今是堂集序》,陶奭龄:《赐曲园今是堂集》卷首,国家图书馆藏明崇祯刻本,第 5 页。

浙中地区阳明学的传承脉络中地位突出。对此,刘宗周曾有论述:
"吾乡自阳明先生倡道龙山时,则有钱、王诸君子并起为之羽翼,嗣
此流风不绝者百年。至海门、石篑两先生,复沿其绪论,为学者师。
迨二先生没,主盟无人,此道不绝如线,而陶先生有弟石梁子,于时
称二难,士心属望之久矣。"①这一论述既揭示了陶奭龄兄弟的学
脉谱系,也体现了他们在当时学者中的卓越声望和重要地位。不
过,由于他们兄弟二人特别是陶奭龄在日常生活中具有结交僧流
的喜好,在实践工夫上具有参禅悟道的内容,在传道授业中使用因
果报应的学说,因而,其学术思想被后世某些强调儒学正统性的学
者批评为狂禅,视为王学流弊。

三

陶奭龄的著述,流传至今者不多。关于其著述情况的史籍记
载也较少。现据陶奭龄存世著作及有关史料记载,将其著述情况
简要梳理如下:

1.《今是堂集》

该书目见载于《康熙会稽县志·陶奭龄传》《千顷堂书目》等文
献。刘宗周曾于崇祯十五年作《今是堂集序》,该序云:陶奭龄"既
殁,而所著《今是堂集》始出"。② 这表明,《今是堂集》一书乃由陶
奭龄遗稿整理而成。国家图书馆古籍馆善本室现藏有明崇祯刻
本,称为《赐曲园今是堂集》。该本共十一卷,卷首有刘宗周《今是

---

① 吴光主编:《刘宗周全集》第 2 册,浙江古籍出版社,2007 年,第 497 页。
② 刘宗周:《今是堂集序》,陶奭龄:《赐曲园今是堂集》卷首,国家图书馆藏明崇
祯刻本,第 1 页。

堂集序》,其中一至十卷为诗集,第十一卷为词集。因而,现存《今是堂集》实为陶奭龄的诗词集。

　　然而,清陶继尧编修《会稽陶氏族谱·艺文志中》(该卷为陶式玉辑)载,陶奭龄曾有《今是堂文集》《今是堂诗集》,俱刻印。刘宗周《今是堂集序》在《刘子全书》中题为《陶石梁今是堂文集序》。按照这种记载,《今是堂集》当原有《文集》《诗集》两部分,现存十一卷《今是堂集》实为其《诗集》部分。《文集》部分当为除诗词外其他文体的结集。另外,现存文献崇祯《肇庆府志》《会稽陶氏族谱》《歇庵集》等都收有陶奭龄散佚文章。这也说明,陶奭龄生前除作有大量诗词以外,确实作有许多其他文体文章,《今是堂集》当确有《文集》部分。不过,清初黄虞稷《千顷堂书目》所记《今是堂集》即为十一卷,与现存《今是堂集》卷数相合,当即为陶奭龄的诗词集。由此可见,《文集》部分在清初便已佚失。

　　2.《喃喃录》

　　《会稽陶氏族谱》《康熙会稽县志》本传皆称陶奭龄有《喃喃录》一书。刘宗周《今是堂集序》亦云:陶奭龄在《今是堂集》外,“别有语录,系之《喃喃》”。① 该书乃陶奭龄平居教育子孙后辈的语录,共上下两卷。卷首有陶奭龄作于崇祯八年的《自序》,该书当成于是年。国家图书馆、台湾“国家图书馆”现藏崇祯八年吴宁、李为芝校刊本,题名《小柴桑喃喃录》,当为初刻本。

　　3.《迁改格》

　　《会稽陶氏族谱》《康熙会稽县志》皆云陶奭龄曾著《迁改格》一

————————

　　① 刘宗周:《今是堂集序》,陶奭龄:《赐曲园今是堂集》卷首,国家图书馆藏明崇祯刻本,第6页。

书。而刘汋《蕺山刘子年谱》在记述崇祯七年八月刘宗周作《人谱》之缘起时则说，是时陶奭龄弟子秦弘祐仿袁了凡《功过册》作《迁改格》，"陶先生序而行之"。① 据刘氏之说，《迁改格》则作于崇祯八年，其作者为秦弘祐。刘鳞长《浙学宗传》(《四库全书存目丛书》影印明崇祯十一年自刻本)录有陶奭龄《迁改格叙》一文，或为该书之序文。该文称，《迁改格》为"证人社诸友"所作。据此推断，此书当为证人社多人的集体成果，并为秦弘祐所整理。其成书过程应该受到陶奭龄的深刻影响，抑或经陶奭龄所审订，其思想主旨当反映了陶奭龄与其弟子秦弘祐等人的一致观点。《会稽陶氏族谱·艺文志中》在"《迁改格》"书目下有小注"未刻"二字，以为此书并未正式刻印。该书现已佚。

4. 制义

《会稽陶氏族谱·艺文志下》(该卷为陶元藻辑)载，陶奭龄有《起秀堂稿》《乙丙草》《云芝社草》三种制义文集，另与宗人或亲友陶允嘉、谢启迪等合作《阳辛社草》一种。今俱已佚。

5. 语录

《会稽陶氏族谱》《康熙会稽县志》本传皆载，陶奭龄晚年在家讲学，其弟子王朝栻、秦弘祐、徐廷玠等曾将其言论辑为语录。这些语录有何内容，今不得而知。但陶奭龄与刘宗周主盟证人社时的言论，则为《刘子全书》中《证人会录》、《刘子全书遗编》中《证人社语录》所收录。尤其是《证人社语录》，详细记录了崇祯四年至五年刘宗周、陶奭龄等人参加各次证人会的言论观点和参会情况，内录大量陶奭龄参会言论，并附有《陶石梁先生语录》《时习章讲意》

---

① 吴光主编：《刘宗周全集》第 6 册，浙江古籍出版社，2007 年，第 106 页。

《陶先生与刘先生书》《知生说》等多篇陶奭龄的文章。该书卷首并
列刘宗周、陶奭龄题词：刘宗周题词只是从宏观上论述了证人社
的思想要旨，并未言及《证人社语录》一书成书过程；而陶奭龄题词
则除了论述他对证人社主旨的见解外，还具体讲述了《证人社语
录》的成书缘起，更像该书的自序。据此可见，陶奭龄当是《证人社
语录》编辑成书的主持人之一，该书付梓前定经陶奭龄审定。因
此，将该书涉及陶奭龄的部分列入陶奭龄名下，并不为过。

　　另外，据《康熙会稽县志》本传所记，陶奭龄在任职吴宁时曾
"作《正俗训》，上台使行之"，自济宁弃官归家后又"作《圣训六条
解》，召宗人训之"。① 两文现已佚。

　　除以上著述外，明乔时敏万历刻本《歇庵集》卷末附有《先兄周
望先生行略》一文。该文是陶奭龄为其兄陶望龄所作行略，作于万
历三十八年。明崇祯《肇庆府志》《会稽云门湛然澄禅师语录》《会
稽陶氏族谱》等文献也收录了陶奭龄的部分佚文，在此不一一
详述。

四

　　本书由陶奭龄现存各种著述编校而成。现就所用底本或校本
的版本情况说明如下：

　　1.《赐曲园今是堂集》十一卷

　　据清姚觐元编《清代禁毁书目》所记，陶奭龄《今是堂集》在清

---

　　①　董钦德等辑：《康熙会稽县志》卷二十四《人物志·理学》，台北：成文出版社，
1983年，第509页。

代被列入全毁书目，遭到官方禁毁。这使得该书传刻受限，存世稀少。现仅见国家图书馆古籍馆善本室所藏明崇祯刻本。《四库禁毁书丛刊》所录《今是堂集》则为该本的影印本。因此，国家图书馆所藏本实为孤本。本书所录《赐曲园今是堂集》即以该本为底本，无校本。底本字迹漫漶残缺之处，凡可据他书（如崇祯《肇庆府志》便收录《今是堂集》的部分诗文）查对者，则据他书补入；凡可据所存字迹辨认者，则据所存字迹补入，并出校记说明。

2.《小柴桑喃喃录》二卷

《小柴桑喃喃录》，台湾"国家图书馆"藏本与国家图书馆藏本皆为明崇祯八年李为芝校刊本，两本内容完全一样。本书以台湾"国家图书馆"藏本为底本，以国家图书馆藏本为校本。凡底本文字缺失或字迹不清之处，皆据校本径补。

除以上二种著作外，本书所录其他辑佚文献和附录各文的原文出处及所据版本皆已注于该文之后，兹不列述。

《李材集》编校说明及李材的生平与思想*

刘　勇

在当前陆续出版的《阳明后学文献丛书》中,拟收录由笔者点校整理的《李材集》。《李材集》主要收录明儒李材(1529—1607)存世著述中与"学"有关的文字。因此,除文献点校整理的技术性问题另行说明外,本文是作为《李材集》点校整理前言的初稿来写作的。为此目的,下文主要围绕李材的生平、著述和思想三方面加以简述,希望可以作为读其书、知其人、论其世之助。需要特别说明的是,由于笔者近十年来发表过多篇与李材有关的文章,故在这篇文献整理前言稿的写作过程中,较多地参考、迻录了这些已刊成果。

一、生　平

李材字孟诚,号见罗,嘉靖四十一年(1562)进士,江西南昌府

＊　本文曾在"阳明后学文献丛书推进会暨阳明后学研究高层论坛"(北京大学高等人文研究院,2015 年 8 月 29 日)上报告,感谢论坛召集人张昭炜博士及与会学者提供的修订意见。

丰城县人，是活跃于明朝嘉靖、隆庆、万历三朝的官员、思想家。

　　在简述李材的生平行事之前，首先检视已有的传记资料。其中具有重要参考价值或影响力的，主要有其子李颖所撰《李见罗先生行略》、黄宗羲著《明儒学案》卷三十一《止修学案·中丞李见罗先生材》、清朝官修《明史》卷二百二十七《李材传》，以及富路特(L. Carrington Goodrich)、房兆楹(Chaoying Fang)主编的《明代名人传》(Dictionary of Ming Biography，1368‑1644)中，由秦家懿(Julia Ching)撰写的李材传。① 《行略》大概是在李材过世后不久写成，内容较为详细，长达 2.5 万字左右，历述李材的生平事迹，着重突出其学术造诣、事功建树和道德修养。就晚明传记文献的常见情形而言，这篇由人子撰写其父《行略》的一项重要功能，是据以请求当代名人为传主李材撰写墓表、墓志铭或神道碑之类，但我们迄今尚未发现这类文字。黄宗羲《明儒学案》自然侧重于展现李材之"学"，但他看起来遇到了如何准确定位李材学说的困境：从全书结构和师承脉络来看，黄宗羲无疑将李材之学定格在"阳明后学"范畴。然而，他又一反常例地专门为李材设立一个学案，并且用李材的学说宗旨"止修"来标识它，置于六个以地域标识王阳明学说传承的"王门"(或"相传")学案之后、泰州学案之前。这种特殊处理方式说明，在黄宗羲主要以师承、地域、学说为要素的"学

---

　　① 李颖：《李见罗先生行略》，载刘家平等编：《中华历史人物别传集》第 22 册，线装书局，2003 年影印民国刻本，页 233—237；黄宗羲：《明儒学案》卷三十一《止修学案·中丞李见罗先生材》，沈善洪主编：《黄宗羲全集》第 7 册，浙江古籍出版社，1992 年，第 778—781 页；张廷玉等：《明史》卷二百二十七《李材传》，中华书局，1974，页 5955—5958；Julia Ching, "Li Ts'ai," in L. Carrington Goodrich and Chaoying Fang, eds., *Dictionary of Ming Biography*, *1368‑1644* (New York: Columbia University Press, 1976), pp.874‑877.

案"划分体系中,看来不容易找到妥当的位置来安顿李材。由于李材的师承、地域都毫无争议,因此问题显然出在李材之学。研究表明的确如此:李材在成学之后,持之以恒的核心追求,就是致力于创立有别于同时诸儒,并且能够挑战和超越王阳明、朱熹这些理学宗师学说,直接孔、曾道统宗传的自得之学。尽管就最终成效而言,这个雄心勃勃的宏大目标看来并未完全实现,但这种超越王阳明的主观诉求及其为之付出的种种行动努力,显然也被黄宗羲所了解,因而难以如常地在"王门"中安放其位置。清朝官修《明史》明显并不看重李材之学,故没有将其纳入"儒林"类传,而是着重叙述其事功尤其是军功建树。由秦家懿为《明代名人传》撰写的李材传记中,其生平尤其是仕宦经历得到详细叙述,作者还特别指出李材由敬仰王阳明,以其为榜样而努力成为杰出军事家兼思想家,到逐渐形成自己的"止修"思想这个重要转变。

李材所在的湖茫李氏,是丰城县极负声望的大族。丰城为江西南昌府属邑,地处赣江中下游地区,赣江由南向北穿境而过,是连通江西南北部的交通要道。李氏世居丰城县湖茫里,从明初至嘉靖前期,"以科第起家者三十人,其他禄仕者尤众"。① 从嘉靖年间开始,这个家族在举业、仕宦和经商等诸方面都取得了空前成就。李材及其父李遂、其兄李栻均以进士入仕;其伯父李逢(1496—1547)是嘉靖八年(1529)进士,李远(1502—?)曾为河东盐

---

① 李玑:《西野李先生遗稿》卷八《先兄龙冈行状》,《四库全书存目丛书》集部第100册影印明崇祯七年李玉铉等刻本,页133。按:该文撰写于嘉靖十九年。并参同卷《先考剑东公求文述》:"入我明,登乡荐者二十二人,登甲科者九人,以贡暨他途发者尤项背相望。"页138。

运司知事,后因经商而"以赀雄里中",与聂豹、尹台等名贤往还;①
从伯李玑(1499—1566)曾经从欧阳德讲学,听其阐发良知宗旨,②
至嘉靖后期升至南京礼部尚书;③从兄李格(1521—?)以武选出
仕,李橡(1526—?)与李材进士同榜。④ 从较长的时期来观察,与
这些成就相伴而来的,是这个家族在思想文化方面的建树。经由
接触和介入当时的理学新动向,参与读书人中流行的讲学活动,湖
茫李氏逐步发展出一套颇具特色的理学新说。

李遂(1504—1566),字邦良,号克斋、罗山,嘉靖五年(1526)进
士,历官至南京兵部尚书,参赞机务,卒谥襄敏。著有《督抚经略
疏》《李襄敏公奏议》⑤《御倭军事条款》⑥等书。成年后的李遂始终
坚持参与和组织讲学活动,与王阳明及其重要门人往还密切。据
《王阳明年谱》记载,早在正德末年阳明在南昌开讲时,李遂就曾与

---

① 李材:《见罗李先生观我堂稿》卷二十一《李邦怀传》(代作),台湾"中央研究
院"历史语言研究所傅斯年图书馆影印日本内阁文库藏明万历间爱成堂刊本,页 16—
18,此文撰于万历六年;并参明李廷璋纂:《丰城新城里李氏族谱·李氏登庸志》,中国
科学院文献情报中心藏清钞本,页 8—9;李良志等修:《湖茫李氏三宗谱·湖茫南辉房
万平公图谱》卷二,福建师范大学图书馆藏民国二十二年刊本,页 844。

② 李玑:《西野李先生遗稿》卷十《祭欧南野公文》,页 177。

③ 雷礼:《明故资政大夫正治上卿南京礼部尚书西野李公淑人徐氏合葬墓志
铭》,载李玑:《西野李先生遗稿》卷首,页 11。

④ 李材:《见罗李先生观我堂稿》卷二十一《讱斋伯考改葬墓记》,页 14—16;《湖
茫李氏三宗谱·湖茫南辉房万平公图谱》卷二,页 844。

⑤ 《四库全书存目丛书》史部第 61 册影印山西大学图书馆藏明万历二年陈瑞刻
本。并参王重民辑录,袁同礼重校:《美国国会图书馆藏中国善本书目》,台北:文海出
版社,1972 年,页 169。

⑥ 《续修四库全书》第 852 册影印明嘉靖刻蓝印本。又,台北新文丰出版公司
1989 年《丛书集成续编》第 59 册影印民国初年《邃园丛书》本,题为《明代御倭军制》,内
容与前本相同。

闻其学说。① 至嘉靖十三年（1534）九月，由于卷入大同兵变的政治斗争而开罪于礼部尚书夏言，李遂为后者所劾，被谪为湖州府同知。弹劾的理由就有"指其会友讲学为交接朋党，变乱是非"。② 在湖州期间，李遂与湛甘泉的高弟唐枢和时为浙江按察佥事的徐阶共同倡导讲学。旋即迁官南京后，李遂经常参加由王畿、欧阳德、王艮等阳明高弟在南京举行的讲学聚会。③ 嗣后李遂出任衢州知府，朔望联合治下各邑士子会讲于郡学，得到欧阳德、王畿等人的鼎力支持。嘉靖二十九年（1550）四月，身为南京都察院右佥都御史的李遂参与在南京崇礼街新泉精舍建大同楼，特设阳明与甘泉像，合举讲会。④ 此后，李遂被黜家居将近八年，"承欢之暇，专意于会友讲学"，与邹守益、聂豹、魏良弼、钱德洪、王畿、罗洪先等名理学家"数往来，晤会于螺川、剑水之间，以道谊为同志景向，四方之士来学者无虚日"。⑤ 至嘉靖三十年代后期，由于在凤阳巡

　　① 王守仁：《王阳明全集（新编本）》卷三十四《年谱二》，吴光等编校，浙江古籍出版社，2010年，嘉靖十五年九月条，页1278。

　　② 李材：《见罗李先生观我堂稿》卷二十二《先考大司马襄敏公克斋府君猷行述》，页8—9；《明世宗实录》卷一百六十七、卷五百六十三，南港：中央研究院历史语言研究所，1984年缩印再版，嘉靖十三年九月癸未、四十五年十月癸酉，页3670、9021—9022；王慎中：《王遵岩家居集》卷三《衢郡克斋李侯生祠记》，台北：闽南同乡会，1975年影印本，页12。

　　③ 吴震：《明代知识界讲学活动系年：1522—1602》，学林出版社，2003年，页67、73；彭国翔：《良知学的展开：王龙溪与中晚明的阳明学》之《王龙溪先生年谱》，北京：三联书店，2005年，页529—531。李遂参与其事，见王畿：《新锓东厓王先生遗集》卷上《奉谢督抚李克斋书》，《四库全书存目丛书》集部第146册影印明万历刻明崇祯至清嘉庆间递修本，页658。

　　④ 王守仁：《王阳明全集》卷三十六《年谱》附录一，嘉靖二十九年四月条，页1340。

　　⑤ 李材：《见罗李先生观我堂稿》卷二十二《先考大司马襄敏公克斋府君猷行述》，页21。

抚任上平定江北倭患建立殊功，以及先后两次抚平南京振武营兵变，李遂获得受人尊崇的政治地位。在此期间，阳明门下王畿等人多次前往与之会面，希望借助其政治声望带动阳明学讲学活动在南都的开展。[①] 直到李遂身后，阳明门下还将其编入阳明弟子之列，尽管无论是从阳明本人及其重要门人的文字来看，还是从李遂的自我认定来看，各方面证据都显示他从来没有拜入阳明门下。部分阳明后学乐意宣称李遂是阳明在江右讲学的早期门人，应该是基于壮大阳明门墙的事后单方面追认。从这个简单的生平履历，可见李遂始终都在参与当时读书人中流行的讲学活动，交往的对象也主要以阳明学者为主。[②]

李栻（1526—?），字孟敬，号勺溪、石龙，嘉靖四十四年（1565）进士，仕至河南道监察御史。李栻同样热衷于讲学活动。隆庆元年（1567）在肥乡知县任上，曾重修儒学，[③]朔望诣学外，“仍约期会，数进诸生，命坐听讲，剖析义理，商榷性命，议论云涌，多发学者所未闻。诸生皆人人自喜，以为得师”。至隆庆四年（1570）九月，李栻改建城内宋相李文靖（李沆）祠为崇德书院，创建“克念”讲堂，及号舍五十五间，以《大学》三纲八目分号；建成后，李栻“出其素养

---

① 王畿：《王畿集》卷四《留都会纪》、卷八《与李克斋》，凤凰出版社，2007年，页90—91、207—208。

② 详参刘勇：《明儒李遂的讲学活动及其与阳明学之关系》，中国社会科学院历史研究所明史研究室编：《明史研究论丛》第九辑，紫禁城出版社，2011年，页197—213；刘勇：《〈李襄敏公遗思录〉所载阳明后学佚文辑录——兼论阳明后学文献的收集与整理》，（台北）《中国文哲研究通讯》第21卷第3期，2011年9月，页179—211。

③ 河北省肥乡县地方志编纂委员会汇编影印：雍正《肥乡县志》卷一《学校》，河南省郑州信息工程所印，1997年，页26。

所得,著为《困学纂言》,颁之诸生,以示规范"。①

　　李材自幼就在乃父引导下接触阳明学说,年轻时拜在阳明高弟邹守益门下。在如此家学和师友夹持下,李材很快成为嘉靖后期流行于江右的阳明学讲学活动中最为活跃的青年俊彦之一。嘉靖四十一年中进士后,李材获授刑部主事,次年上疏乞休,返家研习经典。南归途中,他专门访学于阳明高弟钱德洪、王畿、邹守益,以及名理学家唐枢等。隆庆三年(1569)十二月,李材丁忧期满,抵京复刑部主事原职,后改兵部员外郎。在京期间,他坚持与李逢阳、郑汝璧、喻均、李贽等人聚会讲学,受到当政的高拱打击:"当轴者方嫉道学,将首中公。江陵(张居正)慕公名品,欲以调停见德,因属相知来语,公曰:'吾幸以学获罪,反初服自甘,何必更生俛仰!'"②不事"俛仰"的结果,便是在隆庆五年初被出为岭西兵巡道金事。任官岭西期间,李材平定了当地的多起叛乱,击退了隆庆六年攻陷电白县城的倭寇和海盗之乱,因功升任伸威道兵备副使,移驻惠州。万历三年二月,在与首辅张居正、两广总督殷正茂之间围绕剿抚策略、罗旁大征的政治利益纠葛中,李材被迫引疾返家,在家乡参与士子的讲学活动。此后,李材虽然屡屡被荐,但在张居正执政期间始终没能获得起用。③

　　直至万历十年(1582)张居正去世并遭到政治清算后,李材于

---

　　①　郭崇嗣:《崇德书院记》,雍正《肥乡县志》卷四,页162—163;李栻:《兴社仓移》、《修学舍移》,雍正《肥乡县志》卷五,页189—190。据《困学纂言》卷首张学颜序,"克念"是李栻在此地讲学时提出的论学主张,见《四库全书存目丛书》子部第127册影印明万历二年马文炜刻本,页1。

　　②　李颖:《李见罗先生行略》,页233—237。

　　③　详参刘勇:《李材与万历四年(1576)大征罗旁之役》,(台北)《台大历史学报》第40期,2007年12月,页57—91。

次年七月被重新起用为山东副使，未赴任而调辽东开原道，甫就道而旋升云南右参政，分巡洱海道，腊月抵任，驻扎姚安。万历十三年（1585）十一月，李材升任云南按察使，备兵金腾。十四年六月，升郧阳巡抚。次年底，因讲学活动引发兵变，李材被命回籍听勘。十六年三月，巡按云南御史苏酇劾其在云南时虚报破缅功绩，致使李材被逮下诏狱，几乎被处死。经过长达数年的反复调查和争论，李材终于被免去死罪，于万历二十一年六月谪戍福建漳州卫。[①]谪戍途中的数月旅程，也成为李材大张旗鼓的讲学之旅。镇海卫在漳州府南的海边，在任官福建的师友照顾下，李材主要长住漳州府城郊的东山，后来长期移居莆田、建宁，往还于莆田、武夷山、建宁府等各地讲学，直到人生的终点。[②]

　　总结来看，李材一生中最引人瞩目的是其讲学和军功表现。时人称其"军旅俎豆，两不相妨"，揆诸实际成效虽非尽然，但从其生平经历中，的确可见其对讲学活动具有宗教般的热忱。无论是居家、为官，还是在军旅、诏狱、谪戍期间，终其一生李材都讲学不辍，不遗余力地宣讲自创的"止修"之学，为此编撰、刊刻了数量众多的著述。

二、著　述

　　关于李材的著述情况，本文主要简述两点：一、历史上有关李

　　① 详参刘勇：《从李材案看晚明清议的形成及其与讲学之关系》，（台北）《政治大学历史学报》第 32 期，2009 年 10 月，页 41—70。
　　② 详参刘勇：《中晚明士人的讲学活动与学派建构：以李材（1529—1607）为中心的研究》，商务印书馆，2015 年，页 231—261。

材著述的集中著录情形；二、当前已知的存世李材著述。详细厘清每一种著述的编纂、刊刻、流传等情形，需要专门的研究工作才能胜任①。本文仅限于列举和简述已经掌握的书目资讯，诸如书名、卷次、编刊者、版本、存佚等情形。

（一）著录情形

在此主要列举和简述李颖《李见罗先生行略》、黄虞稷《千顷堂书目》、万斯同《明史》、同治《丰城县志》著录的李材著述。其余如朱彝尊《经义考》、张廷玉等《明史》、纪昀等《四库全书总目》、同治《南昌府志》所录，仅作参考。

1. 李颖《李见罗先生行略》

文末例行性地罗列了李材著述三十六种，以一句"公生平著述甚富"引出：

> 《大学古义》一卷，《大学考次》一卷，《崧台讲义》一卷，《见罗李先生观我堂稿》二十二卷，《论语大意》十二卷，《道性善编》一卷，《南中问辨录》十卷，《敩学录》十二卷，《仕学斋稿》二卷，《将将纪》二十四卷，《经武渊源》十五卷，《福堂稿》二卷，《哲范》五卷，《鞭后卮言》二卷，《正学堂稿》四十卷，《正学堂续稿》二十卷，《李材全书》二十卷，《枫亭大会录》九卷，《大学约言》一卷，《中庸庸言》二卷，《孟子说约》四卷，《羲麟（径）[经]旨》四卷，《诗书说略》二卷，《（径）[经]正录》八卷，《日鉴编》一卷，《孝经义疏》一卷，《爱成堂稿》八卷，《兵政纪略》五十卷，

---

① 一个已知的复杂案例，是李材有关《大学》的著述及其刊行情况，详参刘勇：《中晚明士人的讲学活动与学派建构：以李材（1529—1607）为中心的研究》附录一"李材《大学古义》版本与内容简表"，页 345—347。

《虎林稿》(原注：卷数未详),《读养生主》一卷,《读孙子》一卷,《四大儒书》四卷,《雅歌古选》一卷,《唐绝雅铨》四卷,《诗余雅品》四卷,《博济良方》一卷。①

这份清单中有几点情形需要留意。第一,此处所列并非李材著述的全部。比如,李材生前已经刊刻且目前仍然存世的《观我堂摘稿》《见罗先生书》《李见罗书要》等书,都没被提及。此处所列甚至也不是《行略》全文提到的李材著述的全部。例如,正文曾提及"又有《知本同参》十一卷,系公入室门人所作,公手自编定",②就不在这份书单中。考虑到李材宦辙所至范围极广,为之选录、编辑、刊刻著述的师友门生数量众多,因此,即使是其子也很难完整掌握著述情况。第二,《行略》此处所列与正文所述颇有出入。例如,正文提到"公自癸巳入闽,有《正学堂稿》及《续稿》,共四十四卷,一切微言奥义,具在卷中",③卷数与此处所列"《正学堂稿》四十卷,《正学堂续稿》二十卷"相去甚远。一个可能的解释是,这些书曾在不同时期、不同地方结集刊行,收录的内容互有差异,而李颖只是根据手头掌握的有限资讯进行罗列。第三,这些书中不乏互相收录、包含的重复情形。尤其是像《大学古义》《大学考次》《崧台讲义》《枫亭大会录》这类书籍,都是因应讲学活动而作。其中有些是由李材事先编定作为讲学之用的教材读本,有些是由听者记录李材言说再经编辑而成的会语会录。这类书籍通常随时随地、随所需求而刊刻,随后反复被全文或部分地收录到诸如《见罗李先

---

① 李颖:《李见罗先生行略》,页 268—269。
② 同上书,页 265。
③ 同上。

生观我堂稿》《观我堂摘稿》《李材全书》《见罗先生书》《见罗李先生书要》这类选本中。第四,尽管只列书名和卷数,没有出版资讯,但根据现存情形来看,这些书中的绝大部分乃至全部均已出版,其中部分书籍在李材生前就已反复刊行过。

2. 黄虞稷《千顷堂书目》

著录李材著述二十种:

> 卷一经部《易》类:李材《见罗羲经旨》一卷。
>
> 卷二经部《三礼》类:李材《大学约言》三卷,又《大学考次》一卷。
>
> 卷二经部《春秋》类:李材《见罗经旨》一卷。(按:从上下文来看,此处"经旨"当指"麟经"即《春秋》,与卷一著录的"羲经"即《易经》合起来,就是李颖撰《行略》中提到的"《羲麟经旨》";但卷数不合,未知何故。)
>
> 卷三经部《孝经》类:李材《孝经疏义》一卷。
>
> 卷三经部《论语》类:李材《论语大意》十二卷。
>
> 卷三经部经解类:李材《经说萃编》二十九卷。
>
> 卷十一子部儒家类:汪应蛟《中诠》八卷,又《理学、经济》二编,又《经正录》八卷,又《知本同参》二卷,又《经世大论》四卷,又《见罗先生书》二十卷,又《性善编》,又《四大儒书》。(按:据校记,《理学、经济》二编乃陈龙正著;《经正录》以下六种乃李材著,均误系于汪氏名下;《知本同参》"一作十一卷";校记似将《李见罗书要》三十卷与此处《见罗先生书》二十卷混淆。)
>
> 卷十一子部儒家类:李材《教学录》十二卷,又《南中问辨

录》十卷。（按：此条据校记补。）

卷十三子部兵家类：李材《将将纪》二十四卷，又《兵政纪略》五十卷，又《经武渊源》十五卷。

卷二十三集部别集类：李材《正学堂稿》二十四卷，又《观我堂书要》三十卷。（原注：字孟诚，丰城人，巡抚云南["云南"当作"郧阳"]都御史。按：从书名和卷书来看，《观我堂书要》很可能就是现存《见罗李先生书要》一书。）①

3. 万斯同《明史》
著录李材著述十八种：

李材《见罗羲经旨》一卷；李材《见罗经旨》一卷；李材《大学约言》三卷，又《大学考次》一卷；李材《孝经疏义》；李材《论语大意》十二卷；李材《经说萃编》二十九卷。

（汪应蛟《中诠》八卷；又《理学、经济》二编，陈龙正纂）李材《（教）[敎]学录》十二卷，又《南中问（辩）[辨]录》十卷，又《经正录》八卷，又《知本同参》二卷（原注：一作十一卷），又《经世大论》四卷，又《见罗先生书》二十卷。

李材《将将纪》二十四卷，又《兵政纪略》五十卷，又《兵政（"兵政"当作"经武"）渊源》十五卷。

李材《正学堂稿》二十四卷，又《观我堂书要》三十卷（原

---

①　以上分别见黄虞稷：《千顷堂书目》，瞿凤起、潘景郑整理，上海古籍出版社，2001年，页8、44、65、73、76、83、306、353、600。

注：字孟诚，丰城人，嘉靖壬戌进士，巡抚云南都御史）。①

　　明显可见的是，此处的著录全部沿用自《千顷堂书目》而稍加修订。其中纠正了《理学、经济》二编的作者当为陈龙正，《教（当作"敩"）学录》以下几种的作者当为李材，只是删去了卷数不明的《性善编》和《四大儒书》。同样能说明这种沿袭情形的，是对作者李材的介绍：位置、内容都完全相同。

　　但在张廷玉等修的《明史》中，李材的著述仅有七种被著录，其余看来都被删除了。这七种是：《孝经疏义》一卷，《论语大意》十二卷，《教（当作"敩"）学录》十二卷，《南中问辨录》十卷，《将将纪》二十四卷，《兵政纪略》五十卷，《经武渊源》十五卷。②

　　此外，朱彝尊《经义考》著录李材经学著述五种：《大学约言》三卷，《考次》一卷，《论语大意》十二卷，《孝经疏义》二卷，《经说萃编》二十九卷。不过，作者都注明"未见"。③

　　到清代乾隆末年纂修《四库全书总目》时，其中提到的李材著述仅有三种，且全部纳入"存目"而非"著录"之列。这三种分别是：由李材门人李复阳编辑其师讲学文字而成的《李见罗书》二十卷；由李材编纂而成，着重讨论如何"御将"的《将将纪》二十四卷；由"《大学古本义》一卷，《书问》十卷，《杂著》一卷"构成的李材"讲学之文"《观我堂摘稿》十二卷。①

4. 同治《丰城县志》

其《书目》类著录李材著述十三种：

> 《论语大意》、《大学约言》、《中庸庸言》、《性善编》、《四大儒书》、《经说萃编》、《岭西兵政抄》、《（教）[敎]学录》十二卷、《南中问辨录》十卷、《将将纪》二十四卷、《兵政纪略》五十卷、《经武渊源》十五卷、《孝经疏义》一卷，俱李材著。②

从其中七种没有标明卷数、六种标明卷数来看，方志纂修者对这些著述的具体情况很可能所知寥寥。此外，收录李材任官岭西期间军政文献的《岭西兵政抄》一书，先是于万历三年在广东刊刻，后来连同李材任官云南期间的军政文献一起，于万历二十年代在福建重新结集刊刻成《兵政纪略》五十卷。此处于《岭西兵政抄》未标卷数，《兵政纪略》虽然已经标明五十卷，但看来纂修者对其内容也全无了解，否则只需翻检后者，就可知其中已经完整地收录了前者。

在同治《南昌府志·艺文志》中，仅仅分别转录《明史·艺文志》、李颖撰《行略》及《四库提要》著录的李材著述，③并未能提供

---

① 纪昀等纂：《钦定四库全书总目》卷九十六、卷一百、卷一百七十八，四库研究所整理，中华书局，1997 年，页 1261、1308、2468。

② 王家杰修，周文凤纂：《（同治）丰城县志》卷二十四《书目》，清同治十二年刻本，页 9。

③ 许应鑅修，曾作舟纂：《（同治）南昌府志》卷六十二《艺文志》，清同治十二年刻本，页 60—61。

更多资讯。随后的光绪《江西通志》中同样没有更详细的李材著述信息。①

（二）存世著述

迄今为止，著录中国古籍最全的是《中国古籍总目》。其中收录李材著述十七种，具体如下：

A. 子部·儒家类：

1.《见罗先生书》二十卷，南京图书馆藏明万历间李复阳刻本（《四库全书存目丛书》子部第 11—12 册、《续修四库全书》第 941 册影印）。

2.《见罗李先生南中问辨录要》十卷，明朱万元辑，华东师范大学图书馆藏明万历间爱成堂刻本。

3.《见罗先生教学录要》十卷，明涂邦直等辑，中国国家图书馆等藏清宣统二年南昌刻本，天津图书馆藏民国十二年刻本（《四库未收书辑刊》第 6 辑第 12 册影印民国本）。

4.《见罗李先生正学堂稿》二十卷，明陈其志编辑，台湾"国家图书馆"藏明万历二十九年爱成堂刻本。

5.《见罗李先生正学堂稿》四十卷，明陈其志编辑，天津图书馆藏民国十二年刻本。②

B. 子部·兵家类：

---

① 曾国藩修，刘绎纂：《（光绪）江西通志》卷九十九——一百一十二，清光绪七年刻本，此不具列。

② 中国古籍总目编纂委员会编：《中国古籍总目》子部一《儒家类》，中华书局、上海古籍出版社，2010 年，页 115。

6.《将将纪》二十四卷,明李材撰,中国国家图书馆等藏明万历二十四年徐即登、张鼎思等刻本。

7.《将将纪》三卷,明李材撰,中国国家图书馆藏明万历间刻本。

8.《经武渊源》十二卷,故宫博物院等藏明万历十五年刻本(《故宫珍本丛刊》第 352 册影印,海口:海南出版社,2001 年)。

9.《经武渊源》十五卷,明李材撰,明左光斗订正,北京大学图书馆藏明万历天启间钱士晋等刻本。(《续修四库全书》第 959 册影印)①

C. 子部·杂家类:

10.《教学录》十卷,中国国家图书馆、北京大学图书馆藏清宣统二年刻本。

11.《经世大论》四卷,明李材编,台湾"国家图书馆"藏明万历十五年豫章李氏郧阳刊本。②

D. 集部·别集类:

12.《见罗李先生福堂稿》二卷、《为翟从先书门人李汝潜传》一卷、《见罗李先生读孙子》一卷、《明经会约》一卷、《意见》

---

① 《中国古籍总目》子部一《兵家类》,页 281、318。
② 《中国古籍总目》子部四《杂家类》,页 1716、1932。

一卷,明李材撰,明熊尚文编,日本尊经阁文库藏明抄本。

13.《李见罗集》,《重修广理学备考》本(康熙间刻本,与杨幼殷集等合卷)。

14.《见罗李先生观我堂稿》二十二卷,明李材撰,明熊尚文编,日本内阁文库、日本尊经阁文库藏明万历间爱成堂刊本。

15.《见罗先生正学堂稿》二十四卷,明李材撰,日本尊经阁文库藏明万历间刻本。

16.《见罗先生正学堂稿》四十卷,明李材撰,中国国家图书馆、天津图书馆藏民国元年丰城李氏刻本。

17.《见罗李先生书要》三十卷,明李材撰,中国科学院国家科学图书馆、上海图书馆、苏州图书馆藏明刻本。①

其中,第一种与第十七种,虽然所收内容有差异,但两者显然应该列入同一类别,就其内容而言,俱以列入"子部·儒家类"为宜。第三种与第十种显然重复著录,就其内容来看,明显都应著录在"子部·儒家类"为宜。第四、五两种,也分别重复出现在第十五、十六,只是第四种只有二十卷,而第十五种有二十四卷;经比勘可知,第四种实际上完全等同于第五种的前二十卷;无论就其内容还是体裁来看,这两种书都应列入"集部·别集类"为宜。

分类不当、重复著录,这还不是《中国古籍总目》著录明儒李材著述所存在的最严重问题。更为关键的问题是,《总目》的著录远

---

① 中国古籍总目编纂委员会编:《中国古籍总目》集部二《别集类》,中华书局、上海古籍出版社,2012年,页793。

不够周延。据目前已知的情况,其中遗漏了非常重要的以下几种:

  1.《观我堂摘稿》十二卷,李材撰,日本内阁文库藏明万历间刊本。

  2.《兵政纪略》五十卷,李材撰,台北"中央研究院"历史语言研究所藏明万历间刻本(《中国史学丛书》三编二辑影印,台北:台湾学生书局,1986年)。

  3.《见罗李先生经正录》八卷,李材撰,陈致和编,美国国会图书馆藏明万历三十一年刊本。

  4.《李襄敏公遗思录》五卷,李材编,山西大学图书馆藏明万历间刻本。

  此外,在黄宗羲《明儒学案》卷三十一《止修学案》中,选录的李材的《大学》解释文字,以及由李材编辑其入室门人之作而成的《知本同参》,目前尚未发现其他传本。在李良志等修《湖茫李氏三宗谱》中,也保存了不少李材的文字,另外还全文收录了李颍所撰《见罗公行略》,后者已被影印出版。

  在上述现存李材著述中,《李材集》拟全文收录《见罗李先生观我堂稿》、《观我堂摘稿》、《正学堂稿》(四十卷本)、《福堂稿》、《见罗先生书》、《兵政纪略》六种,附录收入少量其他相关著述。其中,《兵政纪略》虽然主要由李材任官岭西、云南期间的军政文献构成,论"学"文字只占其中很小一部分,但就了解李材自创的"止修"之"学"而言,不仅可以经由观其"行"而知其"学",并且这些实践行动尤其是事功之"行",本身就是其"止修"之"学"的重要组成部分。

  中晚明时期的理学家大多勇于讲学和勤于著述,在这个时期繁荣的出版业助推下,使得其著述的"版本"问题显得非常复杂。在不同地区、面对不同听众、为着不同目的,作为讲者的理学家完全可能就相同或相近的话题,发表互有差异的意见。无论这些意见是被作者写下来或被听众记录下来,当在不同情境下被编辑和刊刻时,其间的同异往往不易用文献学意义上常见的"版本"去处理。以上述李材著述中极易引起混淆的《见罗李先生观我堂稿》与《观我堂摘稿》为例:从书名来看,似乎后者是"摘"录前者而成,但实际情形远非如此。两书所收绝大部分内容都是李材的论学书信,经过全面比勘后发现,两书大部分篇目重复,但问题在于:第一,两书的编刻人事背景完全不同,且并非后者以前者为蓝本;第二,两书编辑体例不同,前者篇题下几乎都注明收信人姓名、籍贯及写信年份,而后者全无这些内容;第三,后者实际上篇目稍多于前者,所以绝非后者从前者"摘"录而成;第四,更为关键的是,在几乎所有重复的篇目中,正文都存在或多或少的文字乃至篇章差异,这些差异已突破文献学意义上"版本"问题的范畴,难以用常见的校勘方式加以有效处理。① 正是由于这些差异,尤其是第四点,尽管两书篇目大部分重复,我们最终还是决定分别全文收录《见罗李先生观我堂稿》和《观我堂摘稿》,而不是将两者进行繁复的互校。根据这个时期的文本特征,我们的整理原则是,尽最大努力呈现文本的原初面貌,尽可能避免在"标准本""定本"的口号下制造出混淆视听的"四不像"文本。

这还只是发生在体裁和内容都非常相近的《见罗李先生观

---

① 　比如李材《见罗李先生观我堂稿》6:12—15《答涂清甫书》,与《观我堂摘稿》3:9—13《与涂清甫书(六首之四、之五)》的文字、篇章差异。详见点校整理本正文,兹从略。

我堂稿》与《观我堂摘稿》之间的文本问题。当两书中的部分篇
目经过李材的师友门生的剪裁,将其中与"论学"关系最为紧密
的文字再加摘录,形成所谓"书问节语",构成《见罗李先生观我
堂稿》《见罗先生书》或《见罗李先生书要》中的一个重要组成部
分,甚至将书信或序跋文字剪裁成模仿口头问答的语录体文字
时,同一篇文字或关于同一个议题的文字的"版本"问题,将显得
更加复杂。①

三、思　想

　　现存李材的著述类多量大,这说明值得研究的议题相当丰富。
仅就《李材集》主要收录的"论学"文字而言,以这些资料为核心,结
合其师友门生和论敌的关联性资料,揭示出中晚明时期一种值得
注意的学术现象,笔者将其概括为这个时期建构理学学说的普遍
模式,即"讲学须有宗旨,宗旨源于《大学》"。

　　这个立说模式主要包括改《大学》、新解释、拈宗旨、兴讲学四
个关键步骤。具体而言,透过对《大学》文本进行重新改订并作出
新解释,主要从"三纲领、八条目"等概念中,拈出一个高度概括的、
学术口号式的"宗旨",作为个人理学学说的核心观念,围绕这个核
心观念演绎出新的理学体系,然后主要借助当时读书人中流行的
讲学、讲会活动传播学说。这是中晚明时期理学学说和学派生成
的一条重要途径。其中,"宗旨"是各种新理学学说的标志,《大学》

---

　　①　相关讨论,参刘勇:《中晚明士人的讲学活动与学派建构:以李材(1529—
1607)为中心的研究》,页16—20。

则是林林总总的理学宗旨得以成立的经典依据,而讲学活动为新理学学说和学派提供了最有效的社会传播途径。创立新说、提倡讲学和建立学派的思想根源和内在动力,源于理学自身的两个基本诉求,即中晚明理学中普遍存在的对自得之学和道统之传的追求。阳明学的兴起为挣脱经典和权威的束缚、追求自信本心的自得之学提供了重要的理论资源;道统论则是从宋代理学兴起以来,普遍影响士人思想和价值系统最重要的观念之一。中晚明理学学者的改《大学》、新解释、拈宗旨、兴讲学活动,既是其学有自得的重要体现,也是其试图脱颖而出,不仅超越同时代的竞争者,并且试图超越王阳明、朱熹这些理学宗师,从而直接孔、曾宗传,为一己学说和学派在道统系谱上寻求地位的标志。

通过解读存世李材著述重建其思想发展演变脉络,正是这个模式的上佳案例。如前所述,从其父李遂开始就长期参与阳明学者的讲学活动,李材本人年轻时也活跃在江右阳明学讲学活动中。但在长期参与讲学的过程中,李材与王阳明的致良知学说渐行渐远,最终在万历元年(1573)岭西兵备道任上,在他能够完全掌控讲学举办、主导讲学内容的情形下,明确提出了自创的、涵括《大学》“止于至善”与“修身为本”两个重要概念的“止修”之学,公开与阳明致良知学说立异,并试图取而代之。此后无论是居家、为官,还是在军旅、诏狱、谪戍之中,终其一生李材都讲学不辍,不遗余力地宣讲自创的“止修”之学。

李材“止修”学的创造发明,最集中地体现在围绕《大学》的文本改订和重新解释上。在文本改订方面,李材主要是在朱熹和王阳明这两种最具影响力的文本之间的折衷调和。朱熹《大学章句》长期作为官方权威定本,拥有无可比拟的影响力;王阳明提倡的

《大学古本》,在中晚明精英读书人中拥有巨大的思想冲击力。就文本改订的目的而言,王阳明《大学古本》旨在挑战官定的朱熹本,而李材的重新改订本则既挑战朱熹本,也挑战阳明本,其终极目的是追求在《大学》的文本和解释上都超越朱熹和阳明本,成为直接接续孔、曾道统之传的定本。①

在《大学》的重新解释和提揭宗旨方面,李材的《知本义》一文具有至关重要的地位。该文是对《大学》最重要的首节文字即所谓经文部分的重新解释,同时也是对李材"止修"宗旨最集中和明确的表述:

> 《大学》首节何谓也? 以揭言学之大纲也。盖三者备,而后学之道全也,而即倒归于知止。谓定、静、安、虑之必自于知止,何谓也? 以申言止之为要也。继之曰"物(之)[有]本末"云云者,何谓也? 以教人知止之法也。经世之人,无一刻离得物,如何止? 经世之人,无一刻离得事,如何止? 盖物虽有万矣,本末分焉;事虽有万矣,始终判焉。知本始在所当先,即当下可讨归宿,直于攘攘纷纷之中,示以归宿至止之窍,故曰:是教人以知止之法也。"古之欲明明德"至"修身为本",何谓也? 盖详数事物,各分先后,而归本于修身也。本在此,止在此矣,岂有更别驰求之理? 故曰:"其本乱"至"未之有也",盖决言之也。结归知本,若曰知修身为本,斯知本矣;知修身为本,斯知至矣。②

---

① 李材的《大学》文本改订,详参刘勇:《中晚明士人的讲学活动与学派建构:以李材(1529—1607)为中心的研究》,页 71—76。

② 黄宗羲:《明儒学案》卷三十一《止修学案·大学约言·知本义》,页 797。原文"物之本末"应作"物有本末",乃李材引据《大学》原文,《学案》贾刻本此处不误,见该书页 337。

　　李材在此主要分三步解释"止修"宗旨：知止（止至善）为要、知止之法在于知本始、修身即为本始。首先论述知止为要。由于《大学》经文部分在明德、亲民、止至善"三纲领"之后，立即接续讨论"知止"的"知止而后有定"一句，由此反证三者之中，止至善为要；而定、静、安、虑必自"知止"始，最终才"能得"，再次申言知止为要。① 其次论知止之法。要在区分万事万物的本与末、始与终，识得本与始之所在，即掌握了"至止之窍"。第三步指出本与始之所在，即是修身，"故身即本也，即始也，即所当先者也。知修身为本，即知本也，知止也，知所先后者也"。② 此点的主要根据，是《大学》经文中那句"自天子以至于庶人，壹是皆以修身为本"，对"修身为本"带有绝对化的强调，以及后文"此谓知本，此谓知之至也"对此的重复强调。③ 李材还以此削弱朱子、阳明都非常重视的八条目中的格物、致知："乃不曰'自天子以至于庶人，壹是皆以致知为本'，而必曰'修身'也乎？ 今既不曰'正心'，不曰'诚意'，不曰'致知'，而特揭曰'修身'，则其意端亦真可想矣！"④ 在他看来，这段绝对化的文字正是孔子自揭的《大学》宗旨，朱子、阳明对如此明显之

----

　　① 如李材：《观我堂摘稿》卷四，台北汉学研究中心影印日本内阁文库藏明万历间刊本，页 20；李材：《正学堂稿》卷七，北京大学图书馆藏民国十二年刻本，页 17；卷二十五，页 5，认为三纲领中"止于至善"之后紧接着就是界定"止"的"知止而后有定……能得"，故而"止于至善"之"止"即"知止"之"止"，以后者来反证三纲中"止至善"的优先地位。

　　② 李材：《见罗先生书》卷一《大学古义·知本义上》，《四库全书存目丛书》子部第 11 册影印明万历间刻本，页 680。

　　③ 如李材：《观我堂摘稿》卷一《答谢子实（万历七年）》，页 11；类似论述并参卷一，页 21—22；卷二，页 3；卷三，页 2、9；卷四，页 20；卷八，页 2、5、6；卷九，页 23；卷十一，页 5；卷十二，页 7；李材：《正学堂稿》卷四，页 7；卷五，页 1；卷十五，页 19；卷十六，页 13；卷十八，页 1；卷二十一，页 16；卷二十五，页 4 等。

　　④ 李材：《见罗先生书》卷一《大学古义·知本义下》，页 681。

说视而不见,均属"不靠定孔子作主人,尚其私家为之学,甚至抉摘经文之一目,而和会己见以缘饰之"。①

　　上引解释文字出自李材《大学约言》一书,该书是其晚年在福建讲学时总结自己一生学说要旨的最后定论,全书似已失传,仅有部分内容保存在《明儒学案·止修学案》中。所幸黄宗羲在这段文字之后注明了篇名"《知本义》",而《知本义》正是李材在隆庆、万历之际,在岭西任官期间首次公开提出"止修"宗旨的《大学古义》一书中的首篇文字。在李材的所有单篇论学文字中,《知本义》居于最为核心的地位。② 将集中反映李材最初同阳明学说公开立异的《大学古义·知本义》文字,与上引这段晚年总结性的《大学约言》中的文字相较,两者大意基本不变,后者部分用语仍沿袭原文,但表述显然更为简练紧凑。由此可知,李材对"止修"宗旨的解释,是从最初提出直到晚年总结时仍然保持不变的一贯之论。

　　同样重要的是,在李材及其追随者眼中,以及在其论敌眼中,通过改订《大学》文本、重新赋予解释并从中提揭出来的"止修"学说宗旨,毫无疑问是挑战和超越王阳明、朱熹学说的尝试。李材及其追随者为此付出的数十年长期宣讲努力,论敌对此展开的无数辩驳之举,都能充分说明这一点。③

---

　　① 李材:《正学堂稿》卷十九,页7。
　　② 详参刘勇:《中晚明士人的讲学活动与学派建构:以李材(1529—1607)为中心的研究》第四章第二节、第六章第二节、附录一论《大学古义》与《大学约言》部分。
　　③ 详参刘勇:《中晚明士人的讲学活动与学派建构:以李材(1529—1607)为中心的研究》第四章、第五章,此不具论。

四、结　语

　　本文在简述明儒李材的生平、著述和思想的基础上,拟强调两点:尊重文献资料与转换研究视角。《李材集》的整理,是希望在尊重文献资料方面做出力所能及的努力(详见点校整理凡例,此不具论)。至于如何在尊重文献资料的启发下转换研究视角,本文只能稍作提示。

　　点校整理《李材集》这项工作的意义,以及相应的学术研究反思,可以从这样的提问开始:认真阅读存世的李材著述,能否带来新的认知? 具体而言,依据现存著述重建李材的理学思想与行为实践,可以带来哪些突破既有认知之处? 这里的既有认知,主要是指由《李见罗先生行略》《明儒学案》《明史》《明代名人传》这些重要碑传文字构成,以及主要建基于《明儒学案》的分案体系和不同现代认知框架下的哲学史、思想史研究。在这些既有认知中,"阳明中心论""朱陆异同论"尤其泛滥于相关论述中,而李材及其存世著述提示的新认知,非常有助于反思和突破这两种影响重大的论调。

　　中晚明哲学史、思想史研究领域随处可见"阳明中心论"的身影。在这个论调下,王阳明往往不言自明地被视为不可逾越的理学宗师,其学说也被视为不可超越的义理系统;那些作为被分派者、被研究者的"阳明后学",常常被视为仅限于如何接受王阳明的学说。换个角度来说,即主要意味着王阳明的学说在不同"阳明后学"手中,是如何沿着各自的侧重点发展、演绎、变化的。一些研究者的分派标准,甚至直接以阳明学说如"致良知"为义理基点,进行判教意味浓厚的分疏。在这种视角下,研究对象与阳明学说之间的歧异,如果不是被看作阳明学说沿着某个特定面向的局部演绎、发展的自然结果,也常常被视为阳明学在异时空下的某种修正、补充或补救。

"朱陆异同论"提供了范围更为宽泛的解释框架。以阳明为中心和出发点的研究,可以有效地处理许多思想议题,尤其是针对特定的观念,能够由源及流地讨论其产生和演变的情形。不过,当研究对象与阳明学说的分歧达到某种"临界点",比如研究对象反对阳明学说赖以建立的基本依据或阳明学说的核心要旨时,建基于这个出发点的研究就很有可能带来义理立场和观察视角上的限制。这个时候,宋明理学中更常见的、涵括范围更广的解释框架——"朱陆异同论",往往成为研究者倚赖的对象。在中晚明思想史研究中,这个框架的教条式运用容易导致"非王即朱"式的对立,少数情况下也有"亦王亦朱"式的折衷。这个架构有时候被看成是为那些与阳明学产生无法弥缝的意见对立,却仍被视为儒学之士的人量身定做的。无论是在宏观通论中,还是在一些个案研究中,朱陆异同论通常都是一个或显或隐的分析架构。由于这种分析思路的滥用和极端化,理学史就有被写成朱、陆或朱、王"相斫书"的危险。即使搁置这种分析框架的教条化特征,它对某些情况仍然束手无策,比如李材的"止修"学之例。

"阳明中心论"与"朱陆异同论",以及与此有关的"阳明后学"或"阳明学"的学派化、系谱化、脉络化,诸如此类的研究视角,带来的一个严重制约,是容易导致忽视个体的主观诉求与行动努力。在这种情形下,研究者要么以后起的学派认知框架去简单化处理史事本相,要么不自觉地陷于思想史的英雄史观,受制于以成败论英雄的观察视角。在李材的案例中,由于其挑战和超越朱熹、王阳明的主观诉求和种种行动努力,最终并没有圆满实现,没能提出更具创新性和影响力的思想学说,或者简言之没能成为比朱子和阳明这些既有权威更大的权威,所以他只能笼罩在王阳明及"阳明后学",或者是"朱陆异同"框架中朱、王折衷调和论者的阴影下。

如果研究者能够尝试摆脱这种深具功利性的视角,能够尊重个体的主观诉求及其行动努力,能够更加注重历史的过程,而非仅仅是成王败寇的历史结局,那么,这些存世的李材著述就会是非常具有启发性的资料。在转换研究视角的前提下,通过直接阅读现存的李材著述,可以从中清晰捕捉到他对于创立新说、超越诸儒、直接道统之传的主观诉求和行动努力,以及这些诉求和行动与相关政治社会环境的互动;同时也可以通过与李材著述相关的文献资料,从其支持者的声援之中,从其反对者的批判声中,同样清晰地捕捉到这种诉求和努力。如果研究者愿意沿着文献资料提示的线索继续前进,则将不难发现,在十六世纪后期致力于追求理学学说创新、追求超越朱熹和王阳明的儒学之士中,李材绝非特例;在他身边和身后,许多个体都拥有同样的诉求,并且同样孜孜不倦地付诸行动努力。

《陈九川集》编校说明及
陈九川的思想特色

杨柱才　　徐泉海

一、生平与学思历程

陈九川,字惟濬,初号竹亭,后因讲学明水山,学者习称明水先生,江西临川人。明水生于明孝宗弘治七年(1494),卒于明世宗嘉靖四十一年(1562),享年六十九岁。明水早年苦习举子业,于正德九年甲戌(1514)进士及第,官政礼部。正德十四年己卯(1519),明武宗朱厚照欲南巡,明水与同僚舒芬、夏良胜、万潮诸人上章谏止,武宗震怒,下锦衣狱拷讯,跪午门外凡五昼夜,杖五十,除名。明水曲突之功居多,直声竦振朝野。当时,陈、舒、夏、万合称"江西四君子"。明世宗嘉靖元年壬午(1522)明水复召,起补原职,后转礼部主客郎中,因与显宦张璁等人不和,遭弹劾,逮下锦衣狱;次年,谪戍福建镇海卫。嘉靖八年己丑(1529)朝廷正郊典,明水解戍还家。十一年春(1532),四月内,先后遭父母兄弟四丧。服阕,明水入越拜谒先师之墓,并经理阳明家事。自越省归,明水先后讲学拟岘台、明水山,闲居林下,热衷阐扬师说事业,四十余年未复出。

　　明水早年膺服朱子之学,甚喜考亭格物之说。正德十年(1515)明水往虔台(今江西赣州)拜谒阳明,阳明与之论《尽心》一章。明水一闻,尽弃前说,欣然膺服,乃跃然曰:"道在是矣。"十四年(1519),明水从侍阳明于南昌,因"诚意"如何落实到"格物","物"未明,向阳明请益,阳明告以"身心意知物是一件"之旨,明水豁然有省,乃破数年之疑。晚学认为,以正德十年(1515)为界,在此之前,明水尊信先儒旧说,然自此之后,明水与朱子格物致知之学决裂,正式转向阳明心学,从而确定了其一生的学思方向。

　　明水虽服膺阳明之学,然于致良知教的宗旨多从知解上来体认,故工夫很难做到"一棒一条痕,一掴一掌血"。自从学阳明之后,明水虽在学思大方向上并未发生变化,然具体的致良知工夫,却曾经历三次更易。嘉靖二十五年(1546),明水五十三岁,入越省先师之墓及其家,同年与龙溪聚会于毗陵。明水承龙溪"寸铁伤人"之教,愧心汗背,彻悟"无善无恶"宗旨。自此之后,明水学思日趋精密,其学术思想是阳明后学展开的重要一环,同时其学说主张在与王门诸子的切磋论辩和讲学运动中产生了一定的影响。

二、思 想 述 评

　　陈明水是王阳明的重要弟子之一,江右王门的代表人物,日本学者冈田武彦把他列为阳明后学之修正派。陈明水与王门诸多重要代表人物都有交往,如邹东廓、欧阳南野、罗念庵、钱绪山、王龙溪、王心斋、唐荆川、徐存斋等,他还非常热衷于当时大规模的讲学运动。无论是明水个人,抑或其思想,在当时的阳明后学中都有一定的影响。

　　明水早年尊奉朱子学,且造诣甚深。正德十年乙亥(1515),明水问学阳明于虔台,闻良知之学,欣然就道,从此确立其学思方向,终生奉之如蓍龟。然明水虽习致良知教,但他对于良知本体与致良知工夫之体悟亦多次更易。嘉靖二十五年丙午(1546),明水入越省先师之墓,期间与王龙溪相聚逾旬日,因承龙溪寸铁伤人之教,方从良知光景中破茧而出,学归正路,工夫日趋精密。明水在良知本体上颇契即寂即感之旨,反对聂双江、罗念庵寂感为二、体用不一之理路。在与聂、罗关于良知本体的论辩中,双江、念庵认为"心有定体",明水则与之针锋相对,提出"心无定体"之说。关于阳明后学广泛讨论的良知与知觉、良知现成、无善无恶及万物一体等思想,明水都有正面肯认。明水在致良知工夫上主张慎独知几,谨守格物致知宗旨,反对双江"格物无工夫"论与王心斋"淮南格物"说。就明水与阳明之关系而言,明水显然与阳明宗旨保持高度一致,不敢于师说增添一词。从这一点来看,明水是得阳明之真传的。若就理论发明而言,慎独知几之论,亦颇能推原阳明未尽之意。晚学认为,以江右诸子邹东廓、欧阳南野、陈明水为代表的修正派在阳明后学的展开中,形成了信守师说的话语风格,对于纠正浙中泰州之失,起到了一定的正面作用。然须指出的是,明水较之王龙溪、罗近溪之调适上遂的理论创造,或许稍逊一筹。就明水与王门诸子而言,相对于东廓、南野二人,明水受到龙溪的影响较大,故他与二人亦有些相异之处,尤其表现在对于无善无恶之体认,尊悟之工夫倾向等;相对于双江、念庵二人,明水不能容忍二人思想之转出,同样对心斋别立宗旨亦颇有微词。由此可见,明水卫道意识颇为强烈。

　　通过以上分析与论述,晚学得到以下几点结论:

　　第一，陈明水在他一生的学问探索中，经历了信服朱子学，转
而尊奉阳明学，后又得到王龙溪的点化，学问日益成熟的过程。这
样的思想经历在他的文集中有详细的介绍，这种对于思想的真诚，
毫无疑问是令人感动的。而作为研究者来说，这样的思想历程也
提供了一个良好的样本，我们可以清晰地解读出明水体认致良知
教的心路历程。就明水的地位而言，他是王阳明在江右的重要弟
子，修正派的重要代表人物，在江右王门的地位并不比邹东廓、欧
阳南野等人低，这主要表现在：其一，明水于正德十年乙亥(1515)
初谒阳明，是江右王门中从学较早的弟子；①其二，从今本《传习
录》的问答条目来看，明水问学于阳明期间，师弟之间的问答表明，
明水受教于阳明者甚多，在阳明全部弟子当中亦不多见；其三，明
水还参与校刻《传习录》的工作，今本《传习录》第三卷前二十二条
即明水编次；②其四，明水的思想在阳明第一代弟子中亦有重要影
响，明水尊奉师说，在良知本体的契悟方面，谨守寂感一体之旨，在
工夫上，"慎独知几"四字颇能申说师门宗旨。从以上四个方面可
见，明水是阳明后学中相当重要的一位思想家。

　　第二，明水作为阳明的重要弟子，他严守师门宗旨，故其卫道
之心较为强烈。他对于聂双江、罗念庵寂感为二、体用不一之思想
理路驳斥甚严，甚至不惜用"骑驴觅驴""画蛇添足"这样带有讥讽
性的词语来批评两者的思想；另外在格物致知一说上，明水认为王
心斋"淮南格物"说别立宗旨，"自出机轴"，未免有"门户之心"。就

---

　　①　邹东廓于正德十四年己卯(1519)始师事阳明，南野则至嘉靖五年丙戌(1526)
方就教于阳明。
　　②　聂豹《聂豹集》卷三《重刻传习录序》页46："尝与陈友惟濬重加校正，删复纂
要，总为六卷，刻之八闽，以广先生(按：王阳明)之觉焉。"

晚学愚见，明水在与王门诸子关于良知本体与致良知工夫的论辩中，谨守师说，严厉斥责有悖阳明宗旨的学说，是有其良苦用心的。众所周知，阳明后学在展开的过程，流弊丛生：或"直把良知当佛性看，悬空期个悟，终成玩弄光景"，或"参之以情识，吃饭穿衣，饥食渴饮，冬裘夏葛，无非妙道"。而以明水为代表的王门修正派正以其纯粹的学问思想、严谨笃实的践履工夫积极正面地回应了浙中、泰州两派所滋生的问题，在阳明后学中形成了一种信守师说的话语风格，纠正了两派之失。这也进一步诠释了黄梨洲的观点："姚江之学，惟江右为得其传……是时越中流弊错出，挟师说以杜学者之口，而江右独能破之，阳明之道赖以不坠。"①

　　第三，在明水学思成熟的过程中，王龙溪发挥了关键作用，所谓明水"寸铁伤人"之教，即王氏的学问宗旨——现成良知与顿悟工夫。而这两点在明水的思想中也显现出来了：其他江右王门弟子，如邹东廓、欧阳南野诸人，于"无善无恶""现成良知"等阳明学重要理念以及顿悟工夫并无正面回应，然明水却直接点出了相关命题，这在江右王门中不多见，可谓陈氏的一个特色。这里试举尊悟工夫为例，《答何汝忠》中有云："但悟时，条条是口诀；不悟时，终不是口诀，亦寻常语也。此性本来灵明变化，本无染着，本无古今物我……悟得此本体，则一毫私意自容留不得，知是我知，克是我克，皆天命之流行不息。"②

　　第四，明水在良知本体契证上的观点与双江、念庵不同。明水守"已发未发非有二候，致和即所以致中"③之旨，而双江、念庵"自

----

① 黄宗羲：《明儒学案》卷十六《江右王门学案一》，页333。
② 陈九川：《明水陈先生文集》卷一《答何汝忠》，页25—26。
③ 《明儒学案》卷十七《江右王门学案二》，页361。

是延平一路上人",①这是明水所不能接受的,故明水与聂、罗二人
于良知寂感问题展开了激烈的论辩。在这场论辩中,三人各自站
在不同的立场上,都坚持己见,均认为对方理路有误。而伴随着这
场论辩,明水提出了一个重要的观点,即"心无定体",双江、念庵则
针锋相对地提出"心有定体"。三人在此问题上互不相让,双江甚
至有"明水驳之甚严"之叹。"心无定体"与"心有定体"在明水与双
江、念庵的理路之下,其实是两个同时成立的命题,二者并非决然
对立,只是良知心体的一体两面而已。但明水与双江、念庵关于这
一问题的论辩以及由此形成的两个不同的结论,却充分反映出修
正派与归寂派关于良知本体契证所持观点的差异。关于心有无定
体的论辩,具有十分重要的作用,因为"心"(按,即指本体)乃阳明
学的核心概念之一,阳明弟子们对于本体的理解直接关乎其学问
展开的路数。在这个论辩的过程中,明水充分地阐述了自己的见
解。按照邹东廓、欧阳南野,乃至浙中诸子的思想理路,他们应该
会与明水达成"心无定体"之共识,然在其他人的思想中却并未详
细阐发该观点。而明水针锋相对地与双江、念庵论辩,亦可看出他
在理论问题上的敏锐性。

三、著作与文献

明水位列阳明高弟,是江右王门的代表人物。他曾参与《传习
录》的编次工作,今本《传习录》下卷开始二十二条为明水所录。关
于明水的著作,明嘉靖年间有《明水陈先生文集》刻本。此刻本出

---

① 《明儒学案》卷十九《江右王门学案四》,页458。

自董燧(董蓉山)收藏的《明水陈先生全集》,由董君和编梓,董良、程宽校正,包大中亦参与同校。此刻本是否留存下来,晚学还在继续查证。借此机会,晚学以求教于各位专家学者。

目前,我们点校的工作本是江西省图书馆藏清抄本《明水陈先生文集》,该抄本目前已收入《四库全书存目丛书》别集第七十二册。因《存目丛书》是抄本的缩印本,故字体较小,阅读起来较为困难。我们已经联系江西省图书馆,把清抄本的原本全部复印下来。抄本是由嘉靖年间董君和刻本所抄录,共有两册,均为蓝色封面,线装,字体为蝇头小楷。字体比《存目丛书》的影印本要大,更便于阅读。抄本有卷首,卷首有五篇文字:第一篇为王慎中于嘉靖戊午年(1558)作的序文;第二篇为罗念庵作的相赞,并附有陈明水的画像;第三篇为董燧(按,即董蓉山)向王慎中求作序文的书信;第四篇是聂双江为明水撰写的墓碑文;第五篇为罗念庵撰写的墓志铭。抄本第一卷为陈明水与王门弟子、其他学者以及弟子的书信,共八十九封,最后还附有一封南丰李一吾给明水的书信。第二卷是陈明水为各地学堂、书院、亭台、祖祠等撰写的"记",共九篇,并附有一篇万历癸巳年(1593)抚州知府刘世节为三贤祠写的跋文(按,明水为三贤祠之一贤,其他二人为陆象山和吴草庐)。第三卷为明水撰写的祭文,共二十篇。第四卷是明水为他的亲人、友人写的墓志铭,共二十二篇。第五卷是明水为董讷庵、茅仙君、诗丐三人作的传记,共三篇。第五卷为杂述,分别收入明水所题写的扇面、赋文、箴言、参加各种会讲的讲语以及其他散文等共四十一篇。第七卷为序文,共五十篇。第八卷为五言绝句,共十三首。第九卷为七言绝句,共五十三首。第十卷为五言排律,共三首。第十一卷为五言古风,共十四首。第十二卷为七言古风,共十四首。第十三卷为五言律诗,共八十二首。第十四卷是七言律诗,共一百八十八首。在第十四卷卷末有包大中在嘉靖丁巳年(1557)写的《刻明水先生文集后序》。《文集》中,明水的文字共有十四卷。十四卷完结之后,附录了一卷时人写的祭文十一篇、记文三篇,其中邹元标就写了两篇,另有纪念性诗歌三首,最后还有一篇《陈明水先生本传》。附录的这一卷共有各类文字十八篇。此外,清人胡亦堂编撰《临川文献》有两卷文稿,这两卷文稿藏于国家图书馆,我们已认真研读。文稿所选的篇章是胡亦堂按照自己喜好,有选择性地收录了陈明水文集的相关文章,有书信、杂说、序文等。这些文章虽出自于《明水陈先生文集》,但与抄本里面的内容在文字上有所出入,可作为参考。

此外,本次检点明水集拟收入《明水年谱》。该谱两卷共六册,为明江治所辑,原本藏重庆市图书馆,我们依据的是国家图书馆缩微本,按原本抄录。

总之,陈明水作为阳明的重要弟子,江右王门的代表人物,在阳明后学的地位是比较重要的,其思想的影响力亦较大,这两点是毋庸置疑的。因此,点校明水的文集是完全有必要的,这对进一步研究陈明水以及阳明后学都有重要意义。

参考文献

［1］　陈九川：《明水陈先生文集》,江西省图书馆藏清抄本,《四库全书存目丛书》第七十二册所收。

［2］　胡亦堂：《临川文献》,清康熙十九年刻本。

［3］　王守仁：《王阳明全集》(全二册),上海古籍出版社,1992年。

［4］　邹守益：《邹守益集》,凤凰出版社,2007年。

［5］　王畿：《王畿集》，凤凰出版社，2007年。

［6］　聂豹：《聂豹集》，凤凰出版社，2007年。

［7］　罗洪先：《罗洪先集》，凤凰出版社，2007年。

［8］　黄宗羲：《明儒学案》（全二册），中华书局，1985年。

［9］　牟宗三：《心体与性体》（全三册），上海古籍出版社，1999年。

　　　　　《从陆象山到刘蕺山》，上海古籍出版社，2001年。

［10］　陈来：《有无之境——王阳明哲学的精神》，人民出版社，1991年。

［11］　吴震：《阳明后学研究》，上海人民出版社，2003年。

［12］　［日］冈田武彦：《王阳明与明末儒学》，吴光等译，上海古籍出版社，2000年。

《明水陈先生文集》清钞本正误

鹿 博

摘 要：作为学界普遍征引版本，《四库全书存目丛书》集部七十二册著录江西图书馆藏清钞本《明水陈先生文集》存在严重问题，相关正误工作迫在眉睫。依据版本考辨结果，明刻董氏递修本即可作为校对的底本。又据版本考辨和正误结果，《明水陈先生文集》的重新整理和出版也尤为重要，于此期间，其书札部分当以中山大学藏明刻董氏递修本为文献依据，书札以外内容应在对江西清钞本收录篇目逐一考辨之后，再予补进。

陈九川(1494—1562)，字惟濬，号竹亭，后号明水，王守仁重要弟子，明中期理学家。现存其《明水陈先生文集》版本多种，除目前广为学界征引的《四库全书存目丛书》集部七十二册著录之江西图书馆藏清钞本十四卷以外，又有中山大学图书馆藏明嘉靖四十二年(1563)董氏递修刻本七卷，南京图书馆藏康熙十九年梦川亭刻胡亦堂选编《陈明水先生集》两卷，吉林大学图书馆存雍正六年陈告楫《陈明水先生存集》十二卷。现考江西图书馆藏清钞本存在多处疑点,而以此作为整理出版底本的陈明水文集恐有贻误后人之嫌,比如台湾大学图书馆藏 1997 年台南庄严文化出版《明水陈先生文集》即属此类情况。综上考虑,清钞本正误工作迫在眉睫,至于底本的选择则须建立在版本考辨的基础上。经分析考证,明刻董氏递修本,无论在编梓时间上,抑或内容可信度方面,皆可作为清钞本正误的关键底本。

一、明刻本与清钞本

现存《明水陈先生文集》诸本中,明嘉靖四十二年(1563)董氏递修刻本存世最早。该本编梓者为陈九川门人董君和,书凡三册七卷,现存中山大学图书馆,典藏号 1816。笔者曾前往中山大学查证,明刻董氏递修本版式清晰,边框整齐,每页十行廿二字,白口,四周有双边单边,卷首依次载嘉靖戊午(1558)王慎中序,嘉靖丁巳(1557)董燧求文书、陈九川像赞,嘉靖癸亥(1563)聂豹撰墓碑、罗洪先撰墓志铭等。

明刻董氏递修本的产生,要从《明水陈先生文集》的初编初刻说起。董氏刻本、江西清钞本卷首同载董燧《奉遵岩太参王先生求文书》,其中记:

> 燧也尝承其教,知其心而慕其学有年矣,乃命男君和编集梓之,以广其传。且又知吾岩翁与明翁为同志之交有年矣,苟非得名公之文,以并斯集之首,则又何以发其蕴,以广其传也哉? 故敢特陈菲仪,少申微贽,伏望俯纳虔诚,用彰华衮,则斯道增重,斯文增光多矣。临颖无任悬切,恳

祷之至。①

又王慎中《明水文集序》载：

　　公（陈九川）以守官不回，失权力意甚，得谴最重，失位最
蚤。间关远戍，久而仅释，筑室明水山中，习其所传，以兴起学
者，所言非一，其著为古文词，积日既久，遂成卷帙。友人董君
兆时（董燧）建州，因刻以行之同志，而使慎中序之。②

按引文，《明水陈先生文集》初编初刻的主持者乃是董燧（董蓉
山），董君和正是接受董燧之命，负责文集编梓的具体工作。董燧写
给遵岩太参王慎中的求文书文末落款是"嘉靖丁巳（1557）仲秋"，③
王慎中《明水文集序》则署"嘉靖戊午（1558）春三月既望"，④再据文
集校对者包大中《刻明水陈先生文集后序》篇末署"嘉靖岁在丁巳仲
夏，建阳县丞四明包大中谨序"，⑤由此可证《明水陈先生文集》初编
完成于嘉靖丁巳，付刻于嘉靖戊午。换言之，初编初刻文集在陈九
川去世（1562）前即已出版流行。另据王慎中序文，原《明水陈先生文
集》以古文词为主，然《四库全书存目丛书》著录江西清钞本诗文部
分则相对单薄。故参照《明水陈先生文集》的编刻时间和卷次主体
可以推知：董氏刻本以及江西清钞本底本皆非文集的初编初刻。相

---

①　陈九川：《明水陈先生文集》，《四库全书存目丛书·集部》第 72 册，齐鲁书社，
1997 年，第 4 页。
②　同上书，第 1 页。
③　同上书，第 4 页。
④　同上书，第 2 页。
⑤　同上书，第 170 页。

较之下,中山大学藏董氏递修本更显珍贵。因嘉靖四十二年(1563)正值陈九川去世不久,流坑董氏作为陈九川生前故交,且董燧(董蓉山)、董君和又分别是《明水陈先生文集》初编初刻的主持人和编梓者,二人重新搜辑陈九川笔墨、书札,补版完善原刻版本,实在情理之中。因而董氏修版后印的原因,不是板片出现问题,实为增补除古文词之外的内容。现据中山大学图书馆藏董氏递修刻本的具体情况来看,该本边框整齐,有若描过,文字清晰,错讹甚少,且内容分布正是除古文词之外的书、记、祭文、墓铭、传、杂述、序等卷次。

　　再细论江西清钞本,按其附录部分载傅占衡《陈明水先生本传》篇前署"临川人,明国学生自家集",①知该本是由傅占衡在明清交接之际编集完成。与明刻董氏递修本相较,江西省图书馆存清钞本十四卷收录内容完整,不仅包含书札、序文、墓碑等,也编录原《明水陈先生文集》的主体部分——古文词七卷。然江西清钞本收录篇目与董氏递修刻本差别较大,相较明刻本,江西钞本多出大量篇目。比如卷一多出《简中丞何吉阳》《答春元陈崇吉》及附《南丰李一吾先生柬陈明水书》等篇;卷二多出篇目又有《临汝书院记》;卷三多出《祭陕西学宪章介庵文》《祭同年东崖黄君文》《祭万玉谿先生文》《祭州牧南溪张公文》《祭司谏孟斋刘公文》;卷四多出《欧阳淳夫墓志铭》;卷六多出《师观王子卷》《天台包生卷》《觉野詹子卷》《王生时茂卷》《平章邓生卷》《仁和朱生卷》《砚台聚会语》《李生新之扇》《蓉峰刘公卷》《留别邓子卷》《台州乙洞卷》《邹甥德涵扇》《示长儿四幅》;卷七多出篇目《寿封君质村李公七十寿序》《鹤

_____

①　陈九川:《明水陈先生文集》,《四库全书存目丛书·集部》第72册,齐鲁书社,1997年,第178页。

亭邹公诗集序》《承仕郎拙庵许公七十序》《刘中山文集序》《大司成东廓邹公七十序》《古易序》《寿王母太孺人七十序》《送范廷仪养病南归序》《宜黄河口李氏族谱序》等。

此外,相较明刻本,江西清钞本篇目多出之余,该本事实上并非《四库全书总目》记两江总督采进本。因《四库全书总目》载《明水文集》共十四卷,其中前八卷为讲学之语,后六卷为诗集。查明嘉靖四十二年董氏递修本按记十四卷,其现存部分的卷次分布和江西清钞本基本一致,后者录诗实有七卷。据此,《四库全书存目丛书》影印江西省图书馆藏清钞本与《四库全书总目》所载两江总督采进《明水文集》十四卷在收录卷次上存在区别,董氏递修本和两江总督采进《明水文集》十四卷亦非同一版本体系。至于南京图书馆藏康熙十九年梦川亭刻本清人胡亦堂选编《陈明水先生集》两卷,其底本乃董氏递修版本体系的可能性极大,这一点从两者书札部分的具体系年即可得证。清雍正年间陈告楫《明水陈先生文集》十二卷又属另编重刻,且卷次不同,又当别论。

综上所述,《四库全书存目丛书》影印江西省图书馆藏清钞本《明水陈先生文集》,存在收录不精的严重问题,而目前学界在阳明学研究过程中以此本作为主要文献依据,必然会造成诸多隐患和不妥之处。

二、清钞本正误

据前文考辨,江西省图书馆藏《明水陈先生文集》清钞本与明刻董氏递修本版本系统有别,且该本编集完成于明清交接之际,其时已与陈九川、罗念庵、董蓉山等人所处时代相隔甚远,编集人傅占衡对阳明后学群体的实际交游情况不够熟悉,故编刻钞录过程中错误频出。江西清钞本除补入篇章亟待考证外,又存在载录题名错乱、系年不完备等现象,特别是书札部分。清钞本卷一收录陈九川书札凡八十七通,篇目题名与董氏递修本存在差异者足有二十篇,涉及陈九川和王龙溪、聂双江、罗念庵等王阳明直系高足、私淑弟子之间的交游史实众多,多有错误。以《四库全书存目丛书》集部七十二册影印江西清钞本《简罗近溪先生》一篇为例,陈氏信中曰:

> 久不迅侯,无任驰情。承明山之约,瞻企逾时,益增怅念。古南书至,始知昏事未了,爱莫为助,奈何!奈何!古南今日幡然警省,步不着实,甚可庆幸,此皆吾兄交警之功。亦山意兴亦觉不同,尤见陶养之力,不德固与受警策矣。不德近觉俗缘未断,尘爱犹存,终无以脱换肌骨,从前透悟,恐只换得一番超脱见解,却非实际,即寻凑泊,翻生解脱。先师宗旨竟不精明于此地者,不德当为罪魁,何时可赎!惟东廓的拟明正,携子亲迎,因为临汝胜会,吾兄当预约诸子先期来抚,庶不负聚精会神,当大有鼓舞发明,而不德有资藉焉,因得少补过耳。双江向亦有辱临之约,便得转告,及东廓同会,尤佳也。云龙胜会为益可知,新得余波何以及我。冗次附达,不尽欲言。①

---

① 陈九川:《明水陈先生文集》,《四库全书存目丛书·集部》第 72 册,齐鲁书社,1997 年,第 19 页。

该篇书札,明刻董氏递修本题作《简董蓉山》。按照前文对《明水陈先生文集》版本源流的考辨,明刻董氏递修本是在陈九川去世后一年,流坑董氏补版再刻的结果。该年(1563),董蓉山(董燧)作为文集初编初刻的主持者尚在世,董君和依然作为递修本的编纂者,此番补刻《明水陈先生文集》,在整编自家收存的书札时理应不会出错。再据书札内容,陈九川信中提示了三方面线索:其一,由"承明山之约,瞻企逾时"可知陈九川与收信方曾有"明山"聚讲的会约;其二,篇中言"古南今日幡然警省,步不着实,甚可庆幸,此皆吾兄交警之功,亦山意兴亦觉不同,尤见陶养之力,不德固与受警策矣",知收信人与古南、亦山等人关系匪浅;其三,因"惟东廓之拟明正,携子亲迎,因为临汝胜会,吾兄当预约诸子先期来抚,庶不负聚精会神"可证,收信方作为"明山之约"的举办者,极有可能提前赶赴集会地点先行筹备。考明刻董氏递修本与江西清钞本都有载录陈九川《与董兆明》一篇,文曰:

> 吾郡风气不振,清才茂学如吾亦山者,众所推望,亦不获一第于有司,而六校寂然,复俱脱漏,良可抚叹。惟吾亦山定志卓然,当洒然不以得丧挂胸中,则又有足深慰者。夫国无仁贤,则国空虚,苟有仁贤,二三人在野,即科目索然,何足为病?虽科目衣冠之盛,而不足以当仁贤,则亦贻国空虚之虑,吾人自待与相期者果在彼耶? 在此耶? 虽然兼之,其为庆尤多然,则吾之不能已于情亦宜也。明春能来明山相聚,甚幸,令兄想已行矣。草草不尽。①

---

① 陈九川:《明水陈先生文集》,《四库全书存目丛书·集部》第72册,齐鲁书社,1997年,第14页。

信中，陈九川有云"明春能来明山相聚，甚幸，令兄想已行矣"，实是邀董兆明同赴"明山"一聚。按邹东廓《与董生兆时》一篇中言及"令弟兆明至，获枝江手翰，具征不忘之念"，[①]董兆明乃是董兆时之弟董焕，其字兆明，号亦山。陈九川猜测董兆时"想已行矣"的原因正与他前文论"惟东廓的拟明正，携子亲迎，因为临汝胜会，吾兄当预约诸子先期来抚，庶不负聚精会神"相契合。由此可知，江西清钞本载陈九川《简罗近溪先生》一篇实寄给董兆时，兆时号蓉山，故该书札应如明刻董氏递修本所记，题为《简董蓉山》。此外，明刻本载《简董兆明》写于嘉靖丁酉（1537），《简董蓉山》写于嘉靖戊戌（1538），陈九川在和董兆明的信中道"明春能来明山相聚"即谓"明山之约"定于戊戌年春举办，至戊戌会前，陈九川致信董蓉山，再促其提前赴会，此举合情合理。

除举证篇目外，江西清钞本《明水陈先生文集》另有十九通书札与董氏递修刻本题名有别，现将对刊正误结果全面整理如下：《四库全书存目丛书》集七十二册页十五录《简万五谿中丞》《简舒国裳太史》，嘉靖四十二年刻本题名皆为《又》，承继前文，两通书札皆应转换为《与董兆明》；页十八录《简唐荆川》应改作《简董蓉山》；页十九录《简刘中山年丈》《寄曾元山侍御》，嘉靖四十二年刻本标题皆为《又》，由前文推知，该篇应改作《简董蓉山》；页二十录《简唐荆川》《简魏水洲年丈》《简吴疏山侍御》及页二十一载《简魏水洲》，收信方皆为董蓉山；页二十二至页二十三录《答门人将顺之》，应改作《答董民建》；页二十三收《答欧阳司直》《简储柴虚先生》，应分别改为《答危裔芳书》《简聂双江先生》；页二十九《与储柴虚先生》，应

①   邹守益：《邹守益集》（卷十），凤凰出版社，2007年，第532页。

改作《与欧阳直夫书》;页三十一载《简罗近溪先生》,应据董氏递修本更正为《简罗念庵先生》;页三十四《简章介庵学宪》《答危裔芳》,嘉靖四十二年刻本全标记《又》,按前文推论,收信方皆为董生平甫;页三十八《简黄正之》,董氏递修本标《又》,接引前文,书札仍写与聂双江;页三十九《简张东沙先生》,应改作《简王龙溪先生》;页四十一《与董古南》应改为《与余子庄》。

　　据上述考辨和正误,《明水陈先生文集》版本问题亟待关注。目前学界就收录完整性层面考虑,都在引用《四库全书存目丛书》影印江西省图书馆藏《明水陈先生文集》清钞本,而非中山大学图书馆存明嘉靖四十二年刻本。征引不当,以讹传讹,相关研究成果存疑处众多。故望学界在《明水陈先生文集》整理和出版过程中,其书札部分当以中山大学藏明刻董氏递修本为文献依据,书札以外内容应在对江西清钞本收录篇目逐一考辨之后,再予补进。

《查铎集》编校说明

刘　聪

一

　　查铎(1516—1589),字子警,号毅斋,后世学者称毅斋先生,明代南直隶泾县震山乡九都(今属安徽省宣城市泾县桃花潭镇查济村)人。生于明武宗正德十一年(1516)正月十七日,卒于明神宗万历十七年(1589)十月三十日,享年七十四岁。

　　查铎出生时家境贫寒,舅太平县人崔锦见其聪慧,令外出读书。十五岁时,母亲临终嘱托:"望汝读书有成,以光显吾后。"[①]嘉靖十九年,为邑庠生。嘉靖二十八年,以《诗》举应天乡试,随后因病归乡讲学。嘉靖四十四年,高拱主试应天,举进士,同年十二月授湖广德安府推官。隆庆三年,选刑科给事中,赴京途经河南新郑,拜访高拱,因言得罪之。此后担任户科右给事中、刑科左给事中等职。隆庆三年,高拱以大学士兼掌吏部,多次拉拢查铎,均被

---

　　① 查铎:《敕封先母崔孺人行状》,《毅斋查先生集》卷九,《四库未收书辑刊》柒辑拾陆册,第564页(以下所引该书,仅注明篇名及页码)。

拒绝。隆庆五年,升山西等处承宣布敬使司左恭议,因病未能入贺万寿,被高拱下令回原籍闲住。万历三年官复原任。任职山西期间,查铎修复河东书院,讲正学,启贤士,正民俗。万历四年,升广西等处提刑按察司副使,未任丁父忧。万历七年,起复补广西驿传道副使,任职三月即致仕回籍。万历十七年卒,葬于太平县道泰乡仙王山翟家园(今属安徽省黄山市黄山区三口镇竹园村),焦竑撰《墓志铭》。万历十八年从祀泾县水西阳明祠,万历二十二年入祀乡贤祠,清康熙二十四年入祀北京乡贤。

　　查铎为官时间较短,一生致力于为学、讲学,是南中王门的代表人物。概而言之,查铎一生的讲学可分为三个阶段:

　　第一,科举之前的为学阶段。嘉靖十七年,泾县当地学者王汝舟在家乡宣讲阳明学,次年宣城人沈宠、贡安国、戚贤等“正学三先生”在泾县讲学。嘉靖十九年,查铎“补邑博士弟子员,锐意圣修,不溺词章之习,从宣城古陵沈公游”,①由此得闻阳明学。自嘉靖二十七年开始,钱德洪、王畿、邹守益等人亲往泾县讲学,因讲学之地位于泾县赏溪之西的“水西三寺”,故又被称为“水西会”或“水西讲学”。此时查铎举应天乡试后在家养病,与钱德洪、王畿等人交游,“拜谒龙溪王公、绪山钱公两公并余姚入室弟子也,因是益证所闻”,②由此黄宗羲称查铎“学于龙溪、绪山”。③ 嘉靖四十一年,查铎会试不第,回乡与萧良干等人讲学,“萧都御史念渠公、赵侍御中宇公、赵宪副肖轩公、萧学使慕渠公、张太和、尹东山公、郑明经印

---

　　① 查琪清:《明故中宪大夫广西按察司副使先考毅斋查公讳铎行实》,《四库未收书辑刊》柒辑拾陆册,第586页。为行文简洁,以下简称《行实》。
　　② 查琪清:《行实》,第587页。
　　③ 黄宗羲著,沈芝盈点校:《明儒学案》卷二十五,中华书局,1986年,第580页。

台、王国子维材，俱先君门下"，①这些人均是隆庆万历年间泾县阳明学中坚。

第二，出仕之后的讲学阶段。嘉靖四十四年，查铎举进士后任湖广德安府推官，与楚中诸生讲阳明学，撰有《书楚中诸生会条》《濂溪书院会讲纪录后序》等文章。隆庆三年开始，查铎任刑部、户部等职，"政少暇，与濲阳赵公、洪阳张公、定宇邓公、阳和张公、都山江公海内诸名硕结社燕中，互相印证，要于直抵圣域"，②结识了张元忭、邓以赞等阳明学者。万历五年，查铎自山西回泾县途中，经过山东章丘，与北方王门的代表人物孟秋论学。此后，查铎与王畿、孟秋、罗汝芳、潘士藻等人，或致书论学，或在家乡泾县讲学，成为活跃于泾县的主要阳明学者。万历十一年六月，王畿去世。由于时人有王畿"临终散乱"之说，查铎不仅于当年冬亲自前往绍兴吊唁王畿，而且撰《纪龙溪先生终事》，记录王畿死前事，反驳王畿"临终散乱"的说法。

第三，修复水西书院后的讲学阶段。查铎在泾县宣讲阳明学最为重要的事件是于万历十三年至十五年主持修复水西书院。嘉靖二十七年以后钱德洪、王畿、邹守益在泾县水西寺讲学，因参与者众多，寺庙场地局促，遂在寺庙周围扩建房舍。嘉靖四十一年罗汝芳担任宁国知府期间，水西书院又经扩建而颇具规模。万历年间张居正禁讲学、毁书院时，水西书院被废。张居正去世后，阳明学复兴。万历十三年，在泾县县令张尧文支持下，查铎、翟台等泾县阳明学者效仿浙江重建天真书院之举，修复了水西书院。复

---

① 查琪清：《行实》，第 587 页。
② 同上。

建工作始于万历十三年五月五日，完工于万历十五年九月，"有文成公祠五楹，有明道堂五楹，有门三楹，有号舍二十二楹，围垣四周，器用具足"。① 自此查铎开始讲学于此，《水西会条》《水西会语》均成书于此时。水西书院成为泾县当地阳明学者的讲学中心，一直延续到明末。

<h2 style="text-align:center">二</h2>

　　从查铎的为学、讲学经历中，我们可以发现，他先后与沈宠、钱德洪、王畿、罗汝芳等阳明学者讲学交游，其中与王畿的交往尤为密切。然而查铎的思想与这些阳明学者均有所不同，大体是延续了王守仁"致良知"的传统说，故《明儒学案》中称其"墨守致良知宗旨"。大体而言，查铎的思想主要由三个层面构成：

　　第一，良知是至善之心体，慎独是致知之功夫。查铎晚年在水西书院讲学时，概括良知的内涵："良知者本然之善，即天理也。本然之善，以知为体，盖天性之真，明觉自然，随感而应，自有条理，是之谓天理。天理者，良知之条理；良知者，天理之灵明。"②查铎认为，良知具有"本然之善"和"明觉自然"双重属性。从"本然之善"的层面上说，良知就是天理；从"明觉自然"的层面上说，良知又是心体。在功夫上，查铎认为慎独是致知格物的功夫。"此心之灵，天理人欲毫忽莫掩，又谓之独知，只是此灵作主，不忘有事之谓。

---

　　①　张尧文：《复建水西书院记》，洪亮吉纂《嘉庆泾县志》卷八，《安徽历代方志丛书》第四六册，第189页。

　　②　查铎：《水西会语》，《丛书集成新编》第二二册，台北新文丰出版公司，2008年，第683页。

知慎独即是良知,时时不忘,有事不为气习所蔽,即是致良知。"①所谓慎独,不是在善恶已分之后做存善去恶的功夫,而是保任善恶未发的良知本体,使其免于气习所蔽,即"致知即所以慎独"。②

第二,"万物一体"的经世之学。查铎十分重视经世之学,嘉靖年间就立下了"论学以经世为宗"③的志向。他说:"四海九州,原为一体,惟利害不相涉,则义自明也。故义苟明,虽秦越可使如兄弟;义苟不明,虽宗族不免仇雠。此一体之义,不可以不讲。"④这种将经世致用建立在感同身受的悲悯情怀的基础上,以此拯救百姓苦难的做法,与王守仁在《拔本塞源论》中阐发的"万物一体"是相同的。

第三,批评"良知异见"。我们知道,在王守仁去世后,其弟子们纷纷发挥良知理论,形成了种种"良知异见"。在水西书院的学者中,对良知的理解也十分复杂,据《行实》记载:有谓"无极而太极而阴阳五行者,欲以无住而生心似矣",有谓"心本无善无恶,并其本体功夫而归之无似矣",有谓"学贵一悟,悟则无复可修",有谓"学先修行,修则自然得悟",有谓"兢兢业业,一毫不可放松",有谓"惺惺朗朗,灵明不昧",有谓"学之始从无生有,久之复以有而归无",等等。虽然查铎对上述"良知异见"一一进行了批评,但他主要批评的是"归寂之说""事上修为""一悟见成"三种当时流行的"良知异见"。针对"归寂主静",查铎说:"双江、念庵提出归寂之

---

① 查铎:《论复姤》,第 488 页。
② 查铎:《濂溪书院会讲纪录后序》,第 500 页。
③ 查琪清:《行实》,第 587 页。
④ 查铎:《茂林吴氏族谱序》,第 519 页。

说,性体本寂,又何事归? 未免头上安头矣。"①针对"事上修为",他说:"若只从事为上修饰,名节上检点,纵外面做得无破绽,于本来真性毫无相干,此诚伪之辨也。"②针对"学贵自悟",他说:"一悟见成,原有此理,但难于悟耳。于意向上承接,非悟也;悟如冷灰爆豆,莫知其然。"③在上述三种中,虽然查铎仅仅点明第一种"归寂之说"是批评聂豹、罗洪先二人,后两种未言明是针对何人,但有明显针对邹守益的"戒慎恐惧"和王畿的"良知见成"的倾向。

<h2 style="text-align:center">三</h2>

关于查铎的著作,考察明万历以来的诸家著述与记录,主要有以下几种:

(一)《毅斋查先生阐道集》

《毅斋查先生阐道集》(简称《阐道集》),现存三个版本:一是明万历三十七年查一训刻本,题"前广西副使毅斋查铎著,门人同邑萧彦、赵士登校阅",前有万历三十七年樊良枢序。二是乾隆二十五年刻本,前有赵青藜《阐道集序》。三是光绪十六年刻本,卷一前有《本传》,卷十后有《侄裔孙钟泰谨识》。民国年间有若干抄本,如安徽图书馆藏民国抄本,该本行款与光绪十六年刻本相同,未注明抄者,无目录。

上述三个版本出于同一版本系统,均由十卷组成:卷一奏疏,

①　查铎:《与学博夏西园书》,第459页。
②　查铎:《与张复吾父母书》,第454页。
③　查铎:《与萧思学书》一,第460页。

卷二书札,卷三书札,卷四、卷五语录,卷六至卷九文类,卷十杂吟。附录一卷,包括行实、行略、祭文、乡贤呈稿、墓志铭。

　　需要说明的是,据光绪十六年裔孙查钟泰言:"《阐道集》乃公门人萧公念渠索逸稿而刻之者也。按《一统志》《安徽通志》《泾县志》俱称是书二十卷。嘉庆初邑人赵琴士纂刻《泾川丛书》,欲求全集而不得,只存十卷。"①这就是说除上述十卷本《阐道集》,尚存有二十卷本《阐道集》。但编校者以为,万历以来刊刻的《阐道集》只有十卷本,二十卷未刊刻或不存在,理由有二:

　　第一,《阐道集》现存万历、乾隆、光绪三个版本均出自同一版本系统,不存在由另一版本节略而成的情况。虽然上述三个版本小有差异,如光绪本卷一前有《本传》一篇而万历本无,光绪本卷八最末一篇《忠惠祠记》而万历本无,但可以肯定的是三个版本的卷数、篇目均是相同的,绝非与另一版本混编而成。

　　第二,郑刻本《明儒学案》所引《毅斋查先生阐道集》出自这一版本系统。我们知道,《明儒学案》主要有两个版本系统:一是早出的郑刻本(康熙三十二年刻),二是晚出的贾刻本(乾隆四年刻完)。这两个版本对查铎的记录差别很大,郑刻本《明儒学案》仅有百余字的《查铎传》,而贾刻本《明儒学案》除有详细的《查铎传》之外,尚有引自《阐道集》的二十九条三千多字的学案。至于两种刻本《明儒学案》的优劣问题,不是本文讨论的内容,但可以肯定的是,这二十九条查铎的文字,均出自十卷本《阐道集》,未见任何一条在此版本之外。由此可见,乾隆四年刻完贾刻本《明儒学案》所依据的万历本《阐道集》即是十卷。

---

　　①　查钟泰:《毅斋查先生阐道集识》,第586页。

（二）《毅斋经说》《毅斋奏疏》《楚中会条》《水西会条》《水西会语》五种

道光十二年赵绍祖、赵绳祖辑《泾川丛书》中有《毅斋经说》《毅斋奏疏》《楚中会条》《水西会条》《水西会语》五种。《毅斋经说》即《阐道集》卷五；《毅斋奏疏》即《阐道集》卷一，但无《查参守卫官员违误不职疏》；《楚中会条》《水西会条》《水西会语》三种即《阐道集》卷四。上述《泾川丛书》五种文末均有赵绍祖《识》，民国《丛书集成初编》收录。《楚中会条》和《水西会条》现存于《丛书集成新编》第二五册，《毅斋经说》和《水西会语》现存于《丛书集成新编》第二二册，《毅斋奏疏》现存于《丛书集成新编》第三一册。

（三）《泾川查氏族谱》

国家图书馆藏有查铎、查绛纂修《泾川查氏族谱》（明万历二十六年家刻本）。该《泾川查氏族谱》世系四卷，前一卷，后一卷，前有万历十四年查铎作《泾川查氏族谱序》。

（四）《西汉菁华》《批点秦汉文粹》二种

《明史·艺文志》收录有查铎著《西汉菁华》十四卷，《千顷堂书目》卷二十三亦录有此书，也作十卷，《四库全书总目》未收录。另明代朱睦㮮《万卷堂书目》卷四收录查铎著《批点秦汉文粹》六卷，《明史·艺文志》《千顷堂书目》《四库全书总目》均未收录。此两种著作已佚。

四

《查铎集》由正文十卷和附录四卷组成，收录了已传世并为编校者所见的查铎文献，现将各部分底本、参校本和附录以及编辑原则作一说明。

（一）《查铎集》正文十卷，以《毅斋查先生阐道集》为依据编校而成。首先，以《四库存目丛书》所收清光绪十六年泾川查氏济阳家塾刻本为底本，并以台湾"国家图书馆"藏明万历刻本和国家图书馆藏清乾隆刻本为参校本。遇底本模糊和讹误，即参校后两者，出校记。其次，《径川丛书》之《毅斋经说》《毅斋奏疏》《楚中会条》《水西会条》《水西会语》五种与《毅斋查先生阐道集》相同，故不单独录入，仅作为《毅斋查先生阐道集》参校本。五种文末均有赵绍祖《识》，补入所在卷后，出校记。再次，《泾川查氏族谱》不收入《查铎集》，仅将其中所载查铎佚文收入相应各卷中，出校记。方志中的佚文亦收入相应各卷中，出校记。

（二）附录四卷

1. 传记资料。收录《毅斋查先生阐道集》原载附录，补入光绪本《本传》、明末以来文集和史籍、《泾川查氏族谱》中的传记资料。

2. 序跋。收入《毅斋查先生阐道集》序跋三篇，同时收入许国的《送查君子警司理德安序》、高拱的《覆山西巡抚都御史杨彩参议查铎等疏》两篇。

3. 《明儒学案》之查铎资料。收入郑刻本和贾刻本《明儒学案》中的查铎资料，其中贾刻本《明儒学案》所引查铎文字无具体出处，编校者一一核对原文出处，标于文后。

4. 《查铎年谱》。为方便日后学者研究，编校者撰写《查铎年谱》附此。

由于编者水平有限，编校难免有遗漏和错讹，祈请学界同仁、读者诸君不吝赐教。

江右王门邹氏家学及
邹德涵的思想与著述

彭树欣

一、邹氏家学及其著述

江右王门安福县邹氏家族可谓王学天下第一家,第一代邹守益为江右王门的领军人物,第二代邹善和第三代邹德涵、邹德溥、邹德泳也都是江右王门的重要人物。家族三代传承阳明学,甚至第四、五代仍有守之者,百年不衰。家族四代六人为进士,即东廓父邹贤和上述五人均为进士。此外,第二代邹义、邹美为举人,也是阳明学者。当时另一有影响的王学家族——江苏泰州王艮、王襞父子,其学也只传承两代,远不及邹家之盛。对于邹氏家学,时人评价甚高,明国史总裁张位云:"今海内称理学名家,无若安成(按:安福古称)邹氏,自东廓邹先生蜚声高第,为海内大儒,乃颍泉公继之,而子宪金公聚所、宫洗公泗山翩翩嗣起,一门父子兄弟师友渊源,邹氏之阀益大。"①内阁首辅叶向高云:"吉之士大夫素

---

① 张位:《太常卿颍泉公神道碑》,《澈源邹氏七修族谱》卷八《状铭》。

以理学名节相矜砥，而邹公祖孙、父子、兄弟犹世相传受，其源出于姚江之良知。而文庄济以实践，不为空虚要渺之谈，故吉人之言学者，多以邹氏为宗。"①目前对于邹氏家学的研究，主要集中在第一代邹守益身上，对第二、三代的研究甚少。

1. 邹氏家学第一代及其著述

邹守益（1491—1562），字谦之，号东廓，谥文庄，江西安福县人，邹氏家学的创立者。正德六年（1511）会试第一，廷试第三，授翰林院编修，官至南京国子监祭酒。东廓为阳明弟子，得其正传，黄宗羲称"姚江之学，惟江右为得其传，东廓、念庵、两峰、双江其选也。再传为塘南、思默，皆能推原阳明未尽之旨"，又说"阳明之没，不失其传者，不得不以先生（即东廓）为宗子也"。②虽学界对于黄氏视念庵、双江等得阳明之传有异议，但对于东廓为阳明正传，几为近年学界的一致看法。东廓之学以戒惧、主敬为主，即通过戒惧、主敬工夫使良知本体保持精明，使之处于无遮状态，从而流行于日用间，这是通过工夫见本体、证本体。在王门中，东廓属于修证派，重实修实证，工夫深厚。其著作由门人编为《东廓邹先生文集》（十二卷）、《东廓先生遗稿》（十三卷），今人董平将此二书合二为一，互相校勘，重新编排、点校，且新增一个传记资料方面的附录，成为二十七卷的新本《邹守益集》（凤凰出版社，2007 年）。这是目前收录邹守益文献资料最全的版本，不过仍有一些佚文未收录。至于邹守益研究，已有一些代表性成果，如钟治国的《邹东廓哲学思想研究》（中华书局，2013 年）和张卫红的《邹东廓年谱》（北

---

① 叶向高：《宫洗泗山公墓志铭》，《澉源邹氏七修族谱》卷八《状铭》。
② 黄宗羲：《明儒学案》，中华书局，2008 年，第 331、332 页。

京大学出版社,2013年)等。

2. 邹氏家学第二代及其著述

邹义(1514—1566),字敬甫,号里泉,东廓长子。少颖敏好学,有志于圣贤之业。嘉靖二十二年(1543)中举。二十六年(1547)入国子监肄业,讲《春秋》,阐发东廓之旨,从游者甚众。会试多次不第。从父讲学于各地,又从欧阳德等问学,于学充然有得。晚年任顺天通判,有政声。政暇则聚众讲学。因疾卒于任上。人称其"负纯粹之资,抱经济之才。……孝友出于天性,公物形诸实践。淹古今之学而不见其不足,友天下之士而不见其有余"。① 邹义"述(父学)而不作",未有著作。

邹美(1516—1565),字信甫,号昌泉,东廓次子。少有异禀,能自振励,超出侪辈,以愿学文山为志。徐阶、王宗沐、湛甘泉雅重之,称其能绍隆家学。与周怡交好,于复古书院同起居。罗洪先、刘魁、罗汝芳、胡直等倚为益友。然科举不顺,为廪生二十余年,于嘉靖四十年(1561)才中举。长期侍父讲学,东廓出游,讲学于浙、闽、广之间,皆其侍行。又单独以经义开馆于安福北乡,族弟子执经受业。王时槐称"其学能博综百家,发为文词,闳赡而伟丽","清严劲特之气,令人望而生敬,盖所禀有卓然者"。② 邹美著有《自考录》(不详卷次),可能已亡佚,也许俟他日发现。

邹善(1521—1600),字继甫,号颖泉,东廓三子。嘉靖三十四

---

① 何子寿:《明故承直郎顺天别驾里泉邹先生墓志铭》,《澄源邹氏七修族谱》卷八《状铭》。

② 王时槐:《明乡进士今赠忠宪大夫太常寺少卿昌泉府君墓志铭》,《澄源邹氏七修族谱》卷八《状铭》。

年(1555)中举,次年登进士第。初授刑部河南司主事,后历官广西司署员外郎、山东按察司副使、湖广布政司参政、福建按察司按察使、广东布政司右布政使等,以太常卿致仕。与罗汝芳、胡直一起被称为"江西三子"。邹善主要承传乃父守益之学,如以戒惧、主敬工夫来达静定境界;但亦有个人的独到之处,如揭仁体为教,于仁学独有所发明,再如在工夫上密参性宗,而又显证于人伦庶物。其一生事业主要在政治、教育方面,学问主要体现在人格修养、讲学和事功上,故著述甚少,曾编纂《理学粹言》,有《颍泉先生要语》(一卷),前者已亡佚,后者见清初刻本邹衮编《邹氏学脉》(第二卷),《续修四库全书》收录。此外,在方志、家谱、书院志等文献中有少量散佚单篇文献和传记资料等。

目前笔者在整理、辑佚邹善文献,约三万字,包括四部分:(1)《颍泉先生要语》,见清初刊本《邹氏学脉》;(2)诗文辑佚,收录能找到的所有逸文;(3)传记资料,收录邹善行状、墓志铭等传记资料;(4)他人之书信、诗文等与邹善相关的资料。

3. 邹氏家学第三代及其著述

邹德涵,邹善长子(具体论述见本文第二部分,此略)。

邹德溥(1549—1619),字汝光,初号完璞,后号泗山,邹善次子,王船山父王朝聘之师。万历元年(1573)中举。十一年(1583),会试第二名,廷试二甲第二十二名。初授翰林院编修,后历经筵讲官、司经局洗马、翰林院修撰、太子讲官等。其于学无所不窥,"自星历、舆图及国家营屯、盐铁、茶马诸大政皆有考,而内典、道经等书尤极钻研"[①]。工古文,善诗词,文法欧、曾,诗近陶、孟;深研制

---

① 邹德泳:《先兄宫洗泗山老师行状》,《澥源邹氏七修族谱》卷八《状铭》。

举义,时人以为教父;传家学《春秋》经,为《春秋》学大家。德溥之学未被挖掘,其人可能是被学术史遗忘的明后期学术大家,至少是江右王门后期之大家。其学集邹氏《春秋》学、《易》学、文学之大成,还是八股文大家,甚至还著有一部音韵学著作。尤其《春秋》学,安福邹氏为当时全国三大中心之一,①而德溥又是其家之最高成就者。在哲学思想上,德溥在朝儒释道三家融合的方向发展,体现了明后期三教合一的思想趋势,也改变了其祖纯正儒家的学风。德溥著述最为宏富,有一百多卷,其中存世文献六十多卷。存世文献(含版本)如下:

(1)《邹太史文集》(八卷),明末安成绍恩堂刻本。按:台湾"中央研究院"傅斯年图书馆馆藏目录书名为《邹泗山先生文集》,实即《邹太史文集》,同一版本。

(2)《邹泗山稿》(一卷),收录于清俞长城选评《可仪堂一百二十名家制义》,清康熙步月楼令德堂刻本、乾隆三年文盛堂刻本。

(3)《邹泗山稿》(一卷),收录于明陈名夏编《国朝大家制义》,明末陈氏石云居刻本。按:与(2)书名虽同,但所收文有所不同,相同者仅十余篇。

(4)《易会》(八卷),清同治九年袁州府学副斋活字本,《四库全书存目丛书》收录。

(5)《春秋匡解》(六卷),明蓝格抄本,《四库全书存目丛书》收录。

---

① 张艺曦:《阳明学的乡里实践——以明中晚期江西吉水、安福两县为例》,北京师范大学出版集团,2013年,第165页。

(6)《新镌邹翰林麟经真传》(十二卷),明沈演、沈菱等刻本。按:《麟经》即《春秋》。

(7)《新锲台阁清讹补注孔子家语》(六卷),明乔山堂刘龙田刻本。

(8)《刻太古遗踪海篇集韵大全》(三十一卷),明潭城书林陈孙安刻本。按:此书为音韵著作,邹德溥辑,夏从仁补遗。

邹德泳(1556—1633),字汝圣,号泸水,邹美长子。万历十年(1582)中举。十四年(1586),会试第五名,成进士。历官监察御史、尚宝少卿、太常少卿、通政使司左通政、侍经筵、太常卿等,以刑部右侍郎致仕。乡居三十余年,修明家学,羽翼圣经,以讲学传道为业。德泳之学与从兄德涵、德溥有较大的不同,二兄于祖上多所"走作",而他总体上在向乃祖"回归"。其思想价值主要体现在对明后期王学末流狂禅之风和俗学的批评以及对纯正王学的维护上,故思想风格较为平实,不过仍有所融合和发展,如"格致说"和"尽心说"。前者,把致知与格物、心知与外物合而为一,有将朱子之重外和阳明之重内弥合的趋势。后者,发挥孟子的"尽心说",将修养工夫着在"尽心"上,并将形上的天与性收归于心,形上与形下合一,本体与工夫合一,又有将朱学和陆学融合的意味。德泳有如下文献(含版本)传世:

(1)《湛源续集》(九卷),明万历至崇祯年间刻本。

(2)《邹德泳杂著》(十三卷),明万历李长春等刻本。

(3)《泸水先生要语》(一卷),见清初刻本《邹氏学脉》(第四卷),《续修四库全书》收录。

此外,还著有《湛源集》,不详卷数、版本,估计已亡佚,也许有待他日发现。

二、邹德涵的生平、思想与著述

1. 生平概略

邹德涵(1538—1581),字汝海,号聚所。明嘉靖十七年(1538)五月二日生。生而俊爽,为祖守益所钟爱。十五岁,补邑博士弟子。十九岁,锐然以负天负祖自奋,为钱绪山所器重。后随父善入京,善与罗近溪、胡直、耿天台相与讲学,德涵亦参与其中,脉脉嗜学,并受学于耿天台。三十七年(1558),从京归,以《春秋》举江西乡试;其祖心喜赋诗,嘉其行,勉以谦抑仁厚,尚友千古。次年,赴会试不第,卒业于太学。时才名渐起,士人多从其结社、修博士业,德涵对之涵煦诱掖,且以艺文结友。四十一年(1562),还家侍祖疾。四十五年(1566),耿天台督学南畿,贻书召之,遂携家往南畿依耿氏。于时,又从耿氏学,且与耿定理、杨希淳、焦竑等游,学问大成于是年。会父善督学山东,召其至历下,遂与弟德溥朝夕相参,用力向学,并请父择文行优者聚会肆文事。于是与诸生谈文论道,学道之士一时蜂起。隆庆三年(1569),邹善晋参楚藩,德涵与弟遂归家。在家乡日与友人商学,若求亡子,而动称尧舜可为,被人目为狂生。然士人亦稍稍来附,如刘元卿辈始耽心向道。又入吉安青原山主持讲会,并买田供会事。自是吉安戏谑之风为之一变,第闻弦歌之声。五年(1571),再赴会试,其策问豪宕多名言,得内翰王锡爵激赏,荐为高等。是年廷试,二甲赐进士出身。奉差归,适年友李思亭来令安福,竭力襄助之。不久复命,时言官建白从祀王阳明,遂上疏极言王氏功德,宜祀。其《疏》词气正直,一时士人争相传写。万历元年(1573),以进士分校顺天府试事。次年,授刑部山西司主事。日夜精心治狱,务归于平允;体贴囚犯,禁狱吏害苦囚。刑部尚书嘉其才,使在本科治刑事,诸所平反者甚众。时耿天台在京,常侍左右,并招引四方豪杰纳于师门。耿氏离京后,则与周思敬、耿定力倡率为会。新榜诸君有来附者,则竭力启迪鼓舞,人人各自以为有得。时张居正秉政,禁讲学,士人多隐迹潜修,而德涵挺立不避,于是外迁为员外郎。越数日,迁河南按察司金事。至河南,孜孜治官,于屯田、驿传、盐法,具悉心筹度,务使百姓受益。士民称颂其德。然直指使张某受张居正指使,弹劾之,遂飘然而归,不以为意。去官在家,时时游山谷中,布衣蔬食自适。九年(1581)九月二十九日病卒于家,年仅四十四岁。①

邹德涵一生学问有成,人格俊伟。时人多所推崇。张元忭曰:"吾兄其担荷之勇,将上接姚江之绪,而造诣之深,盖近承三世之传。其气温然如玉之润,而韵宇出尘,又如冲霄之鹤,凌千仞而翩翩。"②詹思谦曰:"君资颖异发,以肫诚溯渊源于祖武,禀诗礼于趋庭。其居也,敦叙典常,庶几称一家之唐虞,而无忝于实践;其出也,表章正学,谓宜续百代之彝鼎,而匪意乎徇名。"③

2. 学思历程

邹德涵思想的形成,首先是受家学的熏染、影响。焦竑说他

① 黄宗羲《明儒学案》"邹德涵传"言其五十六岁(中华书局,1985 年,第 333 页),误。据刘元卿《邹聚所先生言行录》、耿定向《明故奉议大夫河南按察司金事邹伯子墓志铭》等,均可知其年龄为四十四岁。

② 张元忭:《同年张阳和先生祭文》,载《邹聚所先生外集》,《四库全书存目丛书·集部》第 157 册,齐鲁书社,1997 年,第 429 页。

③ 詹思谦:《同会詹洞源先生祭文》,载《邹聚所先生外集》,第 430 页。

"早闻家学,挺持有大志"。① 德涵自幼受学于祖邹守益。中举后,守益更是赋诗相勖励。入京后,又贻书深辨"知止"之说。其书曰:"所言'知止'之说,须识得'止'字本体即工夫,始有归宿。至善也者,心之本体也,自无声无臭而言,曰不睹不闻;自体物不遗而言,曰莫见莫显。其曰止仁、止敬、止孝、止慈,皆至善之别名也。戒惧勿离,时时操存,时时呈露,若须臾不存,便失所止。故《大学》《中庸》论有详略,而慎独一脉,炯然无异。"②此受邹守益主敬、戒惧之学也。德涵早年亦曾与父邹善共学,其弟德溥云:"时家大人犹在诸生中,挟之下帷治经史,家大人悟所至,伯兄亦辄悟。……闽中有丘生者,来禀学先大父,其人博士业,解上乘,持论甚高。独家大人津津味其说,众莫之省也,惟伯兄亦雅嗜之。"③

　　除承家学外,德涵又受师友之启发、点拨、锤炼。其自云:"吾时未知学,赖近溪公逼之,天台师熏之,焦从吾氏点之,故幸有闻。"④此三人皆为泰州学派人物,其中,罗近溪、耿天台为师辈,焦从吾(即焦竑)为友辈,尤以耿天台的影响为最大。

　　不过,德涵学有所成,根本乃在得力于悟。黄宗羲曰:"先生以悟为宗。"⑤章太炎亦曰:"汝海本由自悟,不尽依文成师法。"⑥其实,其学是在家学的熏陶下,师友的夹持下,最终以自己的体悟而成。其过程有似禅宗渐修—顿悟之经历。刘元卿、邹德溑、耿天台

　　① 焦竑:《明故奉议大夫河南按察司金事聚所邹君墓表》,载《邹聚所先生外集》,第449页。
　　② 邹守益:《文庄府君书》,载《邹聚所先生外集》,第396页。
　　③ 邹德溥:《伯兄汝海行状》,载《邹聚所先生外集》,第442页。
　　④ 刘元卿:《邹聚所先生言行录》,载《邹聚所先生外集》,第436页。
　　⑤ 黄宗羲:《明儒学案》,中华书局,2008年,第332页。
　　⑥ 章太炎:《章太炎全集》(五),上海人民出版社,1985年,第116页。

对此均有记载。

刘元卿《邹聚所先生言行录》载：

及先生(按：即耿天台)督南畿学政，以道督倡士子，则乃招君(按：即德涵)处于南畿。君时于学未有悟入，因近溪公法语斥君，用是昼夜钻研，大肆力于学问。天台先生以识仁为宗，遂闭门静坐一月，犹不得，则与诸友人究析辨难。一夕梦文庄公试以万物一体论，醒而若有悟。自是稍稍契会天台先生之旨。……君之从楚侗氏(按：指耿定理)游也，尚未有领入，则时时质证楚侗氏，尝五问而五不答，乃始愤曰："循循善诱者，固当如是耶?"因闭门静坐求之，既而悔其非是，则又折节与友人辨析，务求了悟。其事焦从吾氏，若童蒙之侍其师，蚤夕执经，句问而章询之。①

邹德溥《伯兄汝海行状》载：

丙寅，先生(按：即耿天台)方督学南畿，贻书招伯兄，伯兄遂携家之南畿依先生。时伯兄犹缘名理自摄，先生微激动之，于是慨然思参彻性源矣。间问之耿仲子定理，仲子默然不答，则愈自奋曰："吾独不能心参，而向人求乎?"归而杜门静坐者逾月。久之，未有解，愈自刻厉，至忘寝餐。忽一日，见先生，先生睹其貌癯甚，顾反宽，譬之则属杨子希淳、焦子竑与之微语，语大抵令自信本心，不假辏泊，不烦矫揉，即显即微，即

---

① 刘元卿：《邹聚所先生言行录》，载《邹聚所先生外集》，第436、439页。

夷即玄。伯兄始而咈,继而疑,既而豁然自彻。时于众座中发一言半辞,则二子大赏曰:"吾子可谓一夕觉矣。"晋而质之于先生,先生谓:"既有所悟入,政须学耳。"而伯兄则心以自得,愉快甚。①

耿天台《明故奉议大夫河南按察司佥事邹伯子墓志铭》载:

> 越丙寅,余典学南畿,寓书招之至,适余仲理亦来省余。伯子(按:即德涵)时学犹缘名理自摄,余时提激之,慨然思参彻性源。间以疑质余仲,仲不答,则大奋曰:"吾独不能心参,而向人求乎?"归邸,键一室静求者,逾时未有解,愈自刻厉,至忘寝餐。一日来见余,余视其貌癯甚,知为学愤也,渐启之。复属杨生希淳、焦生竑与居,昕夕商订。一夕,霅然忽若天牖洞彻,本真自信,不假辏泊,不烦矫揉,即显即微,即夷即玄。自是其气岊然,其文蔚然,其与人为善之机益勃勃然:盖所谓此理已显矣。②

三人记载,虽略有异,但基本史实和主要内容是一样的。综合三人记载可知,邹德涵之学成于丙寅年(即 1566 年,二十九岁时),由原来的"缘名理自摄",进而"思参彻性源",最后豁然自悟,契会了耿天台识仁之旨,证悟了本体(即心体或良知):"不假辏泊,不烦

---

① 邹德溥:《伯兄汝海行状》,载《邹聚所先生外集》,第 442—443 页。
② 耿天台:《明故奉议大夫河南按察司佥事邹伯子墓志铭》,载《邹聚所先生外集》,第 447 页。

矫揉，即显即微，即夷即玄。"其知"以悟为宗"，实来自耿天台之教。①

　　邹德涵自证悟本体之后，学问大进，其后则是进一步体悟、实证、完善并传播其学，即如焦竑所云："君独得其本心，自是志意勃发，壹以立人达人为己任。"②这主要体现在随父邹善入山东时期。其时与弟德溥进一步商学，并传道。刘元卿曰："方伯公（按：即邹善）督学山东，召君（按：即德涵）至署中。睹其学念方浓，又于道有解也，则大喜，督率益勤。固早夕与仲氏汝光讲明辨析，疑而信，信而复疑，盖及期年，乃始相契。于是一出入，一食饮，必证诸学，嘐嘐而尚友千古，务臻圣境，自大贤以下，弗愿当也。"③耿天台曰："会颖泉公（按：即邹善）督学齐鲁，伯子（按：即德涵）往省，值仲溥在宦邸，相与密参显证，仲亦大省。于时嘐嘐然，直当孔氏正脉，宋儒以下弗顾已。颖泉公乃简齐鲁髦士与盍簪，伯子因以孔氏求仁之旨肫肫诱掖，诸髦士由是彬彬兴起。"④

　　3. 主要思想

　　关于邹德涵的思想走向，黄宗羲《明儒学案》曰："颖泉论学，于文庄公之教，无所走作，入妙通玄，都成幻障。而先生（按：指德

　　① 按："以悟为宗"应是耿天台的重要教学方法，焦竑说："自先生（即耿天台）开示学之津筏，士始知以悟为宗，日用之间，悬解朝彻，如静中震霆，冥外朗日，无不洗然，自以为得也。而君（即邹德涵）尤师门所属望，藉令君不死，必能更相抽绎，以益推明先生之道于无穷。"（见焦竑：《明故奉议大夫河南按察司金事聚所邹君墓表》，载《邹聚所先生外集》，第449页。）
　　② 焦竑：《明故奉议大夫河南按察司金事聚所邹君墓表》，载《邹聚所先生外集》，第449页。
　　③ 刘元卿：《邹聚所先生言行录》，同上书，第436页。
　　④ 耿天台：《明故奉议大夫河南按察司金事邹伯子墓志铭》，同上书，第447页。

涵)以悟为入门,于家学又一转手矣。"①《明史》亦言:"而德涵从耿定理游,定理不答。发愤湛思,自觉有得,由是专以悟为宗,于祖父所传,始一变矣。"②这就是说,邹德涵已改变邹氏家风,而以悟(即悟证本体)为宗。然此说只是一个大体的论断,具体情形则语焉不详,即邹德涵是如何改变家风的,又是否完全抛弃了家风,并不清楚。故需进一步探讨,以便厘清其思想的主要脉络,并定位其思想。

邹守益之学直承阳明之良知学,在义理上于师门无所走作,但其为学重点则落在工夫上(即如何"致"良知),丰富了阳明的"致"字工夫。所谓其学"得力于敬",③"以'戒惧'为宗旨",④主要是指以主敬、戒惧作为"致"良知的工夫。从积极面说,是通过主敬、戒惧工夫使良知时时保持精明之状态:"圣门要旨,只在修己以敬。敬也者,良知之精明而不杂于尘俗也。戒慎恐惧,常精常明,则出门如宾,承事如祭。……故道千乘之国,直以敬事为纲领。"⑤从消极面说,是通过主敬、戒惧工夫恢复良知本体之明(即复性):"吾心本体,精明灵觉,浩浩乎日月之常照,渊渊乎江河之常流。其有所障蔽,有所滞碍,扫而决之,复见本体。古人所谓造次于是、颠沛于是,正欲完此常照常明之体耳。"⑥所谓"扫而决之"、"造次于是、颠沛于是",即是指用主敬、戒惧工夫。邹守益属于阳明后学的修证

① 黄宗羲:《明儒学案》,第333页。
② 张廷玉等:《明史》卷二百八十三,中华书局,1974年,第7271页。
③ 黄宗羲:《明儒学案》,第332页。
④ 张学智:《明代哲学史》,中国人民大学出版社,2012年,第156页。
⑤ 邹守益:《简胡鹿崖巨卿》,《邹守益集》,凤凰出版社,2007年,第507页。
⑥ 邹守益:《简君亮伯光诸友》,同上书,第493页。

派,强调的是由工夫去证本体,"但令无往非戒惧之流行,即是性体之流行矣。离却戒慎恐惧,无从觅性"。①

　　而德涵之学的重点则落在了本体上,所谓"以悟为宗",是悟得本体良知现成,不容思想,不假安排。所谓良知现成,是指良知的先天性和当下性。这是阳明良知学的题中之义,故德涵曰:"天理天然自有之理(按:即良知),容一毫思想不得。所以阳明先生说'良知是不虑而知的'。"②德涵又认为阳明讲的"大公顺应",是指良知现成。他说,阳明与门人见耕者之妻送饭,其夫受之食,食毕与之持去:阳明说"这便是大公顺应"。又认为,王心斋讲"无思而无不同"亦是此意。他说,先生(心斋)呼其仆,即应;命之取茶,即奉茶至:心斋说"这便是无思而无不通"。其实,王心斋还认为良知人人具足,分分明明,亭亭当当,不用安排思索。因此,德涵得出结论说:"所以大人者,不失其赤子之心。赤子是个真圣人,真正大公顺应,与天地合德,日月合明,四时合序,鬼神合吉凶的。"③所谓"赤子之心",即是良知本体,先天具备,当下呈现。在王学中,罗近溪尤其强调"赤子之心"。④ 耿天台的"真机不容已",也是指真机(即良知本体)现成,不容思虑,不容考索,自然显发。以上王、罗、耿均属泰州学派,因此强调良知现成几乎成了泰州学派的一个重要特点。

　　德涵悟到的良知本体"不假辏泊,不烦矫揉,即显即微,即夷即玄",自然是继承了泰州学派的思想。详言之,如其曰:

---

①　黄宗羲:《明儒学案》,第 332 页。
②　同上书,第 349 页。
③　同上书,第 352 页。
④　吴震:《泰州学派研究》,中国人民大学出版社,2009 年,第 341 页。

《易》曰："何思何虑。"颜渊曰："如有所立卓尔。"说"如有"，非真有一物在前。本无方体，如何可以方体求得？……你只静坐，把念头一齐放下，如青天一般，绝无一点云雾作障，方有会悟处。……你今想个天理，反添了个人心，自家常是不安的。若是道心，无声无臭，容意想测度不得，容意想测度又不微了。①

这里是说，良知本体无方所，无法具体把握到，不容测度（可谓"微""玄"），但良知又是先天存在的，只要你静坐，把杂念放下，良知当下即呈现（可谓"显""夷"）。与罗近溪、耿天台相比，虽"良知现成"说的基本义理相同，但罗氏"赤子之心"更注重良知本体的纯粹无杂、浑然无为，耿氏"天机不容已"更强调内在的道德力量不容自已的冲动，而德涵则更重良知本体的空灵，无法用知见去求得，然又时时处处存在。他如此说仁（即良知本体）：

　　不假想像而自见者仁也，必俟想像而后见者非仁矣；不待安排布置而自定者仁也，必俟安排布置而后定者非仁矣；无所为而为者仁也，有所为而为者非仁矣；不知为不知者仁也，强不知以为知者非仁矣；与吾身不能离者仁也，可合可离非仁矣；不妨职业而可为者仁也，必弃职业而后可为者非仁矣；时时不可息者仁也，有一刻可息非仁矣；处处皆可体者仁也，有一处不可体者非仁矣；人皆可能者仁也，有一人不可能者非仁矣。……识仁者，毋求其有相之物，惟反求其无相者而识之，

---

① 黄宗羲：《明儒学案》，第350页。

斯可矣。①

德涵又认为,此良知本体如镜然,"本体光明,妍来妍照,媸来媸照,镜里原是空的,没有妍媸。你今如此,就谓之作好"。其弟子艾尔康怀疑如此可能会陷入空,德涵认为"不要怕空,果能空得,自然有会悟处"。但此空不是"一等闲人的空",也不是"异教家的空",而是"吾儒之空",其特点是空中有实,虚实相即:"如太虚一般,日月、风雷、山川、民物,凡有行色象貌,俱在太虚中发用流行,千变万化,主宰常定,都碍他不得的,即无即有,即虚即实,不与二者(按:即前二'空')相似。"②

德涵如此说本体,于乃祖"有所走作":邹守益强调的是本体之精明灵觉,而德涵重在良知本体现成;况且前者学问的着力点也不在本体,而在工夫。因此,德涵之学由家学即江右的修证派走向了泰州的现成派,所谓"于家学又一转手矣"。张学智说:"邹德涵之学,确有泰州家风。"③这是很有见地之言。德涵的泰州学风,从其夫子自道来看也可得到证明:"赖近溪公逼之,天台师熏之,焦从吾氏点之。"也就是说,他曾受泰州学派的影响。

邹德涵的泰州学风,也从其工夫进路上体现出来。邹守益之进路,是由戒慎工夫见良知本体,所谓"由工夫以悟本体";而泰州学派则在现成良知中见工夫,所谓"悟本体即工夫"。从学术理路看,德涵工夫论的重点仍落在本体上(即在直接在本体上用功),总

---

① 邹德涵:《邹聚所先生语录》(卷中),《四库全书存目丛书·集部》第157册,齐鲁书社,1997年,第507页。
② 邹德涵:《邹聚所先生语录》(卷中),第498页。
③ 张学智:《明代哲学史》,第165页。

体上接近泰州学派,不过具体的某些工夫,仍保持了家风。

　　德涵工夫的总体进路,是承"良知现成"说,而讲"见在工夫":因良知现成,故工夫即在此当下直接呈现之,直接把握之,而不需要外在的工夫。有人问:"如何是本心?"德涵答曰:"即此便是。"又问:"如何存养?"曰:"常能如此便是。"有人怀疑"当下便是"之说,举孟子之扩充为问。德涵答曰:"千年万年只是一个当下。信得此个当下,便信得千万个。常如此际,有何不仁不义、无礼无智之失?孟子所谓扩充,即子思致中和之致,乃是无时不然、不可须臾离意思,非是从本心外要加添些子。加些子便非本心,恐不免有画蛇添足之病。"①这种当下呈现良知的工夫,使德涵把"良知"当作"致良知"。他认为:"这点良知,彻头彻尾,无始无终,更无有恶念发而不自知者。"即良知自然会知,良知即是致良知,而"今人错解良知作善念,不知知此念善是良知,知此念恶亦是良知,知此无善念无恶念也是良知。常知,便是必有事焉"。② 如此,致良知,就是守此良知而已,即使之时时处于自明之状态中。

　　但是,德涵并不主张一意顺适当下,与王心斋、罗近溪有异,而保留了家风。心斋和近溪之工夫属于王学的圆熟之境:当一切私欲退听,只有先天的道德良知时,当然就是"无极而太极"(王心斋),当然只要"顺适当下"(罗近溪),其他一切工夫都不需要了。但如果未达此境,所谓"顺适当下",有可能出现错把情识当作良知,从而情识荡肆,良知泯灭。这是泰州学派后期出现的严重弊端。邹守益对此深有警惕,故主张用主敬、戒惧工夫以保持良知之

---

　　①　邹德涵:《邹聚所先生语录》(卷下),第 516 页。
　　②　黄宗羲:《明儒学案》,第 351 页。

精明。德涵对此亦有警惕，认识到良知毕竟有蒙蔽之时，这是由于志气昏惰之故。虽然此时良知会知，但必须提撕、警觉，而不是一意顺适、直认当下，否则情识荡肆而不知，成为"狂禅"。因此，德涵主张以立志来克服此弊病。志一立，私欲自然会消失："你只去责志，如一毫私欲之萌，只责此志不立，则私欲便退听。所以阳明先生责志之说最妙。"其实，所谓立志，就是挺立道德良知，就是孟子所谓"先立乎其大者，则其小者弗能夺矣"（《孟子·告子上》）。德涵常劝人立志："我只劝人立志向学，若劝得他向学之志重了，则声色上便自轻，不待我劝。孟子于齐王好货好色，只是导之以进于太王、公刘。"①因为良知有私欲蒙蔽之时，故德涵也用复性工夫，此工夫既有邹氏家风的影响，又有泰州学派之风格。邹守益重复性工夫，认为"需用主敬、戒惧工夫，以复本体之明"。德涵也认为需用此工夫，以复本体之空灵（即"吾儒之空"），如曰："这等工夫，原急不得，今日减得些，明日又减得些，渐渐减得去，自有私意净尽，心如太虚。"又曰："识仁者，毋求其有相之物，惟反求其无相者而识之，斯可矣。"②但两人仍有区别：守益是积极法，近程朱；德涵是消极法，近庄禅（乃泰州学风，因泰州学派已染庄禅风格）。

　　然而，德涵反对空守本体（此乃"玩弄光景"），仍重主敬之功。他认为："言思忠，事思敬，只此便是学。"一友认为"还要本体"。他便反问道："又有甚么本体？ 忠敬便是本体，若无忠敬，本体在何处见得？ 吾辈学问，只要紧切，空空说个本体，有何用？"③德涵强调工夫之紧切，曰："吾辈工夫，只要紧切，不要泛了。且如孔子到得

---

① 刘元卿：《邹聚所先生言行录》，载《邹聚所先生外集》，第 441 页。
② 黄宗羲：《明儒学案》，第 350、353 页。
③ 邹德涵：《邹聚所先生语录》（卷下），第 508 页。

七十岁，才从心所欲不逾矩。你看他十五而志于学的时节，是甚么工夫。用过十五年，才到得立。又用过十年，才到得不惑。又用过十年、二十年，才到知命、耳顺。我辈视孔子为如何，初做学问，如何便说要从心所欲不逾矩。阳明先生说如猫捕鼠，如鸡覆卵，此是何等工夫！近来有二三讲学的，皆倡为此说（按：指误解现成良知，以情识为良知），最是误人。吾辈自治教人，切勿蹈此弊病。"①德涵之重忠敬、重工夫之紧切，显然是秉承了乃祖"戒惧勿离，时时操存，时时呈露"②的主敬之功。

　　概而言之，德涵之学，总体上由邹氏家学走向了泰州学派，反映了江右王学在晚明受泰州学风的影响，如其弟邹德溥、其友刘元卿也均染有此风。但在具体的工夫上，仍保留了不少家风。因此他融合了两者，形成了自家独特的风格：一方面强调良知现成说，一方面又重视工夫之紧切，从而克服了泰州学派后期出现的轻工夫、情识而荡之弊。章太炎对其甚为推崇，曰："余论文成之徒，以罗达夫、王子植、万思默、邹汝海为过其师。"③

　　4. 著述情况

　　邹德涵四十四岁离世，一二十年后，其著述经过友人刘元卿和弟德溥兄弟、子邹衮兄弟整理、刊刻，其主要著述（还包括师友、亲人所撰写的与其相关的诗文、书信以及传记资料等）都保存下来了，包括《邹聚所先生文集》《邹聚所先生外集》《易教》《语录》，共十一卷，均为明万历邹衮、邹褭刻本。现藏南京图书馆，《四库全书存目丛书》全部收录。现将其编校者和主要内容作一简要介绍：

　　①　刘元卿：《邹聚所先生言行录》，载《邹聚所先生外集》，第440—441页。
　　②　邹守益：《文庄府君书》，载《邹聚所先生外集》，第396页。
　　③　章太炎：《章太炎全集》（五），上海人民出版社，1985年，第116页。

（1）《邹聚所先生文集》（六卷）：刘元卿选编，邹德溥、邹德泳、邹济汝同校，邹衮、邹裒手辑，卷一为诗歌，卷二至卷六为文集。

（2）《邹聚所先生外集》（一卷）：刘元卿选编，邹德溥、邹德泳、邹济汝同校，邹衮、邹裒手辑，包括御敕、亲人师友写给他的书信与赠言以及死后亲人师友所撰的祭文、行状和墓志铭等。

（3）《易教》（一卷）：刘元卿校，邹衮、邹裒手辑，为德涵的《易》学著作，主要注释《易经》六十四卦。

（4）《邹聚所先生语录》（三卷）：门人艾尔康述，邹衮、邹裒校梓，为德涵的讲学语录。按：清初刻本邹衮编纂《邹氏学脉》卷三《聚所先生要语》，均选自此《语录》。

笔者已整理、点校《邹德涵集》（将由上海古籍出版社出版），该书所收录者，为以上所有文献，并增加一个《附录》（即辑佚之传记资料、他人相关书信等）。

《季本集》编校说明

孙占卿　郭　亮

　　季本,字明德,号彭山,又曾任长沙守,人称长沙公,会稽人(今浙江绍兴人),生于成化二十一年乙巳(1485)九月十三日,卒于嘉靖四十二年癸亥(1563)四月二十九日,享寿七十九。季本是阳明先生早期弟子,善经学,多著述,黄梨洲《明儒学案》将其列入"浙中王门",并节录了《说理会编》中部分文字。季本主要生平事迹见于其弟子徐渭(1521—1593,字文长,号天池山人)撰写的《师长沙公行状》(以下简称《行状》)、《先师彭山先生小传》。[①]

一、季本家世及生平

　　季本的曾祖季良佐,封文林郎,曾任江西道监察御史;其祖父季骏,登正统十年乙丑商辂榜进士,[②]曾任广东按察司佥事;其父季翔,号用无,以季本的缘故,"赠奉政大夫,南京礼部仪制司郎

----

　　① ［明］徐渭:《师长沙公行状》,《徐渭集》第2册,中华书局,2012年,第643—650页;［明］徐渭:《先师彭山先生小传》,同上书,第628—629页。
　　② 徐渭在《师长沙公行状》中误将"正统"作"天顺",两者均为英宗年号。

中"，母亲刘氏封为宜人。季本先娶妻余氏，卒于建宁官署，继娶莫氏，有子六人，名：庚、甲、乙、丙、寅、亥；女三人。

据弟子徐渭言："季氏之先，鲁公子季友为禧公大夫，贤而有功，赐氏其字。"①南宋时，季本先祖曾任会稽守陵使，居会稽之攒宫里。南宋灭，元僧杨琏真珈（时任江南释教总摄）盗掘南宋皇陵，火烧陵卫署，其祖幸免于难，留在当地生活。景泰中，季本祖父季骏率家迁至山阴之宁恩里。季本此时迁回会稽，居稽山里，该地在禹迹寺东，是宋朝著名诗人陆游的老师——江西诗派代表人物曾几（1085—1166，字吉甫，号茶山居士）之故所。

季本年幼早慧，十五学古文，落笔辄数千言，其父用无公常带他参加各种活动展示才华。季本少受《春秋》于其兄季木（字符德，号东所），弘治十七年甲子（1504），年十九以通《春秋》，补郡学生。由于当时的地方学政官员重视《春秋》，因命入省读书。是年秋，季本以《春秋》中浙江乡试第三名。

弘治十八年乙丑（1505），先生二十，与兄东所皆赴礼闱，不第。

正德三年戊辰（1508），先生二十三，再赴礼闱试，以目疾归。

正德五年（1510）庚午秋，其父用无公卒，哀毁逾节，居丧，未尝一日入私阃。

正德八年癸酉（1513）四月，丁其母刘夫人忧，如丧用无公之仪。

时阳明先生还越，季本往学称弟子。② 徐渭《师长沙公行状》

---

① ［明］徐渭：《师长沙公行状》，《徐渭集》第 2 册，第 643 页。

② 季本具体何时入学王门，已不可考证。根据《阳明年谱》记载，大体应是正德七年。绍兴档案馆的马元泉先生认为季本师事阳明为正德四年，不知其根据出自哪里，参看马元泉：《徐渭敬仰的老师季本》，《柯桥日报》2017 年 3 月 26 日。根据《阳明年谱》，正德四年，阳明尚在贵阳，故而此时季本拜阳明为师的可能性不大。

载:"及新建伯阳明先生以太朴卿守制还越,先生造门师事之。"①
据《阳明年谱》正德七年壬申:"十二月,升南京太仆寺少卿,便道归
省","八年癸酉,先生四十二岁,在越"。②

　　正德九年甲午,季本在南京从阳明先生问学,同门日众。《阳
明年谱》载:"五月,至南京。自徐爱来南都,同志日亲,黄宗明、薛
侃、马明衡、陆澄、季本、许相卿、王激、诸偁、林达、张寰、唐俞贤、饶
文璧、刘观时、郑骝、周积、郭庆、栾惠、刘晓、何鳌、陈杰、杨杓、白
说、彭一之、朱箎辈,同聚师门,日夕渍砺不懈。"③然而,弟子日众
之时,阳明对学人之流弊深有警醒,深悔曰:"学者渐有流入空虚,
为脱落新奇之论。"④此后阳明讲学时,"只教学者存天理,去人欲,
为省察克治实功"。⑤

　　正德十年乙亥(1515),服阕。

　　正德十一年丙子(1516),从阳明在越。《阳明年谱》载:"十月,
归省至越。王思舆语季本曰:'阳明此行,必立事功。'本曰:'何以
知之?'曰:'吾触之不动矣。'"⑥

　　正德十二年丁丑(1517),再赴试,与同门蔡宗兖、许相卿、薛
侃、陆澄登舒芬榜进士。《阳明年谱》正德十二年五月,载:"按是月
闻蔡宗兖、许相卿、季本、薛侃、陆澄同举进士,先生曰:'入仕之始,
意况未免摇动,如絮在风中,若非粘泥贴网,亦自主张未得。不知

---

① ［明］徐渭:《师长沙公行状》,《徐渭集》第 2 册,第 644 页。
② ［明］王阳明:《年谱 一》,吴光、钱明、董平、姚延福编校:《王阳明全集(新编
本)》第 4 册,浙江古籍出版社,2013 年,第 1241 页。
③ 同上书,第 1243 页。
④ 同上。
⑤ 同上。
⑥ 同上书,第 1244 页。

诸友却何如？想平时工夫,亦须有得力处耳。'又闻曰仁在告买田雪上,为诸友久聚之计,遗二诗慰之。"①

正德十三年戊寅(1518),授福建建宁推官。值宸濠反江西,阳明讨贼,建宁有分水关乃自江西入闽要道,季本请命镇守。驻守期间,季本多有率兵平乱。②

嘉靖初年壬午(1522),部考优等。

嘉靖二年癸未(1523),召入诣吏部试,作《五星聚营室上修德应天疏》,时吏部尚书乔公奇之,置为第一,授监察御史。未及一月,上疏救马明衡等,得罪贬揭阳主簿。在揭阳期间,兴修水利、桥梁多处,与同门薛侃举乡约,民咸受益。

嘉靖七年戊子(1528)二月,到南宁。《行状》记:"时新建伯奉命平思田,方驻军于梧,檄先生往议军务。至则思田平,移驻南宁。"③《阳明年谱》载:"七年戊子,先生五十七岁,在梧。二月,思田平。"④据此推测季本至广西当在二月左右。六月,季本主教南宁敷文书院,讲阳明心学。徐渭《行状》称:"南宁至今传新建

---

① ［明］王阳明:《年谱 一》,吴光、钱明、董平、姚延福编校:《王阳明全集(新编本)》第 4 册,第 1249 页。

② 季本镇守分水关遏宁王朱宸濠入闽之事被明季文人冯梦龙(1574—1646)改编后收入《智囊·上智部》,其曰:"季本初仕为建宁府推官,值宸濠反江西,王文成公方发兵讨之。而建有分水关,自江入闽道也。本请于所司,身往守之。会巡按御史某以科场事檄郡守与本并入。守以书趣本,本复书曰:'建宁所恃者,唯吾两人。兵家事在呼吸,而科场往返动计四旬。今江西胜负未可知,土寇生发叵测。微吾二人,其谁与守? 即幸而无事,当此之际,使试录列吾两人名,传播远迩,将以为不知所重,贻笑多矣。拒违按院之命,孰与误国家事哉!'守深服其言,竟不往。"［明］冯梦龙编著,栾保群、吕宗力校注:《智囊全集》,中华书局,2011 年,第 36 页。

③ ［明］徐渭:《师长沙公行状》,《徐渭集》第 2 册,第 645 页。

④ ［明］王阳明:《年谱 三》,吴光、钱明、董平、姚延福编校:《王阳明全集(新编本)》第 4 册,第 1323 页。

学,大抵先生功也。"①《阳明年谱》载:"六月,兴南宁学校。先生谓:'理学不明,人心陷溺,是以士习日偷,风教不振。'日与各学顺生朝夕开讲,已觉渐有奋发之志。又恐穷乡僻邑,不能身至其地,委原任监察御史降合浦县丞陈逅主教灵山诸县,原任监察御史降揭阳县主簿季本主教敷文书院。"②年底阳明移师广东,先生亦归揭阳。

嘉靖八年乙丑(1529)夏,擢知弋阳。

嘉靖十年辛卯(1531),擢苏州同知。八日,擢南京礼部仪制司郎中。时同门多聚南京,讲学日盛。

嘉靖十一年壬辰(1532),受同门邹东廓事牵连,出为辰州通判。讲学辰阳书院。郡多火,先生为立赏令,民争相救火,不为患。

嘉靖十五年丙申(1536),擢吉安同知,以暇日聚徒讲学青原山,忧时将学者多习于慈湖之说,以自然为宗。先生惧失师门宗旨,因为《龙惕书》,以辩其疑。

嘉靖十七年戊戌(1538),擢长沙知府。豪家强宗苦其治,肆为诋诬,先生竟以考去。计在长沙凡两年。

其后二十三年,穷九边,考索古史旧迹,与同门切磋交游,著书课徒。弟子有徐渭、陈昌积、钱楩等。季本执礼严谨,虽至皓首,事伯兄问膳视寝出告反告一如孩童时。

嘉靖癸亥(1563)四月二十九日,卒,享年七十九岁。以故疾革

---

① ［明］徐渭:《师长沙公行状》,《徐渭集》第2册,第645页。

② ［明］王阳明:《年谱 三》,吴光、钱明、董平、姚延福编校:《王阳明全集(新编本)》第4册,第1328页。

之日，犹进门人讲易于榻。诸子泣请遗嘱，曰："读书而已"；问家事，笑而不答。

十二月，葬于会稽之横山里。

二、季本学术

季本自称"余少师黄轝子"。[①] 黄轝子本为季本同乡中的方外人士，据季本《阳明之学由王思舆发端》文，黄轝子（即王思舆）弘治中即对朱子之学不满，后与阳明交游。季本入阳明门下，黄轝子应有居中介绍。正德八年，阳明先生还越，季本往学称弟子。在阳明众多弟子当中，季本以解经来阐发并捍卫阳明学说最为著名。众所周知，阳明对待经典一贯有"六经者非他，吾心之常道也"之态度，故而季本与阳明在为学观念上实有不同。大体来讲，季本一生专注于解经大约有以下几个原因：

（一）以注书、解经为个人学术旨趣

季本一生表现出浓厚的注书、解经等知识性兴趣，这与王门发明良知的主要路径不太一致。季本在考取乡试和会试之间十几年的家居时期，"未尝一日释卷。每读一书，辄欲究其始终。或有疑义，即不惮远求博访，随其人而师之。上自圣经，下逮星历、度数、地理、兵农之学，亦必究极精微"。[②] 晚年失去官身后，"归则载书，

---

① ［明］季本：《季彭山先生文集》卷三，《北京图书馆古籍珍本丛刊》第 106 册，书目文献出版社，1988 年，第 896 页。

② ［明］徐渭：《师长沙公行状》，《徐渭集》第 2 册，第 644 页；张元忭等在《绍兴府志》中谈及季本此一时期读书经历时有言："弱冠举于乡，寻丁父母忧，自是家居者十二年，未尝一日释卷，于书无所不读，每读一书，必竟其颠末乃已。"参看萧良干修、张元忭等纂，李能成点校：《万历〈绍兴府志〉点校本》，宁波出版社，2012 年，第 821 页。

携诸子,就居诸禅室,诵读其中。而先生手自校雠,迄昼夜寒暑无间者,凡二十三年"。① 读书、解经可谓是季本伸展自家学问的重要内容。

当然,季本解经的进路并不为阳明和同门所赞同。嘉靖五年,阳明在给季本的回信中针对他提出的经文解释,即指出:

> 圣贤垂训,固有书不尽言,言不尽意者。凡看经书,要在致吾之良知,取其有益于学而已。则千经万典,颠倒纵横,皆为我之所用。一涉拘执比拟,则反为所缚。虽或特见妙诣,开发之益一时不无,而意必之见流注潜伏,盖有反为良知之障蔽而不自知觉者矣。②

面对老师的批评,季本虽知千圣相传只是良知,却依然坚持在良知的磨砺肯认过程中,不能忽视经典的知识性意义。与此同时,季本注释经典,并不是单纯泥古,而是主张以注释经典来发明本心。在此意义上,季本与阳明并无歧义,如他在《易学四同》和《蓍法别传》等书中明确坚持:

> 大要以己意近发师说,远会圣心,节解贯穿,悉归于一而后已。其有不合者,辄握管终日以相角,非特经义理道已也,虽典章政令之出于古,为今人所不及见者,有乖于理,先生悉

① ［明］徐渭:《师长沙公行状》,《徐渭集》第 2 册,第 647 页。
② ［明］王阳明:《答季明德》,吴光、钱明、董平、姚延福编校:《王阳明全集(新编本)》第 1 册,第 228 页。

备扫除之,必出于己,归于一,而后已。①

（二）希望用注解经典的方式拴缚住当时王门弟子飘忽的论学话语

王门论学多有奇谈诡谲之论和飘忽不实之言,对于此等病症,早在正德九年,阳明就已亲自指出"学者渐有流入空虚,为脱落新奇之论"。弟子中有此病症,实与阳明本人为学特点和讲学方式有关。众所周知,阳明讲学特重简易直接,强调发明本心,自致良知,曾言千经万典皆为吾心之载籍。然而,面对同样之经文,不同之人却有差别各异之解释,哪种解释会更接近经典的真实含义呢? 对此种问题,阳明在世时尚可以居中裁决,及其身后,虽有王龙溪、钱德洪、邹东廓等人辨正,但是却不能消弭辩论四起之局面。出现这种情况,一方面固然与王门学者解释经典的创造活力有关,另一方面亦不免与个别弟子另立宗旨、申发己说有直接关系。

季本正是看到阳明之学面临着被分解的危险,所以提出回归经典文本,通过解经的方式守护阳明所揭示的良知之学。季本回归经典之努力,一方面可以保证良知话语不会脱离经典流于无根化和碎片化,另一方面可以保持阳明弟子讲学当以经典为基准,从而维持学派的正统性和凝聚力。弟子徐渭盛赞其苦心而诗云:"见猎能无喜,为渔却忘筌,经生休错认,郑氏老虫笺。"②又云:"死因双宿去,生为六经来。绕瑟飞春水,传灯暗夜台。"③如此看来,季

① ［明］徐渭:《师长沙公行状》,《徐渭集》第 2 册,第 647—648 页。
② ［明］徐渭:《季长沙公哀辞二首》之二,《徐渭集》第 1 册,第 180—181 页。
③ ［明］徐渭:《季长沙公哀辞二首》之一,同上书,第 180 页。

本注解经典并未脱离阳明心学之法脉。

不过,季本通过解经来维护师说的行为却遭到同门的一些批评,欧阳德曾言:

> 吾丈讲经,本是发明此学,使人知所用力,惩忿窒欲,迁善改过,日进于道,非但为经书添注脚,立新论,以资学者谈说,助其文词已也。……然吾丈于经义……然则精神之所流注,恐未免习心根据其中,将有潜滋密蔓,为廓然大公之累而不自觉者,亦未可以小小疵病而不之察也。吾丈临政处事,光明磊落,自是学力所到。至于时以才气智识揉和,未能纯是性灵作用,或亦缘此。①

(三)希望阐明经典以救时病

季本看到王门学者流于师心自用者甚多,尝自醒曰:"时讲学者多习余慈湖之说,以自然为宗,惧其失良知本旨,因为龙惕说以挽其敝,识者谓其有功于师门。"②故而季本以申发《易经》之奥义,著有《龙惕书》,从而提出:"圣人之学止是以龙状心也。夫龙之为物,以警惕而主变化者也。警惕者,主宰惺惺之谓也。因动而见,故曰警惕。能警惕则当变而变,当化而化,不滞于迹,不见其踪,此非龙德之自然乎?吾心刚健之象、天命之不能已者正如此。"③可

---

①　[明]欧阳德:《答季彭山》之二,陈永革编校整理:《欧阳德集》,凤凰出版社,2007年,第78—79页。

②　[明]徐渭:《先师彭山先生小传》,《徐渭集》第2册,第629页。

③　[明]季本:《与杨月山龙惕书》,朱湘钰点校、钟彩钧校订:《四书私存》,台湾"中研院"中国文哲所,2013年,第652页。

以看出,季本提出"龙惕说"完全是为了回应宋儒杨慈湖之学在同门中造成的不良影响,他在自序中说道:

> 既而慈湖杨氏之书出,先师以其顺性命之理,无所勉强,谓其得心体之本然,偶有取焉,一时门人多习其说,语及学问率主自然,而勉强工夫辄为费力,则若自然无与于工夫者。呜呼!此岂先师之本教哉? 余惧自然之流于无节也,则为龙惕书以明乾乾之义。①

众所周知,杨慈湖为象山高弟,其学问宗旨为"不起意"工夫。阳明在《传习录》中曾经批评其学问:"杨慈湖不为无见,又着在无声无臭上见了。"②当然,阳明对慈湖之学问持一种批判继承的态度。从季本的叙述中,可以看出他所批判的对象实际上是误读慈湖之学的同门。在季本看来,慈湖之学强调为学主于自然本体,从而缺乏对后天为学工夫之努力,其弊端是使得学人之工夫放荡而缺乏检束。对此,弟子徐渭在为季本之学辩护时说:

> 讲良知者盈海内,人人得而闻也,后生者起,不以良知无不知,而以所知无不良,或有杂于见,起随便之心而概以为天则。先生作《龙惕书》,大约论佛子以水镜喻心,圣人以龙德象乾,龙体警惕,天命健行,君子戒惧。是以惟圣学为精,察于欲

---

① [明]季本:《龙惕书自序》,同上书,第 650 页。
② [明]王阳明:《语录 三》,吴光、钱明、董平、姚延福编校:《王阳明全集(新编本)》第 1 册,第 228 页。

与理。若水鉴，无主宰，任物形，使人习懒偷安，或放肆而不可
收拾。①

此观点与黄宗羲在《明儒学案》中批评王龙溪"在师门之旨，不
能无毫厘之差"，"悬崖撒手，非师门宗旨所可系缚"的说法近乎一
致。对季本《龙惕书》中的主要观点，阳明高弟对他的问题意识展
开了激烈的辩难，季本与同门的主要争论集中在两点上：

首先，在同门看来，季本批评以"随便之心"为"自然"固然有
错，但是过于看重"戒慎恐惧"之地位，则不免陷入"意""必"的境
地。邹东廓云："执事忧近时学者失自然宗旨，流于物欲，特揭龙德
之警惕变化以箴砭之，可谓良工苦心矣！"②又云："承谕误认自然
之说，具见新功。古之君子虚己取善，浩浩若沧溟之纳百川，百川
日夜宗之而不能外，由此其选也。警惕变化、自然变化，其旨初无
不同者。不警惕，不足以言自然；不自然，不足以言警惕。警惕而
不自然，其失也滞；自然而不警惕，其失也荡。"③

对于季本取"以龙状心"，而非取以水喻心，王龙溪回应说：

丈云"今之论心者，当以龙而不以镜，惟水亦然"云云。夫
人心与物无对，无方体，无穷极，难于名状。圣人欲揭以示人，
不得已取诸譬喻，初非可以泥而比论也。水镜之喻，未为尽
非。无情之照，因物显象，应而皆实，过而不留，自妍自丑，自

---

① ［明］徐渭：《奉赠师季先生序》，《徐渭集》，第515页。
② ［明］邹守益：《复季彭山使君》，董平编校整理：《邹守益集》，凤凰出版社，
2007年，第518页。
③ ［明］邹守益：《再简季彭山》，同上书，第519页。

去自来,水镜无与焉。盖自然之所为,未尝有欲,圣人以无欲应世,经纶裁制之道,虽至于位天地,育万物,其中和性情、本源机括,不过如此而已。着虚之见,本非是学……只此着,便是欲,失其自然,圣人未尝有此也。①

当然,在同门中,欧阳德对季本所指的问题,初期颇有同情式的赞同之词:"敝府多有志之士,然讲习既久,似有以见解为实际者……东廓诸兄相与切磋与下,执事倡之于上,多士之幸,吾道之庆也。"②至《龙惕书》出,则指其矫枉过正,从而对季本提出毫不客气的批评,他在嘉靖戊戌至乙巳的书信中说:

　　承示《惕龙》诸说,仅读一二过,诸生转相传观,并其本亡之。尊意虑今之为学沦于空寂,甚盛惠也。夫良知常寂常感,无为而无不为。沦空执有,要皆失真,虑之诚是也。第未知执事盖常沦于决漭虚荡,识其病而亟反之,故为是诚耶? 抑亦逆料其必至于是,而预诚之也? 今之学士,仆未见其能尽除情欲之累,而入于空寂者也。若其诞荡不羁,则是志未笃切,纵恣自是,恐未可以此为沦虚之似。至于执有而不化者,则居然可见矣。执事其何以救之?③

---

①　[明]王畿:《答季彭山龙镜书》,吴震编校整理:《王畿集》,凤凰出版社,2007年,第211页。

②　[明]欧阳德:《寄季彭山》之一(嘉靖乙未至丁酉期间),陈永革编校整理:《欧阳德集》,第61页。

③　[明]欧阳德:《答季彭山》之一,陈永革编校整理:《欧阳德集》,第78页。

其次,同门多认为季本过于看重心之"主宰"的感应义,由此导致"主宰"即是病。茫荡而缺乏检束虽非自然,然而操切之心如无事生非,更失心体之虚寂。薛侃在《答季彭山》中云:"承示论学数书,皆深切有味。中间'思可以言感,不可以言寂',似觉未一……感者寂之用,譬则烛之照。知照与明分拆不得,则知感与寂亦分拆不得矣。"①依薛侃之见,季本之学实际上使心体之"感"与"寂"一分为二,处于割裂状态。对此问题,王龙溪在《答季彭山龙镜书》中亦云:

> 《易》道宗原,恐未可如是分疏也。夫学当以自然为宗,警惕者,自然之用。戒谨恐惧,未尝致纤毫力,有所恐惧则便不得其正,此正入门下手工夫。乾乾不息、终始互根,竭力而不以为劳,省力而不以为息,道并行而不相悖也。②

> 圣人学者本无二学,本体工夫亦非二事。圣人自然无欲,是即本体便是工夫,学者寡欲以至于无,是做工夫求复本体。故虽生知安行,兼修之功未尝废困勉;虽困知勉行,所性之体未尝不生而安也。舍工夫而谈本体,谓之虚见,虚则罔矣。外本体而论工夫,谓之二法,二则支矣。此在吾人自思得之,非可以口舌争也。③

总之,季本的"龙惕说"在王门后学中引起了多方争论,徐渭在

---

① ［明］薛侃:《答季彭山》,陈椰编校整理:《薛侃集》,上海古籍出版社,2014 年,第 333 页。
② ［明］王畿:《答季彭山龙镜书》,吴震编校整理:《王畿集》,第 212 页。
③ ［明］王畿:《答季彭山龙镜书》,吴震编校整理:《王畿集》,第 212 页。

《师长沙公行状》中记载："诸同志稍不以为然，则遗书江之邹、聂，暨乡之钱、王四先生，再三往复而说未定，先生亦自信其说不为动，久之诸先生者亦多是之。"①从王学后来的发展看，季彭山的"药方"未必对症，但诊断确实切中要害，因此黄宗羲对《龙惕书》评价甚高，他称：

　　故先生最著者为《龙惕》一书，谓"今之论心者，当以龙而不以镜，龙之为物，以警惕而主变化者也。理自内出，镜之照自外来，无所裁制，一归自然。自然是主宰之无滞，曷常以此为先哉？"龙溪云："学当以自然为宗，警惕者，自然之用，戒慎恐惧未尝致纤毫之力，有所恐惧便不得其正矣。"东廓云："警惕变化，自然变化，其旨初无不同者，不警惕不足以言自然，不自然不足以言警惕，警惕而不自然，其失也滞，自然而不警惕，其失也荡。"先生终自信其说，不为所动。②

三、季本的著作

　　关于季本的著作，《明史》《明儒学案》《行状》和《会稽县志》均有记载，并且著录情况大体一致。

　　《明史·艺文志》中录有：易类：《易学四同》八卷、《图文余辨》一卷、《蓍法别传》一卷、《古易辨》一卷；诗类：《诗说解颐》八卷、《总论》二卷；礼类：《读礼疑图》六卷；乐类：《乐律纂要》一卷、《律

---

① ［明］徐渭：《师长沙公行状》，《徐渭集》第2册，第647页。
② ［清］黄宗羲：《明儒学案》（上册），中华书局，2010年，第272页。

吕别书》一卷；春秋类：《春秋私考》三十卷；四书类：《四书私存》三
十七卷；五行类：《蓍法别传》二卷。

　　黄宗羲在《明儒学案》中提到季本的著作时说到："所著有《易
学四同》《诗说解颐》《春秋私考》《四书私存》《说理汇编》《读礼疑
图》《孔孟图谱》《庙制考义》《乐律纂要》《律吕别书》《蓍法别传》，总
百二十卷。"①

　　徐渭的《师长沙公行状》曰："所著书为《庙制考义》《春秋私考》
《读礼疑图》《四书私存》《孔子图谱》《乐律纂要》《律吕别书》《蓍法
别传》《说理会编》《诗说解颐》《易学四同》，凡十一种，为卷百有
二十。"②

　　张元忭《会稽县志》载："所著书凡十种：《庙制考义》《春秋私
考》《读礼疑图》《四书私存》《孔孟图谱》《乐律纂要》《律吕别书》《蓍
法别传》《说理汇编》《诗说解颐》《易学四同》，为言数百余万，悉破
故出新，卒归于自得。"

　　实际上，季本著作还有《季彭山先生文集》四卷和《龙惕书》。

　　现就季本著作版本情况作一个简单扼要的说明：

　　一、《孔孟事迹图谱》四卷。今存明嘉靖三十三年童汉臣刻
本，书前有王慎中嘉靖甲寅秋九月朔所作的"孔孟事迹图谱序"。
卷一为"孔子事迹图谱论"；卷二为"孔子事迹图谱"；卷三为"孟子
事迹图谱论"；卷四为"孟子事迹图谱"。《四库全书总目·孔孟事
迹图谱四卷》提要曰："于孔孟事实颇有考核，如云孔子未尝至楚见
昭王，孟子先至齐而后梁。此一二条皆有所见。然其余大抵习闻

---

　①　［清］黄宗羲著：《明儒学案》（上册），第 272 页。
　②　［明］徐渭：《师长沙公行状》，《徐渭集》第 2 册，第 647 页。

者多。"

二、《诗说解颐》四十卷。总论二卷,正释三十卷,字义八卷。今存两种版本。

一为哈佛大学燕京图书馆藏明嘉靖四十一年胡宗宪刻本。此版第一卷总论前"首编"较四库本丰富,主要包括胡宗宪"序"、季本"序"(嘉靖丁巳,1557)、目录、附录四部分。胡宗宪"序"于嘉靖庚申(1560)称:"是书也,距邪说,正人心。上发先儒所未明,下有裨于后学者哉。吾读之,解颐焉,因为之刻。刻成而请序,遂序之。"表明此书第一次刊刻应该在庚申(1560)前后由胡宗宪刻印,卷一首又有季本嘉靖壬戌(1562)冬所作"诗说解颐总论引","附录"列举了参考书目,包括"释诗先儒姓目""旁引正义书目"两节。此版每卷首均有"后学绍兴季本辑抄""门人某地某某校正"字样,显示其所据应为季本和弟子誊写的书稿。

另一为《四库全书》本,收入《钦定四库全书·经部三》,分为两种,总论二卷和正释三十卷为一种,字义八卷单列为一种。前者书前缀四库馆臣提要;每卷篇名下有"明季本撰";总论前有季本"序"和"诗说解颐总论引"。

三、《庙制考义》不分卷。今存嘉靖二十五年(1546)刻本。本书前有王龙溪作序,落款为"嘉靖丙午岁秋八月既望东浙龙溪王畿汝中甫书"。《庙制考义》指出尽管"宗庙之制,议者纷纭,讫无定见",然而"圣人制庙祀有三大义焉,亲亲也,尊尊也,贤贤也"。纲领既明,"是书总论凡七义,附录七十七图",申明自古以来宗庙祭祀次第。

四、《说理会编》十六卷,今存明冯继科刻本,书前有季本所写的《说理会编序》,序云:"圣人之学所以尽性。尽性之功,谨独而已。"又说：

　　著书者，言语之见于文字者也。使其为文果知一贯，亦不过子贡之支流耳，而何足以语圣功哉？阳明先师谓后世著述揣摩失真，是戒人之以著述乱正学也。本在门下实亲闻之，曷敢不谨师传哉？顾岁月因循，耄已将及。而同门之士传布先师之学，殆遍天下，说辞之善，无以加焉。然默成如颜渊诸贤，盖不多见。为说既长，或乖经典，则听者不能无疑于义之未精矣。窃独惧焉，故述此编。①

　　《四库提要》以为该书"仿《近思录》而作"，"其意盖拟守仁于濂、洛"。书分类十二，先之以性理、圣功，继之以实践、贤才，经义等，卷十六为"诸儒"，首以文中子；次以周濂溪、二程，次以邵康节、司马光、张横渠；次以朱子、象山，而以阳明作结。该书最后一篇《阳明之学由王思舆发端》言王思舆（黄犨子）早与阳明相契，末句"其后黄犨子殁，阳明先师方讲良知之学，人多非议之，叹曰：'使黄犨子在，于吾言必相契矣。'"盖亦季本自期。

　　五、《易学四同》八卷。季本以师门体用不二为宗旨，"千圣相传只此心"，提出伏羲、文王、周公、孔子四圣于《易》有增益，故《易》有图、象、彖、爻、辞，然而"千圣一心，岂有异学哉？"②因言天地自然之《易》、伏羲之《易》、文王周公之《易》、孔子之《易》，虽有时事之

---

　　① ［明］季本：《说理会编序》，《四库全书存目丛书·子部》第 9 册，齐鲁书社，1995 年，第 253 页。
　　② ［明］季本：《易学四同序》，《四库全书存目丛书·经部》第 3 册，齐鲁书社，1997 年，第 368 页。

不同,而不违如一,故名"四同"。今存明嘉靖四十年刻本,《续修四库》丛书收录。

六、《易学四同别录》四卷(附于《易学四同》八卷后),今存明嘉靖四十年刻本,《续修四库》丛书收录。《四库存目》经部第3册收据北京图书馆天津图书馆藏明嘉靖四十年刻本影印本,缺前两卷。

《易学四同别录》包括两书:卷一、卷二为《图文余辩》内外篇;卷三、卷四为《蓍法别传》内外篇。《易学四同别录》所收《图文余辩》《蓍法别传》各自为书,均为前有序言,分为内外篇,《别录》后有嘉靖三十九年季丑百跋。二书互为佐证,如《易学四同别录》卷三"来卦八图"末云"详见《图文余辩》内篇伏羲八卦次序图下"。季本在《易学四同序》末说:"而别为《图文余辩》《蓍法别传》各分内外篇,为四卷以附其后。"[①]说明《别录》四卷与《易学四同》为一体,以《四同》为主,辨明"不能外天地之理以为易","三圣之易,其揆则一"。而以易图、蓍法委辅,列入《别录》。季本在《图文余辩序》中解释题名:"图文者,易中图书之文也;余辩者,辩先儒说图未尽之意也。"书以九图为内篇,而以不系于九图而自成一家之言者,如龙马真象图、太极图等为外篇。明儒论《易》多及图文,如季本的同门薛中离,后之万廷言、黄宗羲等。盖由明儒不认可先儒解《易》,必反本溯源以求《易》之本源,而以河图、洛书为"天地自然之《易》",是以必辨明图文。

七、《四书私存》三十七卷,附录《龙惕书》一卷。存国家图书

---

① ［明］季本:《易学四同序》,《四库全书存目丛书・经部》第3册,齐鲁书社,1997年,第368页。

馆林氏朴学斋藏本。前有季本嘉靖癸卯序,已于 2013 年经朱湘钰点校,钟彩钧校订,由台湾"中央研究院"中国文哲研究所出版。

八、《读礼疑图》六卷,收入《四库存目》丛书。书前有"嘉靖戊申岁秋八月既望会稽季本序"。季本认为:"先王之政所以行,不忍人之心也。观会通以行典礼节文,斯而已矣。其道岂难知哉?予读三《礼》,谓其先秦古书具载先王成法,然而驳杂支离,多相牴牾,推寻凑合,只觉难通。"①因此,读三《礼》,而作《疑图》。"书凡六卷,其前三卷,疑图具在,见《礼》意焉;其后三卷,则上叙孟子之言以明本原,下评历代之事以备参考云。"

九、《春秋私考》三十六卷。季本年少即以通《春秋》,"补郡学生",年十七以《春秋》中乡试第三名,深得座主杨月湖器重。晚年更深入九边,考索故河旧道、古史旧迹,注《春秋》。

十、《乐律纂要》,会稽季本纂,南充王廷校,存嘉靖十八年宋楫重校刊本,收入《续修四库》《四库存目》丛书。书尾注有"长沙府善化县学教谕门人钱塘宋楫重校刊"。前有南充王廷嘉靖己亥叙,次以季本嘉靖己亥序,书后有长沙熊宇后序。季本序称少有志于礼乐,读宋人蔡元定《律吕新书》不得,弘治乙丑请教于章枫山,推究而为《律吕笺法》,受到座主杨月湖高度肯定,并全文纪入《月湖净稿》。季本本人于书并不满意,修订去繁成约名之《乐律纂要》,置于箧笥。二十年后,嘉靖十八年己亥守长沙,副手王廷善乐,见此书,以为"足以发明西山蔡氏之学",遂刊刻。

---

① ［明］季本:《读礼疑图序》,《四库全书存目丛书·经部》第 81 册,齐鲁书社,1997 年,第 586 页。

十一、《季彭山先生文集》四卷,收在《北京图书馆古籍珍本丛刊》第 106 集,书目文献出版社 1988 年出版,字迹较为模糊。

十二、《律吕别书》一卷,《四库存目》丛书收有明嘉靖间李有则刻本。

《欧阳德文集》的版本及整理现状

王传龙

一、欧阳德生平学行简述

　　欧阳德(1496—1554),字崇一,号南野,江西吉安府泰和县人。嘉靖二年(1523)癸未科二甲进士出身,授南直隶庐州府六安州知州。值朝廷选士大夫有文行者以置翰林,欧阳德因荐改授翰林院编修,任经筵展书。嘉靖十年(1531)秋,行人司司正薛侃上书请建皇储,触犯帝讳,欧阳德因事先与闻此事,被牵连逮系诏狱,后获释。嘉靖十七年(1538),转太仆寺少卿,两年后改南京鸿胪寺卿,值父丧归。服除后,留养其母,不复出,与邹守益、罗洪先等人聚讲于青原梅陂之上。嘉靖二十八年(1549),改吏部左侍郎,兼翰林院学士,掌詹事府事,充《大明会典》副总裁,教授庶吉士。三十一年(1552)召拜礼部尚书,议二王建储、婚礼及康妃丧仪,持论中正,时忤上意。嘉靖三十三年(1554)卒,赠太子少保,谥文庄。

　　欧阳德于正德十二年(1517)从学王阳明于赣州,时已中举,而阳明犹呼之“小秀才”,欧阳德欣欣恭命。欧阳德当时在门人中年齿最少,而阳明深器之,凡语来学者必曰“先与崇一论之”。欧阳德终生服膺并宣讲王阳明的"致良知"学说,初任六安州知州时,即建龙津书院广开学风。任南京国子司业时,日进诸生诲以治心修身之学,闻风来者至不能容,乃辟斋宇延接环列以听。居家又以讲学为事,日与邹守益、聂豹、罗洪先等讲论,从学者甚众。京师灵济宫之会,欧阳德与聂豹、徐阶、程文德为主盟,学徒云集至千人,其盛为数百年所未有,乃至"士咸知诵致良知之说,而称南野门人者半天下,即阳明无以加也"。

欧阳德的思想,大抵本阳明所教而立言,创新之功少,守成之功多,而宣扬、捍卫之力尤巨。欧阳德认为,良知即本心之真诚恻怛,不学而能、不虑而知者,而人为私意所蔽,不能念念皆此,故须用格致之功。物无方体,知无方体,格致之功亦无方体。天地万物之理,本皆良知之用。君子无时无物不致其知,语默如是,动静如是,学问、思辨无不如是,故无时非行,无物非行,而无时无物非知矣,是故知行合一、体用无二。良知全体大用,并无动静、先后之殊。动而不动于欲,则得其本体之静。格物所以致我之知,亲民所以明我之德,于自己的本性并无内外之分。概言之,欧阳德之所谓良知,以知是、知非之独知为据,其体无时不发,非未感以前别有未发之时。若人有向道之心,却俗心炽盛,不能念念致其良知,其病源在于未有真志。志立则道不外求,种种毁誉利害、得失荣辱之事,一切可忧可惧、可惊可愕之变,皆能不蔽己心,然后可以任重道远。

欧阳德生平之重要文献,皆收入门人王宗沐汇编的《欧阳南野先生文集》中,其中内集十卷为讲学之文,外集六卷为应制及章奏案牍之文,别集十四卷为应俗之诗文。欧阳德以讲学为事,凡所与人往复书信、赠言、别序,无时无刻不忘弘扬阳明学说,故内集十卷是其一生学术精神所聚,黄宗羲《明儒学案》所选"南野论学书"即由内集而出。外集十卷,可睹欧阳德一生宦迹沉浮,凡宗藩典礼、东宫仪注、祭祀盛典、妃嫔丧仪,均不卑不亢,持论中正,不屈从于上位者之喜怒。别集十四卷,虽为应俗之诗文,亦复中正典雅,雍容端庄,有馆阁才士之英气。明清两代延续欧阳德之学术血脉,此书居功甚伟。

二、欧阳德文集的版本源流

《欧阳南野先生文集》三十卷的版本源流,相对而言较为复杂,自《四库全书存目丛书》开始,所标注已有差错,此后各大图书馆的标注率沿用之,多标作嘉靖三十七年(1558)梁汝魁刻本,间或作嘉靖三十六年(1557)王宗沐刻本,承讹沿误,由来已久。造成这一错误的原因,大致有三条:一是《欧阳南野先生文集》的版本存世不多,不少图书馆所藏为残本,自难考证确切;二是台湾"国家图书馆"所藏本,卷首以梁汝魁序开头,此后紧接为王宗沐序,而国内各图书馆所藏皆无梁汝魁序,而以王宗沐序开头,故国内图书馆大多以"台湾本"为全本,而据此标注为梁汝魁本,例如《明别集版本志》,在"欧阳南野先生文集三十卷"条下,也仅标有梁汝魁本,而不及其他版本;[①]三是截至目前,有兴趣或实际上曾对此书进行版本源流考证的学者尚不多见。

笔者今所考见《欧阳南野先生文集》之版本,共有四种,列举

---

①　崔建英辑订、贾卫民、李晓亚参订:《明别集版本志》,中华书局,2006年,第750—751页。

如下：

　　第一种以北京大学所藏编号 LX3528 为代表，姑名之为"北大甲本"，此本在所有版本中为最早。其特征为卷首无梁汝魁序，有王宗沐序、徐南金序（按，王宗沐序已残，但徐南金序自第四页开始，经与各本核对，知卷首原应有三页之王宗沐序），卷末无冯惟讷后序。此本的特征为：目录卷十的末篇篇名为"策"，小注为"庚戌会试程文"，卷二十三有《瑞云楼记》一文，卷二十九有《赠吕和卿太史》一文，全书以《元相介翁一品五考》为最末一篇。

　　第二种以《四库全书存目丛书》所影印底本、国图藏编号09129 为代表，姑名之为"国图甲本"，北大所藏另一本编号 SB/817.64/7772 与此相同。此本《四库全书存目丛书》标注为梁汝魁本，实为标注错误，而在所有版本中为最晚。其卷首无梁汝魁序，有王宗沐序、徐南金序，卷末无冯惟讷后序。此本当为北大甲本的原板后刷增订本。与北大甲本相比，其特征为目录卷三末尾增多《寄贡玄略》一篇，为保证行格一致，故合并《答周以介》《寄李汝贞》两篇，以双行小字的方式放在同一栏内。实际正文中在《寄贡玄略》后还增多《答郭平川》一篇，但因目录中无空栏，故未录入此篇名。目录卷四末尾又增多《寄李子实》一篇，为保证行格一致，合并《答雷古和》《答刘华峰》两篇，以双行小字放在同一栏内。增补的篇目还不仅如此，卷二十一末增多《碧江刘氏谱序》一篇，卷二十三末增多《通津桥记》一篇，卷二十四末增多《胡祖母蔡氏孺人墓志铭》一篇，卷二十五增多《梅轩罗翁墓志铭》一篇，卷二十七增多《林背先茔碑》一篇。除增入篇目外，国图甲本还对北大甲本的部分篇目进行了抽换或次序调整：将卷二十三的《瑞云楼记》抽换为《瑞金县重修城隍庙记》；将卷二十九的《赠吕和卿太史》替换为《房母李氏挽诗》《寿京兆戴公七十》《廷尉石泉潘公北召》《荣寿为周正郎题》四篇，并将《赠吕和卿太史》移至全书最末。另外，国图甲本目录卷二十九有《天真书院祭阳明先生》篇目并以小字注明"文缺"，正文卷十《林平泉赠言》又因增补条目而产生了严重的错版现象，此种情形为其所仅有。

国图甲本沿用了北大甲本的板片，除字体相符外，其余证据也颇多：原北大甲本的板裂状况，在国图甲本中仍然存在（如卷二十五第一页、卷二十九第十六页之板裂），而国图甲本又增多了不少新的板裂；目录卷十六下诸篇，北大甲本多以小字标注年月，而国图甲本将年月悉数删掉，《贺长至疏》下却余"己月"两字未删干净；国图甲本凡所增补篇目，皆为新板片刻印，字体风格与原刻有明显差异。此外，国图甲本在刷印之时，对北大甲本正文中的错误多所厘正，而改用双行小字订补错漏。如卷一第四页第八行，北大甲本作"故动无动，精而无静"，国图甲本更改为"故动而无动，静而无静"，"而无"作二小字，占据了原来"无"字的位置。这种状况颇多，如卷二第三十七页，卷七第十六页，卷九第七页，卷十五第十一、三十页，卷二十第九页，卷二十一第十七、十八页，卷二十二第二十一、三十二、三十五页，卷二十四第九、十四页，卷二十七第二十一页等，也都出现了类似的双行小字挖改现象。又，国图甲本目录卷十的末篇篇名为"性学策"，小注为"庚戌程文"，与北大甲本不同。

第三种以台湾"国家图书馆"所藏本为代表，姑名之为"台湾本"，此本为真正梁汝魁关中刊本。卷首有梁汝魁序、王宗沐序，无徐南金序，卷末有冯惟讷后序。其特征为篇目与北大甲本接近，国图甲本所增补抽换篇目、双行小字订补皆无，正文末页有"商州知州张应时督刊"字样。台湾本并非据北大甲本、国图甲本之板片再刷印，而是覆刻新板，字体虽然非常相似，乃至接近影刻，但细考则有明显差别。如目录卷一后欧阳绍庆的跋语，其中"等"字上面两点，北大甲本、国图甲本皆左偏，而台湾版则右偏。其目录卷十的末篇篇名为"策"，小注为"庚戌会试程文"，与北大甲本相同，而与国图甲本不同。此外，目录卷三《寄刘晴川》一篇，台湾本讹为《寄刘晴用》；北大甲本目录卷二十三《瑞云楼记》处（国图甲本替换为《瑞金县重修城隍庙记》），台湾版为空白，无篇名。

　　第四种以北京国图藏编号 17568 为代表，经笔者考证，实际上为一杂配之本。其首册为介于北大甲本与国图甲本之间一版本，姑名之为"国图乙本"，而末册则以台湾本相配。足以证明其为配本的依据如下：首册卷首无梁汝魁序，有王宗沐序、徐南金序，而末册末尾则有"商州知州张应时督刊"字样及冯惟讷后序，但目录卷三《寄刘晴川》并未如台湾本错为《寄刘晴用》；目录卷二十九的抽换状况与国图甲本相同，亦将《赠吕和卿太史》一篇移至全书最末，但正文与目录不相符合，而以《元相介翁一品五考》为最末一篇，与台湾本相同；第一册卷一第四页第八行已出现双行小字挖补状况，而卷七第十六页、卷九第七页等，却又无小字挖补。凡此种种，皆可知其实为以某未知版本与台湾本杂配之本，并非原貌。将国图乙本确定为介于北大甲本与国图甲本之间一版本，除上述三条理由外，还有如下依据：目录卷十末篇为"性学策"，小注为"庚戌程文"，与国图甲本相同，而与北大甲本、台湾本不同；卷二十九的抽换状况与国图甲本相同，但卷三、卷四的增补状况却与国图甲本不同，而维持了北大甲本的原貌；目录卷六《家书抄》后，跋语的文字以"呜呼"开头，与国图甲本相同，而与北大甲本不同。凡此种种，皆可见国图乙本对北大甲本进行了增订，但增订之处却不如国图甲本完备。

综合诸本差异情形,可将《欧阳南野先生文集》的版本源流状况厘清如下:北大甲本为最早本,即王宗沐、徐南金刻本,刊刻时间约在嘉靖三十六年(1557)。此后国图乙本、国图甲本依次据原板片再刷印,并对北大甲本中的错误或遗漏篇目进行了挖改和增补,个别篇目(如《瑞云楼记》)还进行了抽换。台湾本为真正嘉靖三十七年(1558)梁汝魁关中刊本,实为据北大甲本而重刊本,板片与前三者并非同一源流。台湾本篇目与北大甲本基本一致,而于国图乙本、甲本先后增缺改漏处皆未吸取,可知其刊刻时间当比后两者再次刷印时为早。若按刊刻(刷印)时间排序,当为北大甲本、台湾本、国图乙本、国图甲本。实际上,台湾本刊刻时间仅比北大甲本晚一年,这样的先后顺序也是顺理成章的。

三、《欧阳德集》标点本整理指瑕

笔者由于研究的需要,对陈永革先生编校整理的《欧阳德集》(《阳明后学文献丛书》,凤凰出版社,2007 年)一书进行了阅读比勘,结果发现此书在版本标识、标点断句、文字校勘等方面出现了数量庞大、种类繁多的各类错误,略加统计已不下一千余处。学术乃天下公器,故此笔者不揣冒昧,就所见所闻,将已发现之错讹分类举例如下,希望对未来的古籍整理出版工作能有些微帮助。若行文中有指瑜为瑕、颠倒黑白之处,尚祈方家予以斧正。

《欧阳德集》整理时所依据的底本系《欧阳南野先生文集》三十卷,据陈永革先生《编校说明》中声称,为"《四库全书存目丛书》集部所收者，即为北京大学图书馆所藏之明嘉靖三十七年梁汝魁刻本，但有缺页或字迹模糊之处"。① 实际上，《四库全书存目丛书》所收《欧阳南野先生文集》三十卷所采用的底本，明确标注为"北京图书馆藏明嘉靖三十七年梁汝魁刻本"，即今国家图书馆所藏，而非北京大学图书馆所藏。经笔者核对，确认《四库全书存目丛书》所标注藏地无误。此外，陈先生还认为今国家图书馆、北京大学图书馆、中科院图书馆、故宫博物院图书馆、上海图书馆、山西省图书馆、安徽省图书馆、江西省图书馆所藏皆为同一刻本，即明嘉靖三十七年梁汝魁刻本，这一结论也并非正确，盖未曾深考而泛泛言之。

（一）内容遗漏

古籍整理要达到所谓"网罗宏富、搜辑完备"的程度，除了要投入相当大的热情和精力，还要在处理材料时小心审慎，才能真正做到尽善尽美。遗憾的是，陈先生《欧阳德集》的整理工作，距此程度尚相去甚远。

因版本源流不清，故底本所抽换的《瑞云楼记》，虽实为欧阳德作品，而未能据以补入。书末附录历代刊本序跋，而独不见梁汝魁序及冯惟讷后序（此二序台湾本皆存，国图乙本存后序，且《国立中央图书馆善本序跋集录》一书曾收入此两篇释文）。此外，卷七《送刘晴川北上序》一文，底本原缺一页，陈先生据上图藏本补入，本为一件美事，但却补至"晴川何以药我"为止，遗漏自"晴川擢虞部郎北上"至"其亦有以异乎"约半页，共计一百八十三字。

又，底本卷十《林平原赠言》一文，存在重复错板现象，陈先生

---

① 陈永革：《欧阳德集·编校说明》，凤凰出版社，2007年，第4页。

根据《欧阳南野先生文选》进行了增补改动。按，陈先生所采用之《欧阳南野先生文选》为《欧阳南野先生文集》的四卷选本，其中收录有《林平原赠言》一文，文中涉及语录共计十八条，陈先生在增补时遗漏了"独乐不若与人乐"开头的一条，共计八十四字。另，这种根据选本而改动文集正本的做法也值得商榷。北大甲本尚存在此篇原貌，据此可考知，选本《林平原赠言》中收录的十八条语录，实将北大甲本中《林平泉赠言》《王汝文赠言》二文中的语录合并为一。若据选本以改动文集，《王汝文赠言》一文中将无一条语录，则文中所谓"述予赠言商之"一语就落到了空处。笔者认为，似应依据北大甲本而恢复文集旧貌为是。

（二）难句未标点

标点整理古书，责任重大而工作繁琐，如遇难句，往往推敲良久，方能标点准确无误。然断不可因为遭遇难句，而干脆不予标点，此种做法实非学者沾溉后人之宜。兹举《欧阳德集》中未标点处若干例，以倡勤勉之风（所标页码，均为《欧阳德集》原书页码，凤凰出版社，2007年，下同）：①

P363，"祖训有六世以下世授奉国中尉之文孙女则县君之号至于曾玄"

按，此二十六字未标点。

P508，"啧啧以为吉人繁祉邑后进数十百辈盖所谓幸私淑

---

① 由于涉及错误数量巨大，篇幅所限，下文所引仅是选取部分代表性错误。

而藉以自壮者相率,登堂称寿"

按,此句中前二十九字未标点,"相率"当连下句为读。

> P726,"或曰上之知公也旧闻曩时尝语大学士桂公云此非欧阳修裔耶而梓宫之役以罪受简以为不借誉左右荩臣也是以有少宰之擢谓公尽命殉国衰老非所宜言上曰……公行无乃已遽且钧轴大臣投谒以别将无谓公少望先生曰事君捐糜为期……"

按,此前后九十六字未标点。

（三）未核引用文字而致误

古人著作中多见引用前贤文字,要求古籍整理者用心查考、细核原文。尤其是古人明确注明引用之文,若能克服怠懒而翻检原书,自可避免误断,此是工作态度认真与否,与学力水平关涉不大。兹举古人明引,然整理者未核原文而误断者五例,其暗引而未能标出者为数更甚,此不能遍举,仅示一斑:

> P184,"孟子'言不学而能'者,其良能不虑而知者,其良知皆以学属能,以问辨、思索属知"

按,此处所引《孟子》原文为:"不学而能者,其良能;不虑而知者,其良知。"

> P314,"故诗曰:'无曰不显,莫予云靓。神之格思,不可度

思。'矧可射思？言不显……"

按，引《诗经》原文不全，当截至"言不显"之前。

（四）文字臆猜、擅改及留缺

如整理者所言，所采用的底本（《四库全书存目丛书》集部所收者）确有缺页或字迹模糊之处。但遇板片漫漶之处，本应以他本对勘而确定模糊之字，以复古人之旧，绝不应臆猜其为某某而擅加改动，更不应该因懒于核对而干脆留缺。兹举其未核对版本而留缺、致误者数例，以提请后来者留心：

P265，"文丞相文山尝问府于汀"

按，底本漫漶，"问府"实为"开督府"三字，盖整理者懒于对勘他本而臆猜。

P529，"曰：信矣，或□□□□□□之者欤"

按，底本漫漶，实为"曰白坡公殆有訾"七字。

P607，"心诚斯一，而以奸恶不作……"

按，"而以"实为"而虚"，当连上句为读。因底本漫漶而臆猜。

P608，"民欢言微公吾属□□□矣"

按,底本漫漶,缺文实为"妻子虏"三字。此句标点亦误,"欢言"后为民之言论,当加双引号。"微公"后应补逗号。

P617,"书其姓名若版,时邑里科第以章往诏来者也"

按,"版"实为"岁"字,因底本漫漶而臆猜。断句亦误,"若岁"当连下句为读。

P644,"生始稼"

按,"始"实为"怡",因底本漫漶而臆猜,人名因而致误。

P647,"予既魋经子所称"

按,整理者此处有注云:"魋原作'伟',今改。"此纯系擅改。原文作"伟",意为赞美经子所描述的车御史事迹,整理者无版本依据而擅改为"魋",变成了认为门人经子的描述真实,句意为之一滞。

P624—625《重修通津桥记》一篇,亦有三处底本漫漶,整理者皆留缺,并注明"上海图书馆藏本无此篇"。盖此篇因上图参校本无,而懒于核对其他藏本,其余篇目则为上图本虽有而懒于对勘者矣。

(五)因漏字而影响句意者

个别虚字或无关字遗漏,虽然难称完美,但毕竟不影响读者理解句意,贤者难免,似尚有可宥之处。但关键词若遗漏,则影响整句之理解,切勿漠不关心,轻轻放过。兹仅举因误字而严重影响句

意者数例,漏字而句意差别不大者尚不在其列:

P58,"倘患出意外,几不可测,直欲亲征"

按,"直欲"后漏一"止"字。本意为谏止皇帝亲征,漏此字而句意乖谬。

P349,"转行彼处巡按御史发落"

按,"巡按御史"后遗漏"提究有无受贿扶同等情问拟应得罪名照例"十八字,案例程序为之不全。

P772,"耆年命尽,何悲"

按,"何悲"前漏"如母"二字。本谓刘孺人自己或不悲伤,因漏字而句意不清。且祭文本为骈体,漏此二字而四六句式亦已不洽。

（六）误字而影响句意者

古籍整理,应力求避免字形错讹,但偶有输入错误者,人情所致,在所难免。但若错字满眼,书价为之减半。兹仅举因误字而严重影响句意者数例,误字而句意差别不大者尚不在其列:

P12,"致知之学,传至孔门"

按,"至"实为"自"字。此字误而源、流相淆矣。

P157,"或生于愤激而假以自觉"

按,"自觉"实为"自宽"。此字误而句意相反。

P158,"……得友如执事,学日益进,何时一遂倾竭耶? 学
无顿渐,慎独为要;根无上下,善友为良"

按,"如执事"实为"知执事",应连下句为读,谓得知对方学问
日益增进。此字误而变成自己自吹自擂矣。"善友"实为"善反",
此字误而句意大变。善反谓善于反省,即后文所谓"昔人五十而知
昨非"之意,此处并非指善于择友。

（七）不明官职、地名、人名、史事等致误

古人行文所述史事及所用专有术语,今人若不能博览广识、留
心稽考,贸然下笔标点,难免错漏百出。兹仅举因不明固定词语而
误断者数例,以见触目惊心之状:

P249,"祠二程,配以鲁斋钧,迩伊洛。鲁斋钧,密产也,有
辟邪之功焉"

按,文中"钧"指钧州。本为祭祀二程,以鲁斋配享,因钧州与
伊洛相近。文中"钧"字皆当连下为读。

P260,"是役也,御史觉山洪君垣允、学谕陈九逵之请,出
赎金百两为费……"

按，明御史洪垣，号觉山，非洪垣允。下文为"允……之请"句式。

> P265，"宜如古者，释莱先师"

按，"释菜"为古代入学时祭祀先圣先师的一种典礼，非"释莱"。

> P502，"百里奚爵禄不入于心，故能事秦穆三置；晋君一救荆祸，显名于诸侯"

按，百里奚事秦穆公，"三置晋君、一救荆祸"为其事迹。整理者于史事不明，故张冠李戴，标点乖谬失当。

（八）不解句意而误断

此类指句中并无固定词语、专有术语，全句亦无佶屈聱牙之处，本为浅显平易之句而因整理者不察其意而误断者。此类错误数量庞大，兹举因误断而致句意有误者数例，仅语气不畅而句意不误者尚不在其列：

> P234，"夫人神智交，物斯感而动，动斯变，变斯化"

按，当作"夫人神智交物，斯感而动……"。古人应无"隔空移物"之特异功能。

> P249，"夫儒学失真，犹之曰儒，居之为淫祠矣……"

按，"儒居"不当点断。因文中涉及之儒堂，一度被废为道宫，故称"儒居之为淫祠"。

> P276，"诚则具体而微，故形形则微，而显故著明则浑融，脱落无方无体。故动变化积累之渐……"

按，当作"诚则具体而微，故形；形则微而显，故著；明则浑融脱落、无方无体，故动、变、化。积累之渐……"。此句本《中庸》"诚则形，形则著，著则明，明则动，动则变，变则化"而立论。

《欧阳德集》整理过程中所出现之错误，尚远不止以上所述。如陈永革卷首《编校说明》，既云"欧阳德（一四九六——一五五四）"，又称"嘉靖三十四年（一五五五），欧阳德改建杭州天真书院仰止祠，明确表示了王阳明的推崇之意。嘉靖四十二年（一五六三），参与了《王阳明年谱》的最后编订工作"，不但有欧阳德卒后近十年之事迹，而"王阳明的推崇之意"前亦缺少一个介词，不成句子。笔者相信，对于古人思想学术之研究，必以对古代典籍的正确理解为基础，从这个意义上说，一部错误率较少的古籍，对于当前相关学术研究的意义不可谓不重。

据悉，《阳明后学文献丛书》的其余书目还在继续整理出版中，笔者衷心希望后来的整理者能对诸如此类的问题加以留心，以更严谨务实的态度，精心标点，认真校勘，以期为后世子孙留下一笔丰厚的文化遗产。

《王文成公全书》刊行与
王阳明从祀争议的意义

朱鸿林

一、引　言

　　阳明学说在中国思想史上的特色和阳明事功在明代政治史上的突出地位,向来是学者周知和乐道之事。阳明在这两方面的成就,不仅使他个人光辉史册,也令学术与事功结合这一儒家理想,更为后人所称述向往。可是,当具体的个人成就变成了抽象的众人理想时,众人的理想也便往往美化或简化了具体的个人。这即是说,后人认识及议论前人,往往只就其人的结局着眼,因而忽视甚至无视结局前的言行历程。以王守仁(1472—1529)而言,尽管明代人对他的言行看法不一,并且遗下为数可观的争议,现代一般人却只会或只能单纯地认识阳明是个伟大的人物。这种情形,显示了伟人们可以事指和可以名称的成就,往往能不期然而然地使人们造成伟人等于完人的偏差观感。自然这和伟人们本身无关,而是仰慕称述伟人们的后人之事。也可以说,这既是个历史的现象,也是个史学的问题。阳明学说和事功所给予后人的印象,正好为这个历史和史学的双重问题作说例。

"知行合一"和"致良知"是伟大的学说,平宁藩和平藤峡又是动人的功绩,阳明的结局既然如此不朽,后人对阳明的认识,便很容易走上公式化一途。近数十年来论述阳明的文字,除了适应政治要求而肆意攻击的一类外,大部分都可说是伟人即是完人这一公式的注脚。所谓此亦一公式,彼亦一公式,无怪说阳明学说的精粗或事功的优劣的不少,说阳明实际行事经过的不多,说明朝尚盛时士大夫对阳明的看法的更少。本文拟借隆庆、万历间明朝内外官员对阳明从祀孔庙一案所发的不同议论,以见时人对阳明个人学行的各种看法,同时检讨这些议论的含意,使历史的真相尽量得以还原。至于阳明学说的纯疵和阳明事功的高下,则非措意所在。

明廷从祀阳明的典礼,实际上到了万历十二年(1584)才正式举行,但在万历二年时,已大致决定了予以从祀。隆庆、万历之交的两年中(1572—1573),参与辩论阳明从祀的朝臣为数甚多,他们所发的议论各执一词,赞成与反对其事的双方形成明显的壁垒。在这两年中,杭州和南京二地先后又有刻刊《王文成公全书》的事,而编刊《全书》的人,又实际参与了朝中从祀的争议。可见阳明《全书》问世和阳明从祀庙议两者之间,存着了相当的关系。这个关系向来未受注意,所以不只当时议论的真相不见于一般的研究文字,即使《王文成公全书》这一重要书籍的编刊者,也没有适当的传记可考,连带《全书》二次刻刊的年份,也未正确地著录于权威性的书目中。我们唯有把这一连串相关的问题解决了,才能看出上述那个关系的真相,从而得以较全面地去了解当时人们对阳明的实际看法。

二、从祀阳明历程的开端

　　万历十二年十一月，王阳明正式入祀学宫，成为朝廷敕定的真儒。[①] 此时距离阳明逝世，已经超过半个世纪，而这项殊荣的获得，极不容易。尽管阳明在世时门徒众盛，勋业昭著，阳明一旦逝世，世宗入桂萼（1531 年卒）等所奏，不但没有如例给予应有的追封赠谥等恤典，反而下诏停止已封的世袭新建伯爵位。直至穆宗即位，由于廷臣追颂他的功劳，才又诏赠新建侯，赐谥文成。到了隆庆二年，又予世袭伯爵，并命其子正亿实袭，阳明身后的政治声誉才真正恢复。[②]

　　请求从祀阳明的努力，与恢复阳明爵禄的事一样，同在隆庆初年出现。可是进展并不顺利，即使王门名人徐阶（1503—1583）尚居首辅之时，也没生效。[③] 事实上，直到隆庆元年五月高拱（1512—1578）罢相后，[④]若干朝臣所提出从祀明代名臣的建议，才能正式进行讨论。当时议请的情况，大致如下：首先有给事中赵釴（嘉靖二十三年〔1544〕进士）、御史周弘祖（嘉靖三十八年〔1559〕

<hr>

　　① 《明神宗实录》(台北："中研院"历史语言研究所，1966 年)卷一一五，页 2865—2868，万历十二年十一月庚寅条。

　　② 《明史》(北京：中华书局，1974 年)卷一九五，页 5168—5169，王守仁本传。参看 L. Carrington Goodrich and Chaoying Fang, eds., *Dictionary of Ming Biography*, *1368‑1644* (New York: Columbia University Press, 1976), p.1415；《明穆宗实录》(台北："中研院"历史语言研究所，1966 年)卷七，页 218，隆庆元年四月甲寅条；卷二五，页 696，隆庆二年十月壬寅条。

　　③ 参看《明史》卷二一三，页 5631—5637，徐阶本传；*Dictionary of Ming Biography*, p.570.

　　④ 《明穆宗实录》卷八，页 235，隆庆元年五月丁丑条。

进士）请祀薛瑄（1389—1464），和御史耿定向（1524—1596）请祀王守仁。元年六月礼部奉命会议二疏，结果请求没有通过。薛瑄的情况，礼部回奏引世宗所言："谓公论久而后明，宜俟将来。"至于阳明，礼部则说"世代稍近，恐众论不一"，因请翰林院詹事府左右春坊及国子监儒臣"广谘博讨，撰议进览，仍下本部会官集议，以俟圣断"，穆宗"是之"。① 是年十月，户科给事中魏时亮（嘉靖三十八年〔1559〕进士）请将薛瑄、陈献章（1428—1500）、王守仁并祀，"章下礼部议"。②《实录》没有记载这前后二事覆议的结果，而再请从祀的奏疏，要到三十三个月以后的隆庆四年中才出现。在此期间，隆庆二年七月徐阶致仕，三年十二月高拱再度入阁为首辅。③

请祀阳明的事，徐阶致仕后，渐见不利，到了高拱再度回朝，情势更趋恶劣。高拱对于官员会聚讲学的事，向不赞成，对于阳明的学说，也不见得信服。在他再度执政的两年半中（到六年六月再度罢官为止），除了五年九月下诏从祀薛瑄一事外，④中外官员再没有请祀明臣的纪录。相反的，四年三月朝廷却从礼科给事中胡价（嘉靖四十一年〔1562〕进士）所请，禁止督学御史聚徒讲学。⑤ 史家谈迁（1594—1658）指出，此事是因针对徐阶提倡讲学所造成的后果而发。由于官员群效置社讲学，导致"舍官守而语玄虚，薄事功而课名理"的现象，所以他认为这项特殊的禁讲学，实有"敦崇实

① 《明穆宗实录》，卷九，页 261，隆庆元年六月丁未条。
② 同上书，卷一三，页 358，隆庆元年十月丙申条。
③ 参看《明史》卷二一三，页 5638，高拱本传。
④ 《明穆宗实录》卷六一，页 1484，隆庆五年九月戊辰条。
⑤ 同上书，卷四三，页 1075，隆庆四年三月庚午条。

行"的美意。① 高拱不但禁止宪臣讲学,还借题禁止奏疏繁词。四
年七月,"刑部右侍郎游居敬(1509—1571)请以宋罗从彦(1072—
1135)、李侗(1093—1163)从祀孔庙,时方禁章奏繁词,而居敬累数
百言,上以犯明禁,命夺俸三月"。② 游居敬所奏请的,既是名贤从
祀的大事,理必详陈名贤的功德学术,"繁词"势所难免,而且也是
自然和必要的事,所以"犯明禁"只是托词,禁请从祀才是底因。这
个"禁章奏繁词"的命令,和此后两年中没有请祀的事实明显有关,
可说是王门中人或为阳明请命的人的克星。游居敬事件发生后的
第四个月,王门在廷的唯一大员、大学士署都察院事的赵贞吉
(1508—1576),也在与高拱忿争不胜的局面中致仕,③可以赞议阳
明从祀的实力,至此可说全部消失。

　　隆庆五年九月,有诏薛瑄从祀孔庙,成为真儒。"真儒"一词,
是当时议请从祀的奏疏中的重要常用语,④真儒与从祀有着直接
的因果关系,所以朝廷这次从祀薛瑄的决定,不啻是说阳明及其他
被举从祀的并非真儒。王门中人及崇拜王学的人的不满、不甘和
不服,自是情理中事,但他们除了坐待时机以卷土重来之外,又做
了些什么积极而有建设性的事呢? 他们做的可能很多,甚至可能
包括导致高拱垮台的事,但与从祀阳明最有关和最值得注意的,却

---

　　① 谈迁《国榷》(北京:古籍出版社,1958 年)卷六六,页 4128。按:《国榷》胡价作
胡槚,疑误。

　　② 《明穆宗实录》卷四七,页 1192,隆庆四年七月癸巳条。

　　③ 同上书,卷五一,页 1279,隆庆四年十一月乙酉条。按:高拱、赵贞吉之哄,与
争是年京察官员去留一事尤其有关,事见同书卷五〇,页 1265,隆庆四年十月壬戌条。
参看 *Dictionary of Ming Biography*, p.120,《赵贞吉传》。

　　④ 上引《明穆宗实录》卷九,页 261,隆庆元年六月丁未条,给事中魏时亮奏中所
见,即其显例。

是谢廷杰编刊《王文成公全书》一事。

三、《王文成公全书》编刊者谢廷杰的事略

谢廷杰不只编辑《王文成公全书》,实际上还参与此书于隆庆六年在杭州和万历元年在南京的刻刊工作。单凭这项汇集传播王学文献的贡献,他也理应在当时和后世的阳明学界中占有一席之地。然而有关他的事迹的记载,竟然意外稀少,甚至连《明人传记资料索引》一书,①对他也未能有所引载。他是江西新建人,但明清两代的江西省府县志,却未存有他的传记。② 明人所辑比较重要的本朝人物传记碑志集中,也没见到他的传记。《八十九种明代传记综合引得》所列及的唯一资料,③出于万历末年的《兰台法鉴录》,该录所载谢氏传记,只有六十三字。从这点资料,不但无法知道谢氏的生卒年份,连他的别字也举不出来。④ 其实《国朝列卿纪》也有关于他的记载,可惜只得三十七字,⑤所载也没有超过《兰台法鉴录》的范围。另外,《嘉靖三十八年会试录》记载他出身县学生,以《书经》中会试第一百六名。⑥ 这些记载对于谢氏的学行宦

① 台北:"中央图书馆"编印,1965—1966 年。

② 山根幸夫等编:《日本现存明代地方志传记索引稿》(东京:东洋文库,1964年),不见其名。康熙十九年(1680)序刊杨周宪纂《新建县志》亦无传记。

③ 北平:哈佛燕京学社编印,1935 年。

④ 何出光(万历十一年〔1583〕进士)纂:《兰台法鉴录》(国家图书馆藏万历四十年〔1612〕序刊原本微卷)卷一八,页 1 上。

⑤ 雷礼(1505—1581)纂:《国朝列卿纪》(台北:成文出版社〔影印万历二十年(1592)后刻本〕,1970 年)卷九七,页 7 下。按:此书雷礼始创,其子雷溁瀛、孙雷条续加补修。

⑥ 李玑等编(台北:学生书局〔影印原刊本,1969 年〕),页 20 下。

业均无发明。只有隆庆一朝(尤其五年起)的《明穆宗实录》和万历二年四月前的《明神宗实录》记录了不少关于他任转迁调的情况,并节录了他所上的若干奏疏,使我们还可略见他在隆、万之交四年中的在官活动。此外,徐阶《王文成公全书序》中,也有一些称扬他的概括性描述。下文便是参稽上列各种资料,略述谢氏的仕历和宦迹,至于他与疏请从祀阳明及编刊阳明《全书》直接相关的事,也将在以下各节随文说明。

谢廷杰,字宗圣,江西新建人,县学生。嘉靖三十四年(1555)举人。① 三十八年(1559)以《书经》会试中式,成进士。② 隆庆元年(1567)考选科道,由工部主事改浙江道监察御史。③ 次年督理屯马。④ 五年七八月间,出任浙江巡按。明年七八月间回道,⑤九月奉差提调南直隶学政。⑥ 至万历二年三月,入升大理寺右寺丞,⑦本年六月降沂州判官。⑧ 此后任职情况《实录》再无记载。《沂州志》亦无有关记载,⑨可能根本没有上任。他的宦历从此结束。根

---

①　谢氏中举年份,见清赵之谦等纂光绪七年(1881)刊《江西通志》卷三〇,页 22下(选举表中)。谢氏别字,见徐阶所撰《王文成公全书序》中。

②　李玑等编(台北:学生书局〔影印原刊本,1969 年〕),页 20 下。

③　《明穆宗实录》卷一四,页 398—399,隆庆元年十一月癸酉条。

④　《兰台法鉴录》卷一八,页 1 上。

⑤　此职任命日期,《明穆宗实录》失载。按:明制御史出巡按,例一年回道,见《大明会典》(台北:东南书报社〔影印万历间刊本〕,1964 年)卷二一〇,页 2 上。据《明神宗实录》(卷三,页 102),下任浙江巡按命下于隆庆六年七月辛丑,故知谢氏出任浙按,当约前此一年。徐阶撰《王文成公全书序》中,亦谓谢氏隆庆壬申(六年)在浙。

⑥　《明神宗实录》卷五,页 202,隆庆六年九月辛亥条。

⑦　同上书,卷二三,页 595,万历二年三月甲申条。

⑧　此事《明神宗实录》失载。文见上引《兰台法鉴录》。《国朝列卿纪》载事在六月,惟不注降调地为沂州。

⑨　徐汝冀等纂:《沂州志》,万历四十七年(1619)序刊本。按此志载州判官甚悉,惟万历四年(1676)前任者,均未见到,未审何故。

据科试被他取录的万历二年状元无锡孙继皋（1550—1610）所说，谢廷杰"被谗下迁，又十五年而卒"，卒后未能及时成葬。可知他卒于万历十六年(1588)，家境落拓，不是巧宦之辈。①

谢廷杰外降之故，已无可考，但以《实录》所载看，他无疑是个能干和肯任事的巡按御史。隆庆五年冬至六年春间，朝廷曾批准过他三封有所请求的奏疏。第一封批准于五年十二月，所请的是旌表余姚烈妇李氏。原疏中并说："天下贞烈之妇，如此类者不少，只因近来有司拘守簿书，反视风教为末务，以故闺阃懿行，在在沦没，宜申明旧例，令各处搜举以闻。"礼部覆议后，上奏从其所请。② 第二封批准于六年二月，所请的是"罢客兵以恤疲省，练主兵以济实用"，说的是蓟镇征调浙兵，引起北边他镇效尤，也请浙兵，造成浙江地方经济及治安上的不良后果，因请他省不得借口蓟镇，对浙兵再作征调。结果兵部认为所言合理，圣旨也同意所请。③ 第三封同年闰二月批下，所疏"勘报嘉靖三十四年以来御倭失事指挥张大本等，义士沈宏、沈惟明，及死贼节妇章氏等八人功罪死事状"。有诏罚赠俱行，"章氏等俱如拟旌表"。④ 廷杰在浙江巡按任上，又曾为被诬夺职的故刑部尚书毛恺申请宽恤复官，所请在六年十一月获准。⑤ 任期满时，又荐浙江境内人才十人。⑥ 同时又劾台金严

---

① 孙继皋：《宗伯集》(上海古籍出版社，1987 年〔《文渊阁四库全书》本〕)卷六，页83 上一下，《与徐泰和悍勿》。

② 《明穆宗实录》卷六四，页 1530，隆庆五年十二月壬辰条。

③ 同上书，卷六六，页 1590，隆庆六年二月庚子条。

④ 同上书，卷六七，页 1619，隆庆六年闰二月丙子条。

⑤ 《明神宗实录》卷七，页 256，隆庆六年十一月乙未条。

⑥ 同上书，卷八，页 295，隆庆六年十二月壬申条。

(道)参将何自然柔懦,导致他被革职。[1] 并论劾浙江大员左布政使姚世熙和右布政使郭斗奸贪无能,导致前者被勒闲住,后者调简。还有一些府州县官,也因被他劾奏而"调改闲住降革"不等。[2]

对于请求崇祀地方先贤硕德等事,看来他也不遗余力,如巡按浙江时,便曾疏祀成化、弘治、正德三朝的著名儒臣章懋(1437—1522)于金华府正学祠。该疏隆庆六年十二月下礼部议。[3] 万历元年三月覆议从请,[4]次月批准正式入祀。[5] 更重要的,自然是他在同年五月疏请阳明从祀孔庙的行动。[6] 此疏所言,下文将有引述。谢氏从政事实,我们所能知的,大抵便只如此。

从政之外,他也曾刊印过一些书籍。除了《王文成公全书》外,他曾刊行过刘宗岱(嘉靖三十八年〔1559〕进士)所编的《两浙海防类编》。他本人的著作情况已不清楚,唯一知道的是,他曾补雷礼(1505—1581)所编的《国朝列卿年表》,并加以刊印。[7]

从他编刻《王文成公全书》到疏请阳明从祀一事看来,谢廷杰不独是阳明学说的信徒,也是衷心仰慕阳明成就的后学。这样一个与阳明从祀极具关系的人物,事迹学行竟然未为时人所道,以至

---

[1]　《明神宗实录》,卷八,页 310,隆庆六年十二月己卯条。
[2]　同上书,卷八,页 310,隆庆六年十二月庚辰条。
[3]　同上书,卷八,页 296,隆庆六年十二月癸酉条。
[4]　同上书,卷一一,页 366,万历元年三月乙酉条。
[5]　同上书,卷一二,页 385,万历元年四月癸丑条。
[6]　同上书,卷一三,页 425,万历元年五月戊戌条。
[7]　谢氏与《两浙海防类编》《国朝列卿年表》二书刊刻事,分见 Wolfgang Franke, *An Introduction to the Sources of Ming History* (Kuala Lumpur: University of Malaya Press, 1968), pp.225, 84. 按:北京中国国家图书馆藏善本《国朝列卿年表》,但题谢廷杰校,不云其补。日本内阁文库藏同书(编号 9179),所补处有如 Franke 所述,但亦不题谢为编者,Franke 所记本,笔者未及见,信其必有所据而言。

后世湮没无闻，这与其说是一种遗憾，毋宁说是一种讽刺。

四、有关杭州本与应天本
《王文成公全书》的问题

　　据权威性书目所载，现存《王文成公全书》最早的两个本子是隆庆二年的郭朝宾杭州刊本和隆庆六年的谢廷杰应天府刊本，前者不题编者，后者题谢廷杰编辑。[①] 两本当中，杭州本流传甚少，应天本流传较广，《四部丛刊》据以缩印而成现在通行善本的"明隆庆刊本"（刊书印记所题），便是应天本。但事实上这两个年份都不正确。

　　把杭州和应天两本切实比勘后，[②]我们不难得出如下的结论：隆庆二年杭州根本没有刻印《王文成公全书》的事，杭州本其实刊于隆庆六年。应天本不可能刻于隆庆六年，而只能刻于万历元年。谢廷杰固然是应天本的编者，其实也是杭州本的编者。他不但直接负责应天本的刻刊工作，也参与了杭州本的刻印工作。这些结论，可从以下的考辨获得证实。

　　杭州和应天两本相同之处十分明显。第一，两者同为三十八卷，所收诗文的内容相同，其分集分卷以至目录也一样。第二，两本正文前均依次冠以隆庆二年十月十七日赠新建侯谥文成的制

---

　　① 《"中央图书馆"善本书目》（台北：中华丛书委员会，1958年），中册，甲编，4：123。王重民：《中国善本书提要》（上海古籍出版社，1983年），页582。

　　② 本文所用《王文成公全书》杭州本系据美国普林斯顿大学葛思德东方图书馆所藏原刊本，应天本则据《四部丛刊》缩印明原刊本。台北"中央图书馆"所藏二本原书概况，荷"中研院"张彬村博士代查惠告，谨此致谢。

诰、同样造型的阳明官服小像和文字相同的像赞五首。第三,在此之后,又接以同样次序排列的旧序五篇和《刻文录叙说》十三则。从这些相同之处,可见两本有依据关系,编辑同出一手。

两本相异之处也十分明显。除了板式、字体不同之外,重要的别异还有三处。第一,杭州本每册的首页,均列该册(各卷)原编次、辑录(或并有增辑)、校正(或作校阅)、考订(或并有增订)者人名,而应天本则但把这些人名分属"编辑文录姓氏"和"校阅文录姓氏"二类,列于"序说"之后。第二,应天本书前冠有写刻不署年月的徐阶撰《王文成公全书序》,而杭州本没有此序。第三,杭州本目录前有"刻王文成公全书姓氏总目"一表,共列浙江一省及杭州一府各级官员三十五名,而应天本目录前只有"汇集全书姓氏"一人和"督刻全书姓氏"三人。

这些带有职衔的官员姓名,便是断定这两本刻印时间的关键。由于应天本书前有序,又有"汇集全书"的编者题名,线索比较分明,我们可先予查究。此本所题编刻者衔名如下:

> 汇集全书姓氏:提督学校巡按直隶监察御史豫章谢廷杰。督刻全书姓氏:应天府推官太平周恪,上元县知县莆田林大黼,江宁县知县长阳李爵。

从这表上所题各官的职阶关系看,谢廷杰无疑也是下令刻印的人。谢廷杰出任南畿督学的命令,下于隆庆六年九月,上文已经提及;把赴任前的例行准备和赴任旅途所花的时间算上,他最早也要是年十月才能到南京履任,从而有编刻(其实只是发刻,原故详下)《全书》的事。但表中督刻者之一的林大黼,是万历元年(次年)才任官应天的，①所以隆庆六年根本便没有刊行此书的可能。表中三个督刻官员的各自职位任期何时结束，我们不得而知，从而没法确定此书至迟可在何时刊出。但廷议阳明从祀的事，既在隆庆六年已经开始，而谢廷杰却一直迟到万历元年五月才能正式疏请从祀阳明，可见他有重要的考虑，应天本因此极可能在他上疏前后不久刻成，以作奏疏所说的印证之用。

书目把应天本误作隆庆六年刻本，极可能是由于粗看书前徐阶撰序所致。徐阶序中与此书编刻年代及编者有关的文字如下：

> 隆庆壬申（六年）侍御史新建谢君奉命按浙，首修公祠，置田以供岁祀。已而阅公文，见所谓录（指《传习录》）若集（指《阳明文录、别录、外集、续编、年谱、世德纪》等），各自为书，惧夫四方之学者，或弗克尽读也，遂汇而寿诸梓，名曰全书，属阶序。……谢君名廷杰，字宗圣，其为政，崇节义，育人才，立保甲，厚风俗，动以公为师，盖非徒读公书者。

可见谢廷杰是首次汇编梓行《全书》的人，而编梓之事，最早只能发生于隆庆六年的浙江。序中没有提及谢氏任官南畿的事，也没有提及隆庆六年六月神宗登基的事，可见序作于隆庆六年的上半年，原为浙江（杭州）刊本而作，非为万历元年始能面世的应天本而作。

---

　　①　林大黼、周恪、李爵三名，分见万历二十年前后补刊王一化等纂《应天府志》（日本内阁文库藏明刊本）"职官表"，卷七，页3下；卷六，页12上；卷七，页6下。据表，林大黼系万历朝上元县首任知县，余二人均隆庆朝各自职位的最后任官。姚鼐等纂《重刊江宁府志》（光绪六年〔1880〕刊本）卷二六，页4上，及宋若霖等纂《兴化府莆田县志》（光绪五年〔1879〕刊本）卷二四，页52下，二书林大黼传均明注其知上元县为万历元年事。

书目作者可能只看到序中有隆庆六年汇梓之文，没有同时详看书内已题谢氏南畿新职而序中只提谢氏浙江旧任的矛盾，因而便把应天本订为隆庆六年所刊。

杭州本不刊于隆庆二年而刊于隆庆六年，最重要的直接根据还是该本所载的"刻王文成公全书姓氏总目"一表。此表共题三十五人，其中最醒目的，自然是"巡按浙江监察御史谢廷杰"一名。正如上文所考，谢氏隆庆五年秋始任浙江巡按，只凭这点，已足否定杭州本刊于隆庆二年之说。谢氏在这表上，排名第三，其前的是"钦差提督军务巡抚浙江等处地方都察院右副都御史户部左侍郎汶上郭朝宾"和"钦差提督军务巡抚浙江等处地方都察院右副都御史新昌邬琏"。据《明穆宗实录》所载，郭朝宾（嘉靖十四年〔1535〕进士）由顺天府府尹升任浙江巡抚，是隆庆五年三月的事，[1]升户部左侍郎，是同年十一月的事。[2] 邬琏（嘉靖二十三年〔1544〕进士）由应天府府尹升浙江巡抚，是同月郭朝宾新命下后五日的事。[3] 表中二人俱列，可见杭州本的刻刊，始于郭氏任中，成于邬氏任内，而谢廷杰曾与二人先后共事，二人列名于谢氏前，只是长官首衔的官场习惯，可知实际主持其事的，还是谢氏。杭州本刻成，最可能是隆庆六年秋天谢氏离浙前不久的事。这可从下列两点看出：表中有几个官员要晚到该年四月始有官浙的任命，其中最重要的是"浙江等处提刑按察使德化劳堪"。据《实录》所载，劳堪这个任命，是六年七月才下的。[4] 他能身抵任所，躬与梓书之

---

① 《明穆宗实录》卷五五，页1369，隆庆五年三月壬午条。
② 同上书，卷六三，页1521，隆庆五年十一月丙子条。
③ 同上书，卷六三，页1524，隆庆五年五月辛巳条。
④ 《明神宗实录》卷三，页77，隆庆六年四月己丑条。

役,至早也得是八月的事。从另一方面看,《实录》所载同年八月及九月任命的浙江大员,①姓名却不见于表中,可见《全书》刻成面世,最有可能的时间,便是隆庆六年的秋天。

书目误订杭州本刊年之故,也不难推知。首先,此本没载徐阶的原序(其故下文分析),所以看不到隆庆六年的线索。其次,书首有隆庆二年十月十七日的制诰,书末所载的数篇奏请阳明复爵的疏议,又没有后于隆庆二年十月二十七日的,再加上对刻书姓氏表的失究,隆庆二年便顺理成章地被当作刊书之年。还有一个足以贻误之处,便是此本和应天本不一样,没有明题汇集者的姓名,以致谢廷杰被疏忽了,书目作者因而也没想到把此本和应天本进行比勘。至于书目把杭州本题作郭朝宾所刊,那只是循官刊书籍题名的惯例而已。

徐阶应谢廷杰所请而写的序,不见于杭州本而见于后出的应天本,其故颇耐寻味。第一个可能是,《全书》刻成和谢氏离浙时,徐序还未到达,以故不及刊出。但这可能性极微,因为正如前述,徐序对神宗继位这件大事,连丝毫暗示也没有,可见序作于隆庆六年六月以前,亦即谢氏离浙数月之前。况且序文既为杭州本而作,即使谢氏已去,照理和照例也应刊登。另一可能是,由于该序只提谢廷杰一人对此书汇梓的功劳以及他在任的其他美绩,引起与事的浙江大员们的反感,因而反对以至不令杭州本把徐序刊出。又

---

① 《明神宗实录》卷四,页182,载隆庆六年八月癸未升山东兖州府知府程学博为浙江副使,及卷五,页185,载同年九月甲申升刑部陕西司郎中华汝砺为浙江副使。二人姓名均未见于刻书姓氏表中。

一可能则是,谢氏没有把这序授予杭州本的刻者。① 揆诸当日时情,最后这个原因可能最近情理,其故留在下段分析。但不管真正的原因怎样,正因此序不见刊于杭州本,谢氏另刻一本,便几乎成了不可避免之事。因为若非如此,他汇辑此书的贡献便无法为世所知,而且还可能辜负徐阶赐序的雅意,并错过把大人物序中对他的称许公之于世的机会。至于下刻出于应天,那只能算是事有巧合而已。

　　谢廷杰把徐阶为杭州本而写的序改置于应天本前的关键原因,其实牵涉到一些当时官场上的矛盾。谢氏与出现于杭州本刻书官员姓氏表上三个浙江地方最高级官员的关系,为我们提供了线索。这三个官员,第一个是巡抚新昌邹璀,在浙任期由隆庆五年十一月至六年八月。② 第二个是左布政使新添姚世熙(嘉靖二十九年〔1550〕进士),在浙任期由隆庆五年二月至六年四月(升太仆寺卿)。③ 第三个是右布政使升左布政使封丘郭斗(嘉靖三十二年〔1553〕进士),在浙任期由隆庆五年三月(六年四月升左)至六年十二月。④ 这三人都是谢廷杰巡按浙江任上的本省大员,但事实上姚世熙和郭斗却因被谢氏论劾而遭贬斥。姚氏先为谢所论而由已

---

　　① 尚有一可能,原刻本载此序而本文所据本脱去,故不见。但"中央图书馆"所藏本亦无此序,故此可能不大。

　　② 邹璀任期始末,见《明穆宗实录》卷六三,页1524,隆庆五年十一月辛巳条及《明神宗实录》卷四,页173,隆庆六年八月乙亥条。

　　③ 姚世熙初任及升转日期,见《明穆宗实录》卷五四,页1349,隆庆五年二月庚戌条,及卷六九,页1659,隆庆六年四月辛酉条。

　　④ 郭斗初任升任及调简日期,见《明穆宗实录》卷五五,页1355,隆庆五年三月癸亥条;卷六九,页1659,隆庆六年四月癸亥条,及《明神宗实录》卷八,页310,隆庆六年十二月庚辰条。

升的太仆寺卿降调外任,继以吏部所劾"奸贪无忌",被勒闲住。郭氏罪名未详,因论调简。① 邹璂也因被南京科道所劾,六年八月内被旨调南京别衙听用。② 杭州本的刻成,大约也在此时。邹璂被南京言路纠劾,是否也与谢廷杰有关,我们不得而知。但谢氏不愿把弘扬阳明著作的盛事和这些贪污无能的官吏扯上关系,却是大有可能的事。退一步说,即使他刻书意不在公,而纯为个人的宦程着想,和这些人联名也是大为不智的事。何况他汇辑此书的事实,刻本内也没有题称,和徐阶序中对他的肯定与称道并不配合。所以他有意持徐序不发的可能性最大,而他的用意也十分明白。

　　至于谢氏这样迅速地开刻应天本,是否出于寻求个人声誉之意,却是不易肯定的事。表彰往哲名贤,是在官者乐于从事的美政之一,第一部阳明全书在浙江刻刊,浙江藩臬的官员,也算与有荣焉。那么,何以应天本虽也由官费所刻,而任事的却只有三个地方小官?从上述谢氏任官的事略看来,个人虚荣似非应天本刻刊的动机。作为南畿督学御史,运用职权来使此书成刻,无疑只属小事,但此书之刻,竟没有得到南京当地任何同级或高级官员的参与或赞助,却是值得深思的大事。这点我们只得从各方时人对阳明的认识评价以及对阳明从祀问题所持态度等处去理解。

五、阳明从祀的再议

　　请以真儒从祀阳明的奏疏,直到隆庆六年六月神宗即位、高拱

---

① 《明神宗实录》卷八,页310,隆庆六年十二月庚辰条。
② 同上书,卷四,页173,隆庆六年八月乙亥条。

再罢后,才再见出现。第一道在该年十二月由礼科都给事中宗弘暹(嘉靖四十一年〔1562〕进士)所上,①是杭州本《王文成公全书》刊后数月的事。宗疏上后二日,上文提过的谢廷杰请祀章懋于金华府正学祠的奏疏,也到达朝廷。② 但次日又有候选训导侯贵疏提异议,说王守仁"学术不无醇疵,故词多诋伪学,而又以王安石《三经正义》比孔颖达《九经正义》,则议论不无差谬"。③ 三日之后,又有兵科给事中蔡汝贤(隆庆二年〔1568〕进士)请从祀宋儒罗从彦和李侗,所疏亦下礼部议。④ 可见阳明并非唯一被认为可以或应予从祀的真儒。

　　万历改元后,群贤从祀的争议更形激烈,与议诸臣的壁垒也更分明,以故一切有关奏疏虽循例下礼部议,而终此年却都没有产生决议。当时群议情形,大致如下:正月先有御史李颐(隆庆二年〔1568〕进士)请从祀胡居仁(1434—1484);⑤二月有江西巡抚徐栻(1519—1581)请祀阳明;⑥三月有兵科给事中赵思诚(嘉靖四十四年〔1565〕进士)请罢议阳明从祀,措辞激烈,至有阳明"叛道宣淫"之语;⑦五月有浙江道御史谢廷杰请从祀阳明(谢氏此时尚在南畿,似应天本《全书》亦在此时刊成);⑧同时南京福建道御史则请

---

①　《明神宗实录》卷八,页294,隆庆六年十二月辛未条。
②　同上书,卷八,页296,隆庆六年十二月癸酉条。
③　同上书,卷八,页297—300,隆庆六年十二月甲戌条。
④　同上书,卷八,页305,隆庆六年十二月丁丑条。
⑤　同上书,卷九,页319,万历元年一月己丑条。
⑥　同上书,卷一〇,页348,万历元年二月乙丑条。
⑦　同上书,卷一一,页366,万历元年三月乙酉条。
⑧　同上书,卷一三,页425,万历元年五月戊戌条。

罢从祀之议。① 众意不一,礼部只得"请翰林院等衙门撰进王守仁
应否从祀孔庙议",②但争论却仍不息。七月,首先有南京福建道
御史石槚(隆庆二年〔1568〕进士)上疏言阳明不当从祀。③ 此疏入
后九日,有诏"祀吴与弼、陈献章、胡居仁及元儒吴澄(1249—1333)
于各乡社"。④ 阳明一案,仍无着落,于是再过五日,又有户科给事
中赵参鲁(隆庆五年〔1571〕进士)争祀阳明之疏。⑤ 双方针锋相对
不已,显然易见。八月有兵科给事中萧崇业(隆庆五年〔1571〕进
士)条陈救时五事,第一事题曰"崇正学",⑥具体内容,《实录》未
载,但与从祀之争有关,甚为明显。同月又有礼科给事中石应岳
(隆庆五年〔1571〕进士)请从祀布衣陈真晟(1410—1473);礼部议
决,只准"建祠原籍祀之"。⑦ 万历元年争议从祀的最后一疏,是工
部办事进士邹德涵(1538—1581)于该年十一月所上,主从祀阳明。
疏中并说:"求无一诋訾之人,然后议祀,则当首乡原次孔子矣。"⑧
此疏虽照例下礼部议,疏中虽对阳明有可訾一点默作让步,但所请
仍无结果。

_____

① 《明神宗实录》卷一三,页426,万历元年五月戊戌条。按:《实录》此条引谢廷
杰请祀阳明议后,接言"已南京福建道御史又言,疏下礼部"。不但失载御史之名,其所
言属赞成抑反对词亦不明。查《实录》七月戊子条所载,此御史当为石槚,如其不然,亦
当为其南京同官,所言系反对之议。

② 同上书,卷一三,页432,万历元年五月庚子条。

③ 同上书,卷一五,页458,万历元年七月戊子条。

④ 同上书,卷一五,页464,万历元年七月丁酉条。

⑤ 同上书,卷一五,页469,万历元年七月壬寅条。

⑥ 同上书,卷一六,页473,万历元年八月壬子条。

⑦ 同上书,卷一六,页485,万历元年八月辛酉条。

⑧ 同上书,卷一九,页534—535,万历元年十一月甲申条。按:邹德涵系阳明高
弟邹守益(1491—1562)之孙,亦为耿定向弟定理之好友。其事略可参看 *Dictionary of
Ming Biography*, p.1310.

这场持续进行的争议，显示了争阳明从祀这一问题的政治性。从前述及上列事情中可以发现，直接上疏请从请罢的两京官员，几乎全是御史给事中之类的言官，比言官地位高的廷臣，全部没有公开表态，而表态的言官们，却又显然壁垒分明。这种让言官率先发难的方式，正是明代中期后在朝政争的典型手段。① 从上列各官员所持的异议看，似乎高拱派下的官员得势时，便有意借从祀阳明一事显示他们的能力，到了稍觉失势时，又想借此以示他们抵抗的意志。由于万历元年高拱派和反高拱派双方的势力还能保持一定程度上的均衡，从祀阳明一事也就自然不能有决定性的结果。至于不属两派的官员，自然也不愿公开参与这场内含派系斗争意味的议论了。这个情况，加上南京御史石槚公开反对阳明从祀一事，也正解释了何以谢廷杰在应天刻刊《王文成公全书》时，只有三员在他直接按部内的地方小官出名负责其事。这个看来不可思议的现象和这场进行得有如上述的从祀争议，也使我们看出，当时的学术之争，不可能也没有与当时的政治之争截然分开。

六、隆、万间人对阳明的认识及其意义

这场从祀的争议，让我们看出时人对阳明的学术事功看法不一，各自使用不同的手段支持或反对阳明的从祀，对儒者从祀孔庙的标准也有不同的认识。具体的情形，可透过与议的重要奏疏的分析而知。掀动争议的第一个奏疏，即隆庆元年耿定向所上的，最

---

①　明代言官监察巡按等职责外之在官活动，可参 Charles O. Hucker, *The Censorial System in Ming China* (Stanford: Stanford University Press, 1966), pp.235 - 254所述。但本文所述此事及此种政争手段，Hucker 书中均未言及。

为重要。此疏先肯定了阳明在政治上的成就,用如下的夸张之词来强调他的政治功绩:

> (武宗末年)天下骚动。江藩宸濠由此乘机窃发,谋危宗社,时非守仁在赣倡义擒灭,今日之域中,殆有不忍言者矣。此其功在国论章章较著,人所共明也。及宸濠既擒,太监张忠及许泰等,复又诱惑武宗,以亲征为名,巡幸南都,其实阴怀异志,欲逞不轨,时宗社之危,益如累卵矣。全赖守仁握兵上游,随机运变,各恶潜自震慑,武宗因得还京厚终,于以启先皇帝逮我皇上今日万世无疆之业。此其功甚巨而为力尤难,其迹则甚隐矣。①

这等于是说,没有阳明,宸濠之乱必不能平,宪宗一脉必断,明室可能分裂,甚至可能易代。没有阳明,武宗必不善终北京,世必别生一局,而世宗未必能入继大统。总之,穆宗所以克继世宗,实因阳明之能奠定宗社。疏文接着才肯定阳明的学术贡献,说:

> 至其倡明道术,默赞化理,未易言述。即据所著拔本塞源一论,开示人心,尤为明切。如使中外大小臣工,实是体究,则所以翊我皇上太平无疆之治者,尤非浅小。此其功则百千世可颂者也。②

---

① 此疏文载耿氏《耿天台先生文集》(万历二十六年〔1598〕刊本)卷二,页11上。万历十二年(1584)祀事最后集议时,耿氏复上一疏,见同书,卷二,页39上。
② 同上。

照耿氏的看法,阳明的军功,既已挽救明室免于崩溃,阳明的学术,又将有助明室的无边盛治,则从祀阳明,对明朝的统治者,只能有益无害。总而言之,阳明再造明室,理合从祀。

其实耿疏所举事迹,与史实甚有距离。耿对阳明在平定宸濠之乱中所占的重要性的估计,未免轻率。他说武宗在南京且有个人生命危险之事,尤属臆度;如果当时太监与佞幸们真的"欲逞不轨",握疲兵于千里上游的阳明,也只能遥叹奈何而已。至说世宗之能入继,系于武宗之能厚终京师,更涉附会。其实他这样的夸张,无非意谓阳明对穆宗之能在位,也有大功,故穆宗理应有所崇报。耿疏所论,未见为众人所信服,但却为阳明以至其他儒臣从祀之事提出了一个明显的标准:即事功与学术的结合,才是足称"真儒"的根据。

值得注意的是,耿疏下礼部议,而礼部覆言所议中,竟只字不提阳明平乱的功绩,却只集中评议他的学术成就。说阳明"质本超凡,理由妙悟,学以致良知为本,独观性命之原,教以勤讲习为功,善发圣贤之旨",①刻意把他突出为圣学名贤。议礼诸臣,是否以耿疏中所言阳明功绩无疑而不复申说,抑或认为武功无关从祀,故可不议,我们都不得而知。但离开有实迹可按的事功不谈,而特论只能以主观准则决定的学术优劣,诸臣便免不了议礼有如聚讼的结果。所以覆言最终必说"若守仁则世代稍近,恐众论不一",也是意料中事。

礼部所恐不一的"众论"究指何事,覆奏中只是引而不发。但以奏中议论薛瑄处反观,可知不一者,并不专指阳明的学说而言,

_____

① 《明穆宗实录》卷九,页 261—262,隆庆元年六月丁未条。

而实指当日诸臣对作为儒者的阳明的个人品行修为而言。覆奏开章明义即说："孔庙从祀，国家所以崇德报功，垂世立教，其典甚重。"其议薛瑄处指出：

> 〔薛瑄〕潜心理道，励志修为。言虽不专于著述，而片言只简，动示楷模；心虽不系于事功，而伟绩恢猷，皆可师法。①

又特别提到"儒臣献议，与瑄者十居八九，世宗皇帝亦嘉瑄能自振起"等事。类此"修为""楷模""师法"等要点，在议阳明之处，全不道及。细推疏意，似谓薛、王二臣虽"皆百年之豪杰，一代之儒宗"，但薛无著述，未建学说，王则事功、学说均有可言，而修为未见足称，故云从祀，均需后议。

这种对阳明人品的怀疑，到了隆庆六年及万历元年祀议再起时，更浮于言，成为反对阳明从祀者持以争辩的问题。其中万历元年三月给事中赵思诚所上罢议阳明从祀之请一疏所言，尤为耸听。《实录》载赵氏指责之词如下：

> 守仁党众立异，非圣毁朱，有权谋之智功，备奸贪之丑状。……因列守仁异言叛道者八款。又言其宣淫无度，侍女数十，其妻每对众发其秽行。守仁死后，其徒籍有余党，说事关通，无所不至。擒定宁贼，可谓有功，然欺取所收金宝，半输其家。贪计莫测，实非纯臣。（章下该部）②

---

① 《明穆宗实录》卷九，页 261—262，隆庆元年六月丁未条。
② 《明神宗实录》卷一一，页 366—267，万历元年三月乙酉条。

总之,就像同年七月南京御史石槚疏中所言"王守仁谓之才智之士
则可,谓之道德之儒则未也"①的结论一样。赵思诚所言,《实录》
载笔明有轻重之别,值得细味。如赵所列阳明"异言叛道者八款",
概不引载,而偏载其攻击阳明行事之语。可见以《实录》史臣之见,
当日争点所在,实以品格为主,学说为从。赵疏中以阳明本人与从
学门徒并论并疵,尤见其立言有政治的含意。赵氏上疏,正值高拱
被挤去位不久,王门徐阶所荫徒众卷土重来之时,故其政治用心,
尤为显见。但更值得注意的是,赵疏既下礼部,而继至的主祀阳明
诸疏中,竟无一为阳明辩护赵氏所责有关品行各点。疏者们之所
以不驳,是由于不能,抑出于不屑,均难断定,但这样的沉默,本身
便是极不寻常的事情。

南京御史石槚反对阳明从祀之疏,也是针对事功与学术两者
并论。其批评学术处说:

> 致良知非守仁独得之蕴,乃先圣先贤之余论,守仁不过诡
> 异其说,玄远其词,以惑众耳。朱子注疏经书,衍明圣道,守仁
> 辄妄加诋辱,实名教罪人。②

接着批评阳明的事功说:

> 方宸濠未叛,书札往来,密如胶漆,后伍文定等擒宸濠于
> 黄石矶,守仁尚遥制军中。始则养虎贻患,终则因人成功,朦

---

① 《明神宗实录》卷一五,页458,万历元年七月戊子条。
② 同上。

胧复爵，报以隆重，若又祀之，不免崇报太滥。①

石槚夸张描绘下的阳明，竟成了一个不择手段的机会主义者，为了个人荣耀，不惜攫取圣贤的智慧和兵将的血汗为己有。所说阳明"养虎贻患"，既昧情事，又伤刻薄。但此疏又下礼部，可见道德人品仍是阳明从祀的难关。

赞拥阳明从祀的议者，虽没对如上的各种攻击加以驳斥，却能运用新法，集中为从祀之举定下不能否定的准则。万历元年请祀诸疏所揭的从祀标准，其实也只是重申隆庆元年秋耿定向疏中所寓学术与事功结合之意。特别值得注意的，却是这一回合的议论中，赞议者把丘濬(1421—1495)引为立说权威的事。如五月谢廷杰所疏说：

> 学圣人之学者，其所表树，不过学术、事功两端。……昔先臣丘濬有言曰："有国家者，以先儒从祀孔子庙庭，非但以崇德，盖以报功也。"议从祀者，此其律令。②

谢氏所举丘濬语，出丘著《大学衍义补》一书。崇德报功为从祀应遵的准则，虽是丘氏本意，但谢氏在此却过解丘语，甚或有意附会，因为丘氏所说的"功"，指的本是"有功于经"者"阐释经义之功"。③无独有偶，与谢氏同意的江西巡抚徐栻在同年二月的请疏中，亦以

① 《明神宗实录》卷一五，页458，万历元年七月戊子条。
② 同上书，卷一三，页425—426，万历元年五月戊戌条。
③ 《大学衍义补》(弘治元年〔1488〕原刊本)卷六六，页9上。丘氏其他有关从祀之议论，见同书卷八〇，页12下—15下。

"王守仁学窥圣域、勋在王室"为言。① 徐氏又曾节丘氏书为《大学衍义补纂要》,并先后在福建、江西两地刊行。② 看来拥护阳明从祀的人,为了替自家主张提供论据和为了抵消反对者的压力,试图调整对策,合力利用本朝至其时为止最号博通和讲究经世实学的名臣的意见,以增强议论的力量。

从争议双方的言论中,我们还可得到另一启发。双方都企图以"功业"之有无作为决定从祀的要项,但当主张阳明从祀的人强调他的在官功业时,反对阳明从祀的人却集中批评他没有儒者修身正心等的"功"和"业"。由此可见,在这场有政治性的争辩中,逻辑性的正名基则并不为识者所恪守:批评心学的人,现在为了批评阳明,却反而大大强调了"正心"的问题。

谢廷杰等所采以学术与事功结合为从祀标准的策略,终于还是成功了。万历二年六月,浙江巡按萧廪(嘉靖四十四年〔1565〕进士)题请从祀阳明。③ 是年十二月,朝廷"以新建伯王守仁从祀孔子庙庭"。④ 但正式入祀的典礼,还需到十年以后张居正(1525—1582)故去后,才能与陈献章和胡居仁的入祀典礼同时举行,而且还得经过另一场全面议论之后,才能肯定举行。值得指出的是,在这个场合中,神宗引了世宗说阳明为"有用道学"一语,⑤来肯定阳明从祀之为合理。世宗所说的"有用",指的当然是阳明的历次军

① 《明神宗实录》卷一○,页 348,万历元年二月乙丑条。
② 见 Hung-lam Chu (朱鸿林), "The Influence of Ch'iu Chün's Ta-hsüeh Yen-i Pu in the Sixteenth and Seventeenth Centuries," *Ming Studies* Number 22 (Fall 1986), pp.1 - 32, esp. pp.8 - 10.
③ 《明神宗实录》卷二六,页 659,万历二年六月辛未条。
④ 同上书,卷三二,页 758,万历二年十二月癸丑条。
⑤ 同上书,卷一一五,页 2865—2868,万历十二年十一月庚寅条。

功。我们知道明代从祀孔庙的四儒中,薛瑄、胡居仁和陈献章的道德人品是无人加以非难的,唯独阳明不然,訾议特多。神宗所引世宗的话,无形中也反映了时人并不认为学术本身便足以构成"真儒"的意识。推而言之,儒家传统的文武合一的理想,也还没有消失。

从这场从祀争议中,我们甚至可以看出阳明支持者的现实应对策略。当从祀阳明之议尚未认真进行时,从祀薛瑄之议所遭受的阻力,是源于薛瑄没有著作一类的批评。此论出后,阳明著作的系统性编刊工作,也告出现。这事不似巧合,而像有意免使阳明遭遇类似阻力的先期行动。当一些议者提出世宗称许薛瑄的说话以打击阳明时,另一些议者却又提出丘濬有关从祀标准的言论以支持阳明,有意识地运用一本朝廷推重的名臣著作里的言论来抗衡一种出于帝王之口的意见。总体来说,阳明的支持者,懂得避重就轻,懂得集中于表彰他那不容否认和不可磨灭的事功,以实事来证明他的实学。这点也是我们考论这段史事时所不能错过的。

七、结　语

隆庆六年和万历元年二年中,由于从祀孔庙一事的争议,已故的王阳明成为政坛上无比重要的人物。我们需要知道的,是当时的人用什么观点和角度来看阳明的重要性。当时出现了一种多人的努力,企求使阳明成为朝廷公认的真儒,然而这努力的趋向,却是政治性多于学术性的。在这两年内,阳明著述的总结集,曾在两个相距不远的文化重心区先后刻行。但从该集本身刊布的历史看,这个纪录与其说是源于众多读者的需求,毋宁说是某一个人刻意效忠阳明的结果,而这结果部分又因意料之外的政治因素所致。《王文成公全书》编刊者谢廷杰其人的隐晦,无疑是阳明学界的一大讽刺。如果谢氏请祀阳明和推广阳明学说的努力在当时更广泛地受人珍视,照理他便不可能如此无闻于世。如果谢氏本来是个品行不足称的人,他编刊阳明《全书》只是出于个人的私利,而他居然又能从心所欲,那么当其时的阳明信徒,如果不是人数太少,便是太过漫不经意了。杭州本《王文成公全书》刻刊过程中出现的矛盾,显示了浙江官员对传扬阳明著述之事并不主动热心。同书应天本的刻刊,竟连南京地区众多号称王门中人的最低程度的公开支持也得不到,可见"阳明学派"或王学信徒事实上欠缺团结精神。整体上看,当时大部分的王学之徒,对于把阳明变成教主式的象征的兴趣,远多于认真追求他的学说或仿效他的行事的兴趣。总括来说,当时人看阳明的重要性,从他的事功着眼的多于从他的学说真义着眼的。也可以说,当时并不单纯地把他看成只是心学的一代宗师。

本篇原载杨联陞、全汉昇、刘广京编,《国史释论:陶希圣先生九秩荣庆祝寿文集》下册(台北:食货出版社,1988年)。作者按,此处改正原刊错字甚多,并有补充订正,调整注释格式。

三、《阳明学要籍选刊》示例

思想资料示例：

吴应宾《宗一圣论·性善篇》

张昭炜　整理

性之不明也，其以有之为有、无之为无乎？有之为有，则偏而不全，涣而难萃。岂惟为恶？虽日孜孜焉以为善，而有之妙用未弘也。无之为无，则虚而不征，亿而多凿。岂惟去善？虽日戞戞焉以去恶，而无之真体未契也。夫为善而不足以弘性之用，则其所养者亦末矣；去恶而不足以契性之体，则其所守者亦胶矣。恶足以知无性之性，而止无善之善也哉？故费而隐者，即有即无，非有之外独立一无，而敦有之化也；微之显者，常无常有，非无之外竞起众有，而发无之藏也。天地之大也，民物之赜也，以有诠之而不得也；鬼神之幽也，名言之假也，以无诠之而不得也，而况于性之善恶乎？故性无善也，而顺性之善生焉；性无恶也，而拂性之恶基焉。顺性者，善用其性之才者也；拂性者，妄用其性之才者也。其出于性，均也，而不可谓善恶之有于性也。

性之无善也，犹镜之无妍相乎？使其无所以妍者存，则不能以妍而报妍矣。性之无恶也，犹镜之无媸相乎？使其无所以媸者存，则不能以媸而肖媸矣。性之可以为善也，犹树之可华实乎？使华实之必有于树,则无假于雨露之润矣。性之可以为恶也,犹树之可朽蠹乎?使朽蠹之必有于树,则无资于湿化之感矣。夫无也而致有之,是龟可毛而兔可角也;有也而致无之,是木不燧而矿不金也;并执之曰亦有亦无,是火可寒而冰可热也;并遣之曰非有非无,是鹄不白而乌不黑也。夫有也,无也,亦有亦无也,非有非无也,言语之道尽之矣,而皆不可以喻性,则性其终不可喻乎?圣人之言性也,其将舍此四者而别置一喙乎?则未通于药病之说也。庸医之治病也,凉之而水益深也,温之而火益热也,攻之而主益弱,补之而贼益强也。何则?不知其病之所在,而以计功谋利之心揣摩于望闻问切之际,姑尝试而妄投之也。善医者不然,脉不师心,剂不执方,知本知标,能变能常,故良药与猛药并宜,而对治与从治双美,不离乎温凉攻补之用,而功相同矣。情见者,人性之通病也;善言者,治病之药石也。若之何言善言者之言,而病通病者之病也?情见者何?物我是也。夫以物为物,以我为我,则其以有为有、以无为无也必矣。孰知夫天地人物之皆备于吾性,而吾性中无一法之可得耶?故见有为有,则物我之形如众沙之不能和羹;见无为无,则物我之情如群影之不能应节。无惑乎有强恕之难,而无反身之乐;践内省之迹,而堕外义之蹊也。夫夫也善是务积,而恶是务去者也,其患已若是矣,况迷恶以为善乎?况假善以济恶乎?况以无善恶之说而托其无忌惮之身乎?

故言有,为瞪目见华之病;言无,为失志健忘之病;言亦有亦无,为寒热交攻之病;言非有非无,为阴阳俱脱之病。此四病者,方且据其膏肓,沦其骨髓,已乃扶杖呻吟,而号于人曰:"吾能令死者生,痼者愈,而瘠者肥也。"岂不谬哉?故有我者之言性,言言病也;若夫无我者之言性,则言言药也。养性者,养其恻隐羞恶之息于天也,补治之药也;忍性者,忍其声色臭味之动于我也,对治之药也。好乐则王、好勇则王、好货则王、好色则王者,借其一己之私而诱之以天下之公也,从治之药也。求而可得者,明善未尝无,而不必有也,借曰必有,则不求亦得矣,未有家席素封而赖胼胝之作者也;舍而后失者,明恶未尝有,而不必无也,借曰必无,则舍亦不失矣,未有民不为盗而虞户外之疏者也。指南于可北之蹊,而尚玄于可苍之布,止于将病,以辅其不病,是通治之药也。不著有善,不著无善,不著有恶,不著无恶,而伸此抑彼之权,互交见一之旨,往往使人深思而自得于言语之外,此孟子之所以善言性也。

告子曰"生之谓性",死语也;程子曰"生之谓性",活语也,以其识仁之同体,而告子不识也。荀子谓恶独有于性,而使人迁善,拙工也;程子谓恶兼有于性,而使人择善,良工也,以其知理之无对,而荀子不知也。所谓同体而无对者,何也? 老子不云乎? "天得一以清,地得一以宁,神得一以灵,谷得一以盈,万物得一以生。"一也者,仁也;仁也者,性也,无物无我,无天无地,而物物我我,而天天地地者也。陆子曰:"天地,吾心也;吾心,天地也。宇宙内物,吾分内物也;宇宙内事,吾分内事也。"其言性也,几乎善恶,依于事,事依于物,物依于心,心依于性。性非有善恶也,而心也,物也,事也,且得有善恶乎哉? 性非无善恶也,而心也,物也,事也,且得无善恶乎哉? 耳目口鼻四肢之有欲也,孟子以性收之,而后儒以气外之。气也者,天地之所以化育,人物之所以终始,古今之所以禅代者也。使气而非吾性也,则堪舆大而我小,灵蠢众而我独,元会久而我暂,而欲以方寸之心、七尺之躯、百年之寿,并包参两而混无极也,浮沤之笑四海与? 窭人之家六合与? 其不知量,亦甚矣。故曰:"形色,天性也。"知形之为天性,而耳目口鼻非性外之郛也? 知色之为天性，而声色臭味非性外之尘也？夫天地人物之体备于性，而性之用寄于形。执我之形，而天地人物之形痹矣；忘我之形，而天地人物之形归矣。此圣人之所以践形尽性而继天以立人极也。

《易》曰"一阴一阳之谓道"，《中庸》以天命之性述之，天曰道而人曰性也，解在乎天地之察、夫妇之造端也；其曰"继之者善也"，《中庸》以修道之教述之，人能弘道而道不能弘人也，解在乎德性之尊、忠恕之不远也；其曰"成之者性也"，《中庸》以率性之道述之，始于明诚而终于诚明也，解在乎成功之一、致曲之能化也。道也者，性也；继道者，得性之一善者也。得无所得，一无所一，无善而止于至善，则成乎性矣，所谓尧舜性之者也。故性无善有善，而善不可以不为也，以其继道也。虽然，为善而至于无我，乃可以继道。否则，道之精神终不传矣。性无恶有恶，而恶不可以不去也，以其障道也。虽然，去恶而至于无我，乃免于障道。否则，道之眚翳终不除矣。故继道之善成乎无我之性，而后一阴一阳之道常明常行，而不晦于天下万世，此性习之说也。妙矣哉！

性之近，习之远，上智下愚之不移乎？习之所甚利者，疑于有，而性未尝有也，上智之于善，而下愚之于恶也；习之所甚不利者，疑于无，而性未尝无也，上智之于恶，而下愚之于善也。习之不可移，非性之不可移也；非性之不可移，则其可移者固在也。可移之谓近，非有近于性也；不可移之谓远，非有远于性也。远近且不可以言性，而况善恶之有无乎？圣罔念而狂也，狂克念而圣也，言可移也。上智可移，而终不为恶，以圣人有兢业之心也；下愚可移，而终获为善，以圣人有悠久之化也。

夫兢业之心，学虑之所不能知也；悠久之化，耳目之所不能知也。难知，故言者不知；难言，故知者不言。且夫物我之情不除，而言有无,是翳眼之辩苍素也;有无之见不谢,而言善恶,是谵语之定吉凶也。庄子之言正处也,正味也,正色也,求之于人而不可知,求之于物而不可知也,以人物之自是而相非也。至于善恶,则六合之人,各一其是非矣;九州之人,各一其是非矣;一乡一家之人,又各一其是非矣;乃至一人之身,而今之与昔也、后之与今也,又将各一其是非矣。天下孰有能知正善者哉? 故善恶之情,横目之所不能虑;而善恶之变,方册之所不能穷也。恶乎正之? 正之以无我而已。无我者,无始之性,至善之体相也,赤子之心不与也;有我者,无始之习,不善之依止也,物交之引不与也。观其无我,以去其有我者,复性之习,一善之拳拳也,步趋之学不与也;忘其有我,并忘其无我者,合性之习,止善之安安也,忠恕之道不与也。尧舜之善用其性之才,以致其无我而已矣。其于性也,为顺亲,为显亲,而大孝归焉。桀纣之恶用其性之才,以致其有我而已矣。其于性也,为倍亲,为忍亲,而大逆归焉。孝之与逆,非父之所与也,而皆出于父也。继父者,孝子也,非逆子也。是说也,可以穷善恶之根,可以持有无之衡,可以辩为去之途,可以明性习之经。故吾谓生而善者性,彼亦谓生而恶者性。惟原其初之无我,然后知善之为顺性,恶之为拂性也,而性善之说伸矣。吾谓习于恶者非性,彼亦谓习于善者非性,惟要其归于无我,然后知至善之为尽性,穷恶之为贼性也,而为善之说伸矣。何则? 天下之恶虽甚微细,未有不生于益我者也,损其益我之我,而恶之端绝矣;天下之善虽甚微细,未有不生于损我者也,兼损其损我之我,而善之体完矣。老子曰:"为学日益,为道日损。"此之谓也。故情欲之我,至道之所不载也;意见之我,至言之所不居也。是以君子言有以破无,而不着有见;言无以破有,而不着无见;言亦有亦无以相成,而不着成见;言非有非无以相坏，而不着坏见。无小而非大，无偏而非全，无异而非同，无反而非正。权实互用，而莫知其端；上下随机，而咸获其益。故告子可使补刻意之黥，荀子可使攘移山之臂，而况于孟、程者也？非天民之先觉，孰能知之？以无知得之以无得，而言之以无言也哉！

先觉之于后觉也，后觉之于不觉也，性一而已。然人不能皆觉，而觉不能皆先者，何也？习障之也。习之障性者，我也。习依于性，性无我，而习何以有我也？则以性之无我，而不住于无我也。无我而不住于无我者，性之妙也；不住于无我而因以有我者，习之流也。性非先也，习非后也。即性之妙，成习之流；即习之流，障性之妙。于是乎无始之性与无始之习薰蒸变化，摩荡推迁，相导相承，恒一恒二，而性之迷悟、觉之先后系焉。夫性万变而不丧其知也，犹水万变而不迁其湿也，恶乎增也，恶乎减也？至于习，则濯足之水，或澄而濯缨矣；在渊之水，或激而在山矣。有我无我，无我有我，如水胜火，如夜代昼，增减之，变万之，又万而不可胜辩也。其无我者增，而有我者减乎？则以习之清感气之清，而为善之才胜。其有我者增而无我者减乎？则以习之浊感气之浊，而为不善之才胜。孟子曰："非天之降才尔殊也，其所以陷溺其心者然也。"夫心之陷溺，征于凶岁之多暴，而性之凶岁，岂旱干水溢之为也？其所由来者渐矣。此先觉之功所以丰于富岁，而后觉之习不可不深耕易耨于性觉之田也。□者曰：纯乎善者，义理之性也；杂乎不善者，气质之性也。皆性也。此亦近矣。然其归降衷以公，而憾降才以殊也，则犹岐天人而二之矣。孰知夫气质之原于性而成于习，本乎心而若出乎天耶？知其原于性，则知其可复于性矣；知其成于习，则知其可移于习矣。

以性成习者，心也；以习复性者，亦心也。心之习性，于有涯者可知,而习性于无涯者不可知;性之从心,于有初者可知,而从心于无初者不可知。可知之为人也,不可知之为天矣。且圣人之言天也,其以气乎?则气无知也,无知而畀民以有知,是水火土石皆可以操神德之符也。其以理乎?则理无为也,无为而动民以有为,是耳韵空华皆可以司治平之契也。其以神乎?则神无私也,无私而示民以有私,是尧舜之生为天之好奇,而桀纣之生为天之好暴也。故生民之天非覆物之天,而降衷之帝即临汝之帝也。天视天听之自民也,出王游衍之及尔也,果且有二乎哉?果且无二乎哉?善言天者,心性而已矣。性者,天之体;而心者,天之用也。本天者,欲人之尊性;而本心者,欲人之识性也。正习者所以回天,而复性者所以合天也。孔子之上达也,自达而已矣;天之知孔子也,自知而已矣。此以知生知者之未尝无习,而学知困知;乃至下愚之自暴者未尝不可习,而为生知也。此以知安行者之未尝无习,而利行勉行;乃至不肖之自弃者未尝不可习,而为安行也。故性也者,天地之所不能范围,古今之所不能转徙,愚智之所不能损益者也。心也者,能保合天地于一腔,能含吐古今于一息,能变化愚智于一念者也。前乎千百世而为先觉者,吾性吾心之觉发乎千百世之前者也,而觉未尝往也;后乎千百世而为后觉者,吾性吾心之觉发乎千百世之后者也,而觉未尝迁也。典刑之昭也,若镜像之肖面,而面非镜生也;谟范之垂也,若谷响之应声,而响非谷有也。一之曰无我之我、无心之心、无知之知、无性之性、无善之善而已。虽然,一非定一也,可以众之一成我之独一,亦可以我之一随众之各一者也。众灯之处一室也,其光有以异乎?无以异乎?此圣哲之所不能辨也。傍立而睨其影,则一灯一影也,众灯众影也。然后知其光之不遍而无坏、交遍而无杂也。故以我之一遍摄夫天地人物、先觉后觉之一,而一无合相也;以我之一遍入于天地人物、先觉后觉之一,而一无分相也。此性之所以为大,而心之所以为神也。

　　《大学》之心,其《孟子》之所谓性乎?《大学》之意,其《孟子》之所谓心乎?《大学》之知,其《孟子》之所谓不虑?而《大学》之物,其《孟子》之所谓皆备者乎?絜矩也,慎独也,格物也,亲民也,所谓扩而充之,以保四海,尽其性之才,而知天事天以立命者也。一贯者,贯此者也;复礼者,复此者也;求心者,求此者也;识仁之谓与?明善之谓与?求放心然后识得性善,有味乎紫阳之言之也,其在发愤刊落之际乎?新建曰:"无善无恶者心之体也,有善有恶者意之动也,知善知恶者知之良也,为善去恶者物之格也。"是说也,以权而该实者也。何也?言心之无善恶,而意之不有可知也;言意之有善恶,而心之不无可知也;知有善无善以为善,而为善之我可驱也;知有恶无恶以去恶,而去恶之我可丧也。神而明之,为交参,为曲当,而有无成壤之见病消矣。汝中曰:"心无善恶也,意亦无善恶也,知亦无善恶也,物亦无善恶也。"是说也,语上而遗下者也。何也?言心之无善恶,而不言其为善恶之因也;言意之无善恶,而不言其为善恶之影也;言知之无善恶,而不言其为善恶之镜也;言物之无善恶,而不言其为善恶之缘也。胶而固之,为断灭,为恣睢,而温凉攻补之药病滋矣。故言新建,而三根无疾,可饮食也;言汝中,则于上根为醍醐,于中下为酖毒矣。直指珠体以示人者,醍醐也,新建之忠臣也;倒持太阿以授人者,酖毒也,将无为新建之戎首乎哉?

　　夫心以知为体,以物为相,以意为机,以事为用者也。故知善知恶者,意也,意出于知,而未可即谓之知也;为善去恶者,事也,事依于物,而未可即谓之物也。训物也而谓之事,则训格物也不得不谓之正事矣。夫以意为知者，不足以睹不虑之全知；以事为物者，不足以体皆备之万物；以正为格者，不足以究慎独之真修。此三者，新建之权之不可泥者也。物也者，《大学》以为身民之总称，而《中庸》之天地人物鬼神后圣皆举之矣。执有我而外境于心，故剖而为二；达无我而会物于性，故格而为一。

格也者，来也，言其本出于我而复还于我也。此克己者，所以致天下之归；强恕者，所以成反身之乐。而曾子之唯、一贯曰："夫子之道，忠恕而已矣。"故正事者，一善之川流；而来物者，众善之敦化也。孰为亲言？孰为直指？智者反而思之，若观火矣。且所谓正事者，正之以我乎？正之以无我乎？正之以我，则所谓正者不正矣，如必正之以无我也，则来物之贤于正事，岂不深切著明也哉！故致良知者，《大学》之髓；而正事以致良知者，非《大学》之髓也。观时应机，引而不发，以待后之君子，新建得无意乎？

甚矣，言性之难也！君子务识性而已。识性然后能忍性，忍性然后能养性，养性然后能知性，知性然后能尽性。至于尽性，则鸢飞鱼跃皆可发善言之机，而时行物生皆可垂不言之教，又何拣择于善恶有无之间哉？故孟子之言性也，药也，有治而能善治者也；孔子之言性也，丹也，无治而无不治者也。此圣人之所以为万世医王也。今之识性者不必能忍，而忍性者不必能识。不识则性不明，而有认奴为郎之误；不忍则习不正，而有强臣弱主之忧。两者之于养性，不啻远矣！况知性乎？况尽性乎？吾不知物我之情根何时而除，有无之见刺何时而拔也？然则有我之言，我也；无我之言，亦我也。言有我者，病在不识；而言无我者，病在不忍。吾岂敢以吾言之几于性哉？尝试与有智者共识之，而与有力者共忍之，以一善起众善，以众善归无善，以无善止至善。无得之得，是为真得；无言之言，是为大言。此吾所坚誓于无尽之习，而蕲复乎无始之性者也。善医之门多病人，请以是言为求艾之赟。

（据中国科学院图书馆藏清光绪四年吴树申刻本。）

史料示例：

王琼平藩奏疏

张昭炜　整理

为飞报地方谋反重情事

　　看得提督南赣等处军务右副都御使王守仁奏，要将致仕都御史王懋中、见任知府伍文定授以紧要职任，责其拯溺救焚，及将副使罗循等从权委用。又称江西宁府逆谋既著，若北趋不遂，必将还取两浙，南扰湖湘。若不即为控制，急遣重兵，必将噬脐无及，乞要于见任知府等官陈槐等，数内推补本省方面知府兵备等官，速令供职。有城守之责者，各量升职，衔重其权势，使可展布。又奏照旧收取盐商诸税，及借支两广军饷银一十余万，以资军用等。因臣等议得王守仁正往福建处置军乱事情，适遇宸濠事变，天助其顺。住守吉安，调集兵粮，号召义勇，牵其举动，使进不得前；捣其巢穴，使退无所据。臣等会官初议，请敕王守仁率兵自南而进，正为此意。今果然矣。除推补官员、借支军饷、吏户二部查覆外，其要将江西方面知府兵备等官重其权势，使可展布一节。除兵备官奉有敕书行事，其方面知府内有城守之责，可以委用者，合无悉听王守仁责委。或调集义勇,相机剿杀;或整点民兵,固守城池。但凡一应用兵事,宜从宜定,委事有相干大小衙门官员,不分军卫有司,悉听节制调遣。敢有故违不服、阻误军机,轻则量情责罚,重则具呈都御史王守仁处。文职五品以下,军职指挥以下,就便拿问,奏请发落。事宁之日,俱照旧。其福建事情,行镇巡官就彼勘处,王守仁不必前去。正德十四年八月初三日具题奉。

圣旨:是。钦此!

为飞报贼情事

看得知府张文锦奏,要早为命将出师,则巢穴易平;多留援兵住札,则喉吭易守。再乞将九江卫人船未到兑军粮米,本府仓收贮,听候支销等。因查得江西叛逆贼情,见蒙皇上亲统六师征讨,及先命安边伯朱泰前哨先行外,及查先该本部会官计议,题准合用军饷,听将一应起运钱粮截留。今奏要存留九江府兑军米供军,相应依拟。合无户部再行督理军饷,侍郎李充嗣依其所奏,存留拨纳,以备军饷。及看所奏,多留援兵住札、喉吭易守一节。

查得九江、安庆等处地方,内拱南京,外控江右,切近江湖盗贼渊薮之地。所以近年议设兵备于九江,守备于安庆,专为此故。奈何兵备副使所管原无兵马在外省,九江尚不能行,在南直隶畿内岂能行事?及守备都指挥在于安庆驻札,江西地方军卫有司俱不听其约束,所以近日九江兵备副使曹雷监兑不在,致陷孤城。安庆守备署都指挥杨锐,仅能竭力保守一城,不能迎遏九江贼锋。今欲多留援兵住札,莫若添设参将京职,重其事权,调兵集粮,大修武备,庶可压服人心,绝除后患。及照守备署都指挥佥事杨锐、知府张文锦，平昔既有才名，屡经荐举，临事又能见于施为，著有成效，必须就近委用，庶可速收成功。合无将杨锐量升实授都司官职，改充参将名目，令其分守安庆、池州、太平、徽州、宁国，及交界江西九江、饶州，湖广黄州、蕲州等处地方提督军卫、掌印巡捕等官，修理城池，整饬器具，操练官军，舍余人等缉捕沿江并鄱阳湖等处盗贼，保安军民。再将知府张文锦照副使陈天祥事例，量升在京四品京职提督，前项安庆等处地方军卫有司，修理城池，拨给军器，操练官军民快，处置钱粮，禁革奸弊。所管军卫有司官及军民人等，有违慢不服调度误事者，轻则文职六品以下，就便拿送所在官司问罪；五品以上并军职，参奏施行，一应战守事宜。杨锐与张文锦公同计议停当而行，事体重大，具奏定夺。以后地方十分宁静，议奏裁革其杨锐、张文锦保城拒贼功绩，候贼平之日纪功。等官查勘明白，另议升赏。正德十四年八月初四日具题奉。

圣旨：是。杨锐升实授都指挥佥事，充参将。张文锦升太仆寺少卿，各依拟，分守提督。都写敕与他，其保城拒贼功迹，并各该有功之人，待贼平之日，查勘升赏。钦此！

为紧急军情事

看得巡按御史胡洁参奏九江兵备副使曹雷先期出城，九江卫指挥佥事许鸾、九江府知府汪颖弃城先走，失陷城池，要行提问一节。见今江西事情未宁，合无行令曹雷、汪颖、许鸾俱做为事官，听都御史李充嗣调遣，戴罪杀贼。果能建立奇功，准赎前罪。如事宁无功，就将各官差人解京，奏请送问。正德十四年八月初五日具题奉。

圣旨：是。曹雷、许鸾、汪颖，且不提都降做为事，宜戴罪杀贼，果有建立奇功，准赎前罪。如事宁无功，拿解来京，依律重治。钦此！

为地方紧急重情事

看得江西吉安府知府伍文定奏称：六月十七日，闻人传说宁王将孙都御史、许副使斩首枭令。本月十八日，伍文定留回都御史王守仁至吉安，督同伍文定等，并约会致仕都御史王懋中等集兵固守，俟衅而发一节。

查得王守仁素知兵法，初任巡抚南赣汀漳等府地方，荷蒙朝廷假以提督军务之权，遂能招募义勇，平定猛贼。今宁王反逆，内外远近，议者皆知王守仁提兵江西，足可倚恃。已蒙降敕本官率兵征剿，惟虑王守仁已去福建勘处军乱事情，急不得回。今据伍文定所奏，江西事变五日之内，王守仁已在吉安，据江西上游住札。盖是天意，欲速灭反逆，有此机会。况伍文定素著才干，王懋中忠鲠志节足以表率乡人，合无本部行文就令，差来人马上赍回，交与王守仁。遵照钦奉，敕内事理，钦遵进剿，仍约会王懋中等遵照圣旨榜文内事理起集义兵，协助官军相机截杀。如获有功，一体升赏。正德十四年八月初五日具题奏。

圣旨：是。王守仁已有旨，着照旧提督军务，兼巡抚江西地方。还着约会都御史王懋中、督同知府伍文定等，起集义兵，协助官军相机截杀。有功，一体升赏。钦此！

为紧急军情添处官员以安地方事

看得巡抚都御史李充嗣等奏，要将浙江湖州府知府刘天和升用徽、宁、广德等处兵备。江西吉安府知府伍文定升用九江、安庆等处兵备。丁忧起复运使严纮,升用池州、太平,并应天等处兵备一节。

臣等议得吉安在贼上游,湖州与贼地方相邻,知府伍文定、刘天和既有才识,托其保障吉安、湖州足矣。若遽改移别用,其吉安、湖州地方又将付之何人?及照九江见为贼兵所据,原设副使曹雷不知所在。若非大兵克复,就便添设兵备,不能单骑赴任,何以责其成功?所据李充嗣前奏,事出怆惶,虑欠周悉,俱难准。

拟及照池州、太平、应天等处,见该都御史李充嗣在彼督调军兵防御,徽州等处近已添设都御史,许庭光巡视浙江,兼管徽州。又拟奏参将陈璠在镇江一带操守。况今朝廷统兵征讨,平定有期,各该巡抚官员要在严督府卫等官操练兵马,相机战守,庶不纷扰。正德十四年八月初五日具题奉。

圣旨:是。钦此!

为飞报十分紧急军情事

看得巡抚都御史李充嗣奏称:量拨宣州、新安、徽州等府卫军民兵快,前去安庆防守救援,势寡力弱,卒不能进。乞要早拨附近兵将,星夜前去,并力救援一节。

缘调附近安庆府卫军民兵快救援,安庆最为得策,但又要摘拨附近兵将星夜前去。查得附近安庆,莫如南京留守为重,既不可拨。其次,北近庐州,西近黄州,各自为守,亦难仓卒取调。见今安边伯朱泰等领军前哨先行,合无本部行文朱泰,等到于南京,爪探贼情向往,酌量事势缓急,相机进剿。仍行李充嗣当此事变,务在深沉有谋,随机应变,可战则战,可守则守,固不可坐视因循,亦不必张惶失措。正德十四年八月初五日具题奉。

圣旨:是。钦此!

为探报十分紧急军情事

看得巡抚都御史李充嗣、巡按御史胡洁各奏:据新安卫指挥张玺揭帖,开报江西宁府反逆事情。虽称差人探访,得知事必多实,未为无据。除调兵征剿等项事宜、节次议奏通行外,今报都御史王守仁领兵,见在临江府住札。及报广信、饶州、进贤拒贼,不从九江贼兵败衄事情。具见彼贼有日就穷蹙之势,我兵有八面齐举之威。合无本部分付赍送钦降黄榜人员,到于江西境界探听。如果路阻不通,听邻省巡抚等官设法传递。若贼已缩伏,道路颇通,差去官径送都御史王守仁及广信、饶州等府交收,张贴晓谕,仍誊黄千百余本,遍发乡村镇店传示捧读,以安人心,共图灭贼。正德十四年八月初五日具题奉。

圣旨:是。钦此!

为 传 奉 事

查得附近临清并兖州地方州县,今年该解京备用马匹不勾六千之数。又查得分管临清寺丞简佐,见在东昌等处催债马匹。分管兖州寺丞张一夔未曾到任。合无本部差人马上赍文,交与巡抚都御史王珝,火速坐委东兖道分巡分守兵备官,会同见差,在彼寺丞严督东昌、兖州二府并所属州县各掌印管马等官。将原派今年备用马匹,除已解京外,未解者俱截留兖州、临清二处,听候兑补。如备用马不足数,听将种马取调;又不足数,于各州县里甲马内选取,或将民间马匹报官,估定价值收买。务各足三千之数,不许将老、病、瘸、瞎、不堪马匹充数,以致临期误事。再于太仆寺动支马价银三万两解兖州府,三万两解临清州。本部差官押解,前去交割,预备买马。事毕之日,将兑补过各项马匹数目并支过价银行山东布政司,备细造册,送部查考。巡抚官仍具总数奏闻,俱不许迟误。正德十四年八月初五日具题奉。

圣旨:是。钦此!

为紧急贼情等事

议得宸濠悖逆天道,得罪祖宗,谋为不轨,反形已露。见蒙皇上大奋乾刚,统兵征讨。所有宸濠封号属籍,宜先削除。又照圣驾亲征在迩,京师居守及防边御寇并各衙门题奉等项事宜,均乞裁处,早降明旨,以便遵守。

奉圣旨:是。宸濠大逆不道,谋为不轨,朕不敢赦。上告天地祖宗,削其封爵属籍。先命谋勇将臣统领各边官军前去征剿。朕今亲统六师,往问其罪,仍诏告天下亲王及镇巡三司官民人等,使知朝廷讨贼安民不得已。至意其京师居守及防边御寇并各衙门题奏等项事宜,兵部还会多官议处停当来说。钦此钦遵!

臣等会同太傅、定国公臣徐光祚等,少保兼太子太保、吏部尚书臣陆完等,将京师居守防边御寇并各衙门题奏等项事宜,逐一议拟明白。伏乞上裁,早降明旨,以便遵守。正德十四年八月初五日具题奉。

圣旨：是。随驾官不必用，九门守门官不必动。着严督军丁用心守把，不许怠玩。吏、兵二部选官照常具奏，引选查奏司礼监，奏请定夺。其余准议。钦此！

计开

一，圣驾亲征，合用侍从翰林院内阁官，五府六部督察院、通政司、大理寺、鸿胪寺、给事中、御史及太医院、钦天监、译字等官，每衙门一员，或量定数员，伏乞圣裁。

一，在京在外，各衙门题奏本及各处王府并军民人等奏本，照旧赴通政司鸿胪寺，及左顺门投进司礼监，五日一次，差官赍奏。内有紧急事情，不拘五日，随即奏闻。伏乞速赐裁答。

一，常行事务，照旧传奉圣旨，写传帖，赍回左顺门递出，该衙门抄行补本送科备照。但调取军马，提取人犯，干系处分军国重事，俱降御宝圣旨手敕，赍回左顺门交付，该衙门官捧收开拆，以便遵守。

一，各处官员人等赴京朝见及辞回谢恩等项照旧。鸿胪寺官引赴午门前叩头例该赏赐酒饭等项，引于左顺门叩头打发。鸿胪寺每月一次，将赏赐酒饭人员类总奏闻。

一，吏、兵二部选除官员，务要具本至御前批回，方赴奉天门，请司礼监官用印子出榜除授。

一，皇城四门守卫围宿侯伯都督等官，该直日期，务要昼夜在直，整点官军，严谨关防。一应闲杂人等，不许穿朝出入。违者，许守卫官军并缉事旗校捉拿送问。仍乞命司礼监官管束各门官早晚启闭，严谨关防。

一，京城九门官多军少，军民人等出入混杂，难以关防。合无将守门官暂为裁省，退出役占军人，责令常川在门守把，仍乞每门命文武大臣科道官各一员,遇有警报,各赴该门关防守把。其科道官不时点闸,以后照旧。

一,遇有各边及腹里飞报声息并贼情紧急,兵部即时赴左顺门,会司礼监内阁缉事衙门府部院寺科道官计议,遵照钦定大明律例,从便火速调拨军马,乘机剿捕,一面具本,差人直至御前奏闻。

一,京城内外盗贼,除把总巡捕官照常缉捕外,遇有报到势众凶恶强贼,兵部行都督朱洪、朱琼等量拨官军剿捕,不许怠玩。

一,京城内外缉事衙门旗校,缉获奸细一名者,照例升一级,仍赏银五十两。缉获强盗一名者,赏银三十两。一应人等缉获者,一体升赏前项。所获奸细、强盗,务要法司审问,情真方拟升赏,不许妄拿平人希图升赏。合用银两不为常例,于太仆寺牧贮。缺官皂隶等项银两,即时支取给赏,以励人心。以后照旧。

为调大兵伐叛臣以安人心事

看得左侍郎王宪题:称江西宁王谋为不轨,皇上亲统六师,奉天征讨,精选京边官军数万,风声所至,兵威振扬。奈北人弓马战车利于平地,南方土人惯于扒山水战,各有所宜。查得先年征进贵州香炉山,湖广郴州俱调土兵平定克捷。今奸臣谋逆,调征各路土兵,事在不疑。乞将广东狼兵、湖广土兵、处州土人、赣州召募催调,上下进剿一节。除处州、赣州军兵已经议奏调取外,查得广东并无狼兵,止是广西有狼兵,旧例调取狼兵、土兵征剿猺獞苗贼,以夷攻夷,事体相应。近年调征江西姚源洞贼,被其卖放,乘机生变,抢夺财物,为害地方。节经言官论奏,案卷具存,所以本部查议节,奉钦:依湖广官军依拟行。钦此!

今侍郎王宪奏要催调广东狼兵、湖广土兵，执称事在不疑，必有定见。本官见今整理征进江西兵马，合无依其所奏，就令王宪临时斟酌，奏请调取。正德十四年八月初七日具题奉。

圣旨：是。钦此！

为紧急军情事

议得大军南征，粮饷为急。即目前哨人马二万余员名启行，不日过江，到于南京，并南直隶地方住札，相机取路，进攻江西。原差尚书王鸿儒既已病故，合用粮饷，无人偿运，误事非轻。合无照依原会议，差委王鸿儒事理，请敕一道，马上差人赍文，交与巡抚南直隶都御史李充嗣。钦遵！

不妨巡抚督理军饷，仍照巡抚苏松都御史张津巡抚陕西，都御史王宪事例量改户部堂上官职衔，兼左佥都御史行事。若以为李充嗣巡抚事繁，不暇顾理，查得提督两广军务右都御史萧翀新推未去，合无先其所急，请敕一道，赍与萧翀督理军饷。其广东见有杨旦在彼巡抚，待江西事宁之日，或令萧翀仍去更替。杨旦或别为议处，另行具奏定夺。臣等俱未敢定拟，伏乞圣明裁处。正德十四年八月初七日具题奉。

圣旨：是。李充嗣升户部右侍郎，仍兼宪职，不妨巡抚看督理军饷，写敕与他。钦此！

为十分紧急贼情事

看得安庆府知府张文锦、守备署都指挥杨锐各奏：六月二十七日，江西叛贼涂承奉、凌十一、吴十三等，杀人劫财，放火烧屋，攻围府城，七昼夜不退。城中有备，铳箭打死强贼数多。但恐日久计生，城孤援绝，乞要早发京边官军三千员名，昼夜前去会合剿捕。再发精兵三二万，自湖广、浙江、南直隶地方，三路前进等。因见蒙钦命安边伯朱泰前哨人马八月初三日起程外，合无本部行文巡抚都御史李充嗣，调拨附近府州县卫所军兵，选委谋勇官员统领，前去安庆等处应援。务使前贼不得登岸攻城，以待天兵下临进剿。仍乞将本部原拟南赣王守仁、湖广秦金、南直隶李充嗣、丛兰等，敕书上紧，差人昼夜赍捧前去交割，钦遵行事，见蒙钦降黄榜，合无本部差官分投赍捧，交与王守仁等。及新差巡视、浙江都御史许庭光，各设法传递江西等处府州县地方，张挂晓谕。及行文江西司府州县卫所等官，固守城池，设谋会剿。功成之日，大加升赏，必不吝惜。再行许庭光，会同巡按浙江监察御史三司官，上紧调取温处等处军民兵快二三千名，令参政闵楷再委都司谋勇官一员，一同统领。上由严州通徽州路口，下由玉山通广信路口，量其警报缓急，分布设伏，相机遏剿。再照安庆到京陆路二千七百里，知府张文锦、署都指挥杨锐差捱甲许永祥、舍人余顺缒城，昼伏夜行，不过二十日，到京飞报军情，颇效劳力。合无将许永祥、余顺各量加赏赐，付与黄榜二十张，驰驿赏回，交与张文锦、杨锐，设法送江西境内晓谕施行。正德十四年八月初八日具题奉。

圣旨：张文锦、杨锐同心协谋，防守有备，反贼临城，亲领官军民快人等极力捍御，打死贼众数多，劳勤可念。差来人赏银三两，各处地方着用心防守。晓谕事宜，你部里马上差人着各该镇巡、巡视、巡按三司等官，依拟处置。功成之日，升赏不吝。钦此！

为紧急军情事

　　看得守备九江等处署都指挥佥事杨锐奏：要将原任江西布政郑岳起任江西巡抚都御史，原任江西副使胡世宁升任佥都御史，管理鄱阳湖、南康、湖口，及将赍捧檄谕，拥至城下，声叫归降，王参政、潘佥事诛戮一节。

　　查得先该本部会官议奏，已蒙降敕都御史王守仁巡抚江西讫。本官素晓兵法，又见在江西近便，最为相应。紧急之际，难再改用。及鄱阳湖并南康、湖口地方，必须大军克平之日，方可差官管理。见该本部别本议拟推用。杨锐、张文锦就近分守其地，速收成功，具题外所奏。郑岳、胡世宁平昔忠义，委当起用。但欲在江西，诚恐缓不及事。合无本部移咨吏部，待后别有相应员缺，具奏起用。其所奏王参政、潘佥事顺从宸濠反逆事情，合候擒获之日，鞫问明白，槛送赴京，会官再审，明正典刑斩首。有功官军，行纪功官，查勘造册，奏缴升赏。正德十四年八月初十日具题奉。

　　圣旨：是。钦此！

　　　　　　　　　　　（据国家图书馆藏明刻本《晋溪本兵敷奏》。）

论学语示例：

《朱易庵先生语录》

张昭炜　整理

无声无臭，心之原也，即性也；灵妙发微，心之生也，融萃而为意。不睹不闻，意之水也，运行周流，意之用也。自知其当可与否？心意之良知也，良知不混于生生运行，譬诸相，道立而天下一矣；心原意本不混于良知，譬诸君，道立而天下定矣。夫能于统同之中而脉络不混，庶乎心意之本无失，其为敦化之体，生生运行，无失其为川流之用。"《大学》之道"，庶几其不悖矣乎！

学须开辟，而又自混沌不得。心乃意之本原，意乃心之运用。今夫天高下济，未尝离乎地，而又何尝沾乎下？今夫地博厚上行，未尝外乎天，而亦何尝越乎上？颜子之仰瞻钻忽，见性自得处，惜不贴身，亦会自足而止矣。博我文，约我礼，庶性有着落，自不容于自足竭才不已，将旧见日消，礼文日精，如有卓尔，不复昔者仰瞻之见矣。

问："颜子'知之未尝复行'，原宪之'克、伐、怨、欲不行'。夫不行，一也。孔子许颜子好学，未许原宪为仁，何也？"曰："颜子之学，是《乾》道为主，明不混入意中，故有不善，自不能瞒昧其知。'知之未尝复行',意气听命于知,不使行其所便也。其不善无名目可定,受命之未纯,习气之未化,皆不善也。若原宪未免知入意中,是《坤》道为主,故克、伐、怨、欲必待萌露而后照得,但工夫细密,微发而止之,不使著见而成面目耳。盖不行于克、伐、怨、欲,其气习潜藏之微,受命偏重之原,自有所不尽知也。此大意闻之于师。"

"博我以文,约我以礼"与"博学于文,约之以礼",二处礼文字肯綮微有不同。或疑,再三叩之,曰:"博我文,约我礼,时出由中之学也。博文约之以礼,由道理而行之学也。与'由仁义行'与'行仁义'剖判处相类。"

圣训并举君子小人,不可看小人大低。他有他学问,如为我、兼爱、仁内之类,但自是其学,不肯大成时中之道,便自小了,故曰"小人而无忌惮"。

隐居以求其志,行义以达其道。隐居求志,自己中心之愿也;达于道义者,中心之愿之达也。孔子十五志学,必志于圣人,即以周公为的,思兼三王,以施四事。一善成名,硁硁言行不入其襟,故曰:"久矣,吾不复见周公。"孟子尚志,便志于居仁由义之大人,即以大舜为的为法,于天下可传,于后世有仁心而无仁政者,不入其愿,故曰:"忧之如舜而已矣。"

齐治均平之意,未尝不是一也。适留注,虽善亦私,未必能齐治均平也。故君子惟无意,然后能诚意;无物,然后能格物。

欲净则知显,知显则欲净,故《大学》曰:"物格而后知至,致知在格物。"

有志于学者,先须自拔其身。或就师友之侧,或入山水之奇。倘混群于名利货色之场,鲜有不阴流渐堕而终归于俗也,可不惧哉!

日用间千感万应,而元明之性不摇,方谓能立。

　　学者道及参天赞化语,便起惊怖之意。此无他,滞于形气之隔也。苟能自反自悟,吾心之虚也,与天地之大空何殊?灵明变化,与日月之往来、风云之交错何异?万理皆备,与礼物不遗何二?有得于此,方可以立人之道,以成位乎其中。

　　不贪外物,则意自足;不恋外景,则身自安。

　　吾侪于身家事,胸中有推不去者,其病在于爱身恋家。今论他人事可否取舍,无一毫拘碍,无他人之身家在己,故忘身忘家,而后能处身处家,其要只在致知。

　　恶恶者,有其善者也。若无其善,自能养其不才,且可以易恶而渐归于善。

　　形气有生死,而意思则兼于幽明。至于虚灵,则参乎天地。

　　欲广天下之业也,必本诸身。未有身不能安而天下国家之可保,未有身不能劳而天下国家之可理。或七情不和,饮食不节,男女不时,少拂则燥动,少烦则软缩。四体且不能保,又何天下国家之可言哉?甚矣!吾人当为天下惜吾身,当为吾身惜吾欲也。

　　不信学者,由资质之美难成;学者,由资质之美。

　　凡言人患难贫苦,微有不堪之意,便是移屈;言人富贵利达,微有欣喜之意,便是淫浮。此病根,用意粗者放过去,故遇景即不健。颜子“有不善未尝不知”,应不受此亏。

　　敏于政事者,言每不足;长于议论者,事每不就。亦有兼而能之,其必由学乎?

　　自其可知可究处,曰性;自其不可究不可知处,曰命。亦非二也,性命二义,看者多不同。

　　有旋乾转坤之学,然后能为天地立心;有禄之以天下弗顾之节,然后能为生民立命;有进退圣贤之明,然后能为往圣继绝学;有天下非之而不顾之操,然后能定古今之是非。

目之于色,耳之于声,口之于味,圣凡无大异也。圣人皆本知性运用,故为生身之窍,如"蔬食饮水,乐在其中","见一善行,若决江河";闻韶忘味,闻乐知德,足以师百世矣。凡人皆由形气发意,故盲于五色,聋于五音,爽于五味,而为死我之尸也,可不惧哉!

君子容人,勿使人容我;处人,勿使人处我。天能容人处人,人岂能容处于天?

吾侪有好老、佛之学,其称名借号,未尝不谓通方博采,其实于吾道未精。精之斯好,好之斯乐,安得有闲工夫外慕? 韩子云:"徒业者,皆不哜其胾者也。"

问:"告子曰'性无善无不善',孟子曰'性善',荀子曰'性恶',何以质衷之?"曰:"太虚之性,无善无恶,万物之一原是也。自生生而言,则属气;属气,则万有不齐,岂曰性善性恶而已哉? 有生而至善者,有生而元恶者,有生而小善者,生而微恶、生而善恶混者,然而反杂以归纯,去恶以成善,存乎人者,皆可能也。故孟子曰:'乃若其情,则可以为善。'乃所谓善也。告子有见于太虚之性,荀子有见于性气之恶,皆未为不是。或各执所见,其所谓性者乖矣。"

孔子曰:"性相近也,习相远也。"论性最无病,后来坐定性善,遂有纷纷之议矣。

和而不流,必有中立不倚者在;中立不倚,必有和而不流者见。

"至诚之道,可以前知。"诚明无蔽,知微知彰,如日之悬空著明,显幽毕照,非术数所谓今日预知来日事也。故邵子精数,明道先生云:"加一倍法,安得有闲工夫计此?"工夫在何处? 知之为知之,不知为不知,不知亦知也。

"巧言令色,鲜矣仁!"巧言不可看粗了。巧者,说道之妙;令者,动容之美。略涉意必,便非由仁,故曰:"堂堂乎张也,难与并为仁矣。"

"不睹不闻",诚意之学;"不识不知",尽性之功;"无声无臭",达天之德。

曾子曰"死而后已,不亦远乎",是从志气上论。孔子曰"不知老之将至","通乎昼夜之道而知",是从知理上论,便觉远而超也。

师问调与王弘政:"'君子不重则不威'一章,何以理会?"调对曰:"此为有悟者立教。"师曰:"是夫谓君子,盖非凡人可当,正是药狂者之病。能重厚忠信,交胜己之友,勇于改过,则'克念作圣'矣。"

师问:"原宪'克、伐、怨、欲不行',是无欲之学,可以谷矣,何以邦无道、有道皆耻也?"调辈请问焉。师曰:"原宪是狷介学问,善于身可矣。于有道之时,不能宣朗化成;于无道之时,不能拨乱反正,故皆可耻。"

问"以直报怨"。曰:"'惟仁者能恶人',必有不念旧恶之心,然后可以直报怨。"

孔子既许管仲之功,而又以器小贬之,何耶?器小者,谓管仲自见其功,便小;稽诸尧,光被四表,格于上下,尧何与焉?故曰:"惟天为大,惟尧则之。"

杨氏为我,墨子兼爱,子莫从而执中焉。执中似矣,孟子断其无权,中岂可以执乎?权即吾心之良知。执中是道理上拟定个中道,循而行之。

烝烝,乂不格奸;乂者,不藏怒、不宿怨是也。烝烝是自然感化处,舜无意必焉;格奸便在他人身上计较,与乂正相反。

孟子曰:"莫之致而至者,命也。"命在吾人,似茫荡无所归宿。

孔子曰:"不知命,无以为君子也。"是命不出于知之外,时而顺焉,吾命也,吾知之而不淫;时而逆焉,吾命也,吾知之而不挫。一致知之功,而命由我立也。

舜之饭糗茹草,若将终身。及其被袗衣,鼓琴,二女裸,若固有之,亦无巧法,只是虚体常存,无好歹相,故能随寓而安,超乎万表。天之春生秋收,何尝有二心乎?

钦明者,至明者也,犹钦赐之钦,无以尚之者也。正与日月合其明,濬哲者,以至于钦者也,犹濬井至于原泉者也。注解似未透。

《春秋》者,天子之事也,岂专于圣人在大宝之位也哉?达天德者,谓之天人,天之肖子也,其是非好恶之言,足以为天下后世法,故乱臣贼子惧。

谢显道别伊川一年。问曰:"做得甚工夫?"显道云:"只是去个'矜'字。"伊川语坐中云:"此人为学,切问近思者也。"自显道病痛言之,可谓切近。若颜子,"有不善未尝不知,知之未尝复行",似不必如此零碎。

狮泉师问:"阳明先生曰:'见流民载道,心甚恻之。'与'一夫不获,时予之辜'同否?""阳明先生云:'伊尹之心自在,汝辈劳扰些。'"调闻之有省。

师问调与刘让甫:"何以谓'舍心逐物,对景融心'?"让甫对毕,调对:"知不著景则融,著则生。"

明朝理学之倡,莫明于会稽,流传莫盛于吉郡。成者历历可数,前古未之有也。其学大段只二端,或感中具寂,或寂中具感。求其寂感不倚、天人合一者,亦不多得。

藏修武功山,棋石亭廓清,时见鹤山后翔,箕峰前峙,棋石亭圆圈,若太极图。与朱汝治、朱肯诚、王内虚曰:"此人天境界也!"及夫风雪晦冥,云雾弥满,天地且莫辩,又何有于棋石、箕峰、鹤山之奇？相与指曰："此混沌境界也！"景虽不同,皆为太虚之变化；变化虽不一,其于太虚之体殊无增减。吾侪之学,合此者调之合德,得此者谓之得道。可以通昼夜,齐贵贱,等古今。

孔子曰："天生德于予,桓魋其如予何？"桓魋能致戒心于孔子,乌在其为德？患难之遇,心明气定,可避则避,可御则御,是即所谓德也。

皋陶迈种德,德乃降,黎民怀之。种德者,元德也；迈者,德常伸于万物之表,故能覆庇而降德泽于黎民也。怀之者,以德归德,自然之机,苟不怀服,是岂秉彝之德之同然哉？

孟氏所谓分定,何义也？盖天人授受,千变万殊,故曰分；当其初也,不识不知,无增无减,故曰定。孔子曰"性相近者"是矣。大行加,穷居损,皆习相远者。君子之学,苟能根于心焉,则定,固能自得矣。虞廷所传"惟一"者是矣。

悟性者无间断,故不惑；实修者无自是,故日新。

子路驰靖孔悝之难,遇子羔于卫城门,曰："出,公去矣。门已闭,子可还矣,毋受其祸。"不听,死于难,不免气胜。匡人之畏,回对孔子曰："子在,回何敢死？"便觉德胜。

《家人·象》曰："君子以言有物,而行有恒。"家居,非外出者。例言行,使人可据可信,其为家人足法,而后民法之也,故求忠臣必于孝子之门。而"迩可远,在兹",其有见信于远方,而致疑于庭闱,不免疏漏。

《晋》之《象》曰："君子以自昭明德。"《明夷·象》曰："君子莅众,用晦而明。"能自明,然后能用晦于明。

《大畜·象》曰："君子多识前言往行,以畜其德。"直认本心者,或失则孤，驰浮知识者，或失则离。其于畜德之学皆远矣。

古人燕饮，所以致知，非以导淫也。《鹿鸣》之歌，在于"示我周行"。《伐木》之诗，在于"终和且平"。《鱼丽》之诗，在于"维嘉""维时"。《蓼萧》《湛露》之诗，在于"为龙为光"、"令德""令仪"。后来学诗不明，燕宾者以酒食为情，宾席者以沉湎为欢，无怪乎酒之流生祸。

或问："嫡无子，而子出于庶，异时祭典，何如？"曰："嫡侍考上座，庶居侧之左，此正义，无容论也。""称名何如？"曰："嫡称显妣，庶称显生妣。《易》曰：'天尊地卑，乾坤定矣。'桓、文之盟，尚不敢以妾为妻，况羞比桓、文者乎？""嫡、庶俱有子，何如？"曰："位次无更嫡子，称为显庶妣。"又问："生妣、庶妣无容议也，但子于生母，似未竭报恩之怀，何如？"曰："庶人祭高、曾、祖、考，季秋祭祢，亲亲加厚之义也；生母每年特祭一度，庶竭报恩之义矣。后世学衰礼亡，或嫡孤微，而庶孤隆，公然嫡、庶并位并称。或庶孤微，而嫡孤隆，视庶妣若降主。是皆逆天之道，乱人之伦，不容于尧舜之世。祖考灵照，宁不潜怒而默谴之乎？"

（据清刻本《复真书院志》卷五。）

辑录佚文示例：

王畿《石洞黄公墓志铭》

张宏敏　整理

嘉靖庚申三月初一日，南京通政司经历石洞黄公卒。山阴龙溪王子闻讣，挥泪以叹曰："呜呼！才笔超越之士，志有余而位不足；脂韦秽浊之流、国家无毫毛可赖者，顾久于位而命为有余。芝荣不逾旬，蔓草剃而复繁，天地之生物固然也。然则石洞非其人耶？"

十一月戊子，嗣子惟嵩以鲁府纪善吴君所为《状》、修币遣使踵予门以请，曰："先君子遗命：'吾葬必迩吾父母。'将以明年辛酉正月初九日祔葬于净土先大母淑人钟氏兆次，敢乞玄堂之铭？"予曰："奚忍辞哉！况遗命乎？"

公讳承文，字伯敷，石洞其别号也。黄氏其先闽人，石晋时昭武镇都监讳绪徙黄岩之洞山，越十五世至国朝。公高祖兵部职方公讳彦俊，曾祖南京工部右侍郎文毅公讳孔昭，祖吏部文选公讳俌，父礼部尚书久庵公讳绾。诸赠谥勋猷，详于谱牒恩典中。

公自幼天性颖悟，负大志。比长，修躯美姿，神气英迈，识见过人。时圣天子方兴"大礼"之议，廷论纷然，各持所见。公方随侍久庵公,与之商榷。公酌古准今,佐翁以定其礼,遂为昭代不易之典。既为邑庠生,以文章相砥砺,尤长于翰墨。嘉靖戊子乡试,主司取中式,以谗,遂不及录。

癸巳,以久庵公之命,奉恩例入太学,益力于艺场,慨然有匡济之志。尝过予阳明书院,与之论性,见其能外器以融道;与之论治,见其能怀古以超今。始知其能推原寻绎久庵公之蕴,盖述者也。既而南畿屡试屡奇。因伤己之不遇也,不乐仕进,筑精舍、探群书,与久庵公朝野故旧名流,聚论古今。四方豪杰皆愿与之交游,若自肆于园池竹石之间。

壬子春,翁力谕谒选。阁老介溪严翁先于留都时,知公负才猷、伟器度,欲选比后府,次第大用之。以久庵公高年,因请南畿,图归侍养,乃除受前官。堂上何公云雁考公廉勤明敏,屡询利弊,见之施行,士民悦服。尚书张公经以公练达知兵务,每诣公署,谘询机宜,复以屏翰期之。每接久庵公家报,未发缄而涕泗交颐。力请奉表北上,以图南还省侍。追入京邸,闻讣音,既绝复苏,奔丧还家,朝夕哀恸,几于伤生。

壬子五月,倭寇焚劫合邑,复营构室庐居止,宦情微矣。虽遭焚荡,犹发未焚仓廪与宗族姻娅,虽疏戚之贫者悉赒之,其济人也如此;戚里有孜孜向学者,公资以薪水、助以膏火,务欲其成就,其做人也如是;为钟氏立外思庵祭扫,复以恩德报外祖。美行类此,莫述也尔。

著有《石洞集》《青崖漫录》。今正寝卒矣。距生弘治庚申二月十八日午时,享年六十有一。惜乎食报于天,于□未能尽偿其才,俾勋名不得以竟于世。四方豪杰之士,无不以知公才猷,尚奚憾哉!

公娶典膳竹窗施公之女，与公合德。伯仲七人，交相友爱。子男三人：惟嵩为邑庠生，能读祖、父书，克绳先德者，娶舅氏施两桥女；次惟庞，性倜傥，聘土屿张信泉女；次惟峻，幼，未聘。女一，适两桥仲子施如镃，文雅远器也。孙男二：学孔，学孟，皆髫年。

嗣子远遣以请铭，以予知公。谨次序之，不使失实也。铭曰：

于穆岩邦，惟黄发系。王国其祯，勋名奕世。宣郎如□，列祖允继。荆玉其温，南金其厉。阔步无俦，清尘谁俪。越水淬锷，银台建旒。有才尔纵，无位尔高。时不我与，乃屯其膏。净土公堂，山昂水韬。兰芬桂馥，远遗后曹。

嘉靖三十九年岁在庚申季冬既望，赐进士出身、南京兵部武选司郎中、眷生山阴龙溪撰。

（碑刻现藏浙江省台州市黄岩博物馆。）

四、会议纪要

《阳明后学文献丛书》
第三编启动会纪要

张昭炜

二〇一三年一月二十二日，《阳明后学文献丛书》第三编启动会（"阳明后学研究及文献整理工作会"）在北京大学守仁国际研究中心东馆召开。此次会议由北京大学高等人文研究院主办，浙江国际阳明学研究中心协办，由北京大学高等人文研究院博士后张昭炜组织，邀请来自北京大学、浙江大学、中山大学、湖北大学、南昌大学、中国社会科学院、上海古籍出版社、浙江省社会科学院、广东省社会科学院、安徽工程大学、江西财经大学等科研单位及出版机构的十余名学者，就阳明后学的研究及文献整理工作展开专题讨论。与会嘉宾包括北京大学高等人文研究院院长杜维明教授，北京大学哲学系张祥龙教授、张学智教授，浙江大学关长龙教授、浙江省社会科学院钱明研究员、上海古籍出版社童力军主任等。

杜维明教授首先致辞，欢迎来自全国各地的阳明学研究者前来共襄盛举。通过对明末以来思想史发展历程的追溯，杜教授指出"阳明后学"在中国哲学史上具有特殊地位，并以清儒戴震为例，说明考据与义理不可分割，强调文献材料为学术之公器，希望学者们在从事于扎实的文献整理工作的同时，进一步致力于文献解读与诠释，为中国思想界开出新局面。张祥龙教授在致辞中回忆了早年受罗汝芳等阳明后学启发的经验，对相关领域的研究寄予厚望。张学智教授回顾了《阳明后学文献丛书》出版的历程，充分肯定其嘉惠学林的意义，并且提示了相关研究进一步深入的方向。

本次会议的学术讨论分为文献整理和文献诠释两个部分：浙江省社会科学院的钱明研究员主持了文献整理部分的讨论，并简要介绍了《阳明后学文献丛书》的整理和出版情况。与会学者就文献整理中遇到的具体细节问题展开了热烈讨论；下午的文献诠释部分则分别由张祥龙、张学智两位教授主持。发言者采取个案研究的方法，各自报告了关于阳明后学的最新学术成果。

会议期待阳明后学的文献整理及研究工作进一步展开，特别对《阳明后学文献丛书》的整理出版进行了深入细致的规划。会议将组织起一个有志于相关研究的青年学术团队，从事于相关的整理、诠释工作，借以推动对明末以来中国思想史、哲学史的原创性研究。

作为文献整理工作的启动会，古籍校点的体例是基础，为此，上海古籍出版社童力军介绍了古籍出版校点释例，主要从标点与校勘两部分来说明。如标点部分：标点失误的事例很多，可参看杨树达《古书句读释例》、阙勋吾《古文标点例说》，以及国务院古籍整理出版规划小组编印的《古籍点校疑误汇录》一至五册。又如校勘部分，应注意的问题有：

一、校勘之前，应收集所能见到的各种版本进行比较研究，尽可能选定内容最完整、错误最少、校刻最精的版本作为底本。

二、在弄清版本源流的基础上选择若干有代表性的版本作通校。同出一源的版本原则上应选用祖本或最早的本子,但也可采用经过后人精校的翻刻本。再选用若干其他版本作参校(即在通校中遇见异文时再去查对,不作逐字对校)。本书有前人校勘成果的应尽量参考,充分吸收其中正确的意见,并尽可能对它的举证和引书进行复核。

三、如果无法取得选定的善本(包括复印本)作为底本,可以用比较易得的版本作工作本,按照善本过录在易得的版本上,改成与善本完全相同的本子后作底本,然后进行校勘。

四、首先要做好版本对校。是否运用本校、他校以及如何进行本校、他校,可根据本书具体情况决定。运用理校法尤其需要慎重,理校一般应与本校、他校相结合,不宜只凭理校改动本文,可以在校记中指出问题所在,提出校勘者的意见。

五、底本上可以确定的讹(错字)、脱(缺字,或称作"夺")、衍(多字)、倒(颠倒)应在本文中改正,并写出校记说明依据及理由。校改原因显而易见的,也可以不举理由。

此次会议为《阳明后学文献丛书》第三编启动会,钱明回顾了《阳明后学文献丛书》的整理过程及其特点:二○○二年由钱明、董平主持的《阳明后学文献丛书》(第一编,共七种、十册、五百五十万字),作为浙江省社科院的重大课题,于二○○七年三月由江苏凤凰出版传媒集团出版发行,后获得第十九届浙江省哲学社会科学三等奖和全国图书出版奖。在此基础上,钱明又于二○○九年启动了《阳明后学文献丛书续编》(第二编)。该计划后被列入浙江省历史文化研究基地重点项目。续编选择了薛侃、黄绾、刘元卿、张元忭、王时槐、胡直六位阳明后学者及北方王门的著作作为文献搜集与整理编校的对象。

　　第一、二编有以下三个特点：一、明人著作比较零散，即使称"全集"者，也是很不全，比如《王阳明全集》，版本较多，佚文较多、单行版较多。北京大学主编的《儒藏》只收一种著作，而本丛书是多种著作，尤其是对散佚著作（未见于几部大型丛书的）的搜集和整理。二、本丛书附录部分的内容较为齐全。三、本丛书的出版质量问题。比如《徐爱·钱德洪·董澐集》的修订问题：钱德洪佚文又陆续发现一万余字，董澐之子董穀的著作应补入，还有徐、钱、董的附录材料，大约可增加五万字。又比如《欧阳德集》《聂豹集》只是一种著作的点校，而邹守益、罗洪先、王畿，尤其是罗汝芳，都是多种著作的整理重编，工作量要明显大于前者。第二批中的王时槐、张元忭、胡直、刘元卿、薛侃、黄绾集，都是整理重编。

　　钱明介绍了与张昭炜策划第三编的设想，包括《季本集》《周汝登集》《陶望龄集》《陶奭龄集》《李材集》《陈九川集》《耿定向集》《邹元标集》《邹德溥·邹德涵集》《唐枢集》《杨起元集》。候补者的文集有《王宗沐集》《赵贞吉集》《徐阶集》《杨东明集》《孙应奎集》《查铎集》《顾应祥集》《蔡汝楠集》《宋仪望集》《沈懋孝集》《林东城集》《管志道集》《许孚远集》等。

　　张昭炜分享了阳明后学文献整理的一些经验，主要体现在文献整理与研究诠释并进，具体如下：

　　一、选定某一特定的人物，尽可能全面搜集与之相关的文献。将文献读至烂熟，不回避文献中每一个字的读音、含义，乃至每一个典故；文字疏通后，逐渐上升到一段语录、一篇文章的理解思考。在此"笨功夫"的基础上，文集的整理逐步形成。

　　二、在整理文献中，逐步思考寻求特定人物的宗旨，否则文献将成为无头绪之乱丝。或借助《明儒学案》，或通过其他的研究著作,或自己深入思考,逐渐清晰研究人物的思想宗旨。学术宗旨很可能是变化的,分几个阶段,如胡直经历长期的困学经历,形成了三种道体、功夫、境界的宗旨;邹元标经三疑三变而后信阳明学。新材料的发现或强化、或推翻我们以前对于研究人物宗旨的理解,从而更加接近事实。

三、将研究人物的思想宗旨再放回到文本中,由此进行更深入的文献点校整理。将语录、文章等文献材料结合研究人物的人生经历、求道过程、师友交往、体验功夫、所至境界,呈现以思想宗旨为核心的思想画卷。

由一个人、两个人、三个人……进而把握阳明后学的一个学派乃至整个后学,呈现整个阳明后学"千岩竞秀"的画卷。通过饱览千山秀峰,才有"搜尽奇峰打草稿"创造的可能。这个思想画卷的基础是坚实的,不再是借助二手文献产生的烂泥筑墙的杂凑;这个思想画卷是合乎事实逻辑的,其中有着确乎不可移的铁律,不容许我们随意诠释;这个思想画卷是生动的,通过与研究人物的对话,这幅画卷逐渐活跃起来、丰满起来,跃然纸上、呼之欲出、宛然在前,不仅润沃了我们的心灵,并且借助我们的诠释这座桥梁,进入我们这个时代的语境中。画卷虽然诱人,但路是曲折的,艰苦的努力是必不可少的,其中有多少苦涩与辛酸,也许只有整理者自己心里最清楚。许多人忍受不了长期的寂寞,忍受不了翻来覆去修改的折磨,忍受不了长期因为积累文献而缺少研究论文的发表,但也会有一些人坚持下来,通过这种过程的磨练,为个人夯实学术基础,为后人研究提供方便。

另外,张昭炜提出:文献整理可申报一个省级课题,阳明后学的研究联合申报一个国家课题,这样从形式上保证了研究的"合法性",较方便地与现代高校、研究机构的评价体系接轨。

湖北大学姚才刚汇报了《唐枢学述——兼论〈唐枢集〉的整理计划》。姚才刚指出：之所以选择点校整理《唐枢集》，主要基于以下两方面的考虑：其一，目前正在主持国家社科基金项目"甘泉学派与明代心学的发展"的研究工作，拟撰写的书稿将涉及湛甘泉及其一传、二传或三传弟子。唐枢是湛甘泉的一传弟子。同时，唐枢也十分仰慕阳明学，青年时期曾欲投入阳明门下，但因故未能见到阳明，后来成为甘泉的入室弟子。唐枢致力于会通湛、王之学，其思想学说介于湛、王之间。事实上，不止唐枢，甘泉学派其他代表人物与阳明学派之间也具有千丝万缕的联系，湛门弟子转投王门者有之，王门弟子转投湛门或受湛学影响而对王学末流之弊加以修正者亦有之。唐枢还下启了许孚远、刘宗周诸人（许孚远是唐枢弟子，而刘宗周又是许孚远弟子）。因此，若将《唐枢集》纳入《阳明后学文献丛书》后续计划之中，似乎也不至于太牵强。其二，就个人的了解，目前海内外学界尚无人点校唐枢的文集，研究其人其学的成果也较少。因此，点校整理《唐枢集》并研究其思想学说应当具有一定的学术价值。

中山大学刘勇介绍了《李材集》的整理情况。刘勇从五个方面作了详细介绍：一、江西丰城湖茫李氏；二、师承：传承与创造；三、为己："止修"思想特色；四、反思：师承与流派；五、著述：存佚与搜集情形。具体内容可参见本书《〈李材集〉编校说明及李材的生平与思想》一文。

江西财经大学彭树欣汇报了《明儒邹德涵的生平、思想及著述》。邹德涵是江右王学后期重要人物之一，《明史》有传（附《邹守益传》中），《明儒学案》有其学案（附"邹守益学案"中）。章太炎在

《王文成全书题辞》中云："余论文成之徒，以罗达夫、王子植、万思默、邹汝海（德涵）为过其师。"（《章太炎全集》（五），上海人民出版社，1985 年，第 116 页。）可见，邹德涵的理学或哲学思想值得挖掘，有探讨、研究之必要。具体内容可参见本书《江右王门邹氏家学及邹德涵的思想与著述》。

　　杨柱才、徐泉海提交了《陈九川思想及著作述略》，由徐泉海汇报。陈九川位列阳明高弟，是江右王门的重要学者，他曾参与《传习录》的编次工作，今本《传习录》下卷前二十二条为陈九川所录。关于陈九川的著作，有明嘉靖三十七年刻本《明水陈先生文集》，由董君和编梓，王慎中作序，董良、程宽校正，包大中亦参与同校，此刻本出自董燧收藏的《明水陈先生全集》。根据目前所掌握的文献，董燧与董君和为父子关系，董燧虽不是陈九川的入室弟子，然他心慕陈九川的学问，则确然无疑，故董燧让其子君和拜在陈氏门下。董燧在明水的晚年收集他的文稿，编辑为《明水陈先生全集》。此全集本子应该为陈九川的手稿，嘉靖三十七年董君和刻本是以全集为蓝本进行刊刻的。此外，作序的王慎中亦为陈九川弟子。江西省图书馆藏清钞本《明水陈先生文集》，收入《四库全书存目丛书》别集第七十二册。因《存目丛书》收入的明水文集是抄本的缩印本，故字体较小，阅读起来较为困难，现已联系江西省图书馆，把清钞本的原本全部复印下来。清钞本是以嘉靖三十七年董君和刻本所抄录，共有两册，均为蓝色封面，线装，字体为蝇头小楷，比《存目丛书》的影印本要大，能较好阅读。

　　广州社科院的孙占卿宣读了《重塑作为公共语言的儒学——从杨复所谈起》，主要介绍了广东籍阳明学者杨起元（号复所）的文献及思想。杨起元是泰州学派的重要人物，也是罗汝芳最得意的学生，与管志道、耿定向、李贽等人交往颇深。由于长期没有受到研究者重视，杨起元的部分著作成为孤本，甚至流落海外，这也为收集整理他的著作带来了难度。杨起元的著作有《太史杨复所先生证学编》，明万历四十年序范炳校刊本，收入《续修四库丛书》。《续刻杨复所先生家藏文集》或《重刻杨复所先生家藏文集》八卷。前者收入《四库全书存目丛书》，后者收入《四库禁毁书丛刊》。但经对照，两者实为一书。《诸经品节》二十卷，明万历刻本，在该书中杨起元杂取道、佛两教经籍进行取舍评注，署名自称"比丘东粤复所杨起元"，收入《四库存目丛书》。《孝经引证》，收入《丛书集成初编》。《四书眼评》，现存于"哈佛大学哈佛燕京图书馆藏善本特藏资源库"。《杨文懿集》，据传有十二卷，但现存本只有孤本《广东文集》所收《杨文懿集》二卷，原因未详。《维摩经评注》，收入《卍新纂大日本续藏经》。《评注》分量很小，远不能与《诸经品节》相比。

安徽工程大学刘聪介绍了《耿定向的著述及思想》。耿定向的传世著作有明刻本《耿天台先生文集》二十卷、民国本《耿天台先生全书》十六卷、《硕辅宝鉴要览》四卷、《耿子庸言》二卷七篇、《先进遗风》二卷、《观生纪》、民国四年铅印本《权子》等。刘聪还从介绍了耿定向的思想，包括三个方面：一、"不容已"；二、功夫论："学有三关：一即心即道，一即事即心，一慎术。"三、儒佛关系：耿定向著有《译异编》，专门阐述他对儒佛关系的看法。他认为儒佛之间尽管存在着正统与异端的区分，但两者之间还是有相通之处的。

中国社会科学院陈时龙汇报了《周汝登生平思想及其著作》，逐一介绍了传世的十二种著作：《东越证学录》、《周海门先生文录》、《圣学宗传》、《王门宗旨》、《四书宗旨》、《佛法正论》、《周海门集》、《东越传宗》、《朱子语录》、（万历）《嵊县志》十三卷、《阳明先生祠志》三卷、《类选唐诗助道微机》六卷。具体内容可参见本书《〈周汝登全集〉编校说明》。

天津社科院的李会富提交了《陶望龄、陶奭龄人物生平及其著述》，具体内容可参见本书《〈陶望龄全集〉编校说明》《〈陶奭龄集〉编校说明》。

钱明汇报了《被遗忘的王学中坚——孙应奎论》，介绍了孙应奎对王学传播的特殊贡献，如刊刻阳明著作、经理天真书院、编纂《天真精舍志》。孙应奎把阳明学说概括为"学以尽性之一言"，是有其深刻意蕴的。在他对阳明学说进行独特解读后，阳明学的基本宗旨遂被大致定位在了"见在良知"和"提醒良知"上。

张昭炜汇报了《阳明后学中的心性连黏——以李材、胡直、许孚远辩论为例》，主旨在于心性之辩是宋明理学发展中的核心内容，在心即理与性即理之间，存在多种连黏胶着的理论状态，至阳明再传弟子则表现得尤为丰富。以阳明后学中李材、胡直、许孚远关于心性问题的六封论学书契入：李材依附性体，胡直坚守心体，许孚远则心体中寻求性体，偏向于折中。三人在阳明学背景下的心性之辩虽然倾斜于心体，但同时反映出面对阳明再传弟子张扬心体而导致的自肆、张狂时，阳明后学中开始诉诸性体平衡心体的端倪；同时亦显示出阳明后学学者深入挖掘良知学的内在资源，捍卫良知心体不动摇的决心，由此形成心性连黏胶着的丰富理论形态。

姚才刚汇报了《甘泉学派的思想特色及其对中晚明心学发展的影响》。甘泉学派是以湛若水为代表的一个思想流派，该学派人数众多，流传较广，在中晚明心学发展史上产生了较大的影响。甘泉学派兴起于岭南，但其后来的发展并不只限于岭南地区，而是遍及岭南内外,在时间上则贯穿于中晚明及清初时期。湛若水为该学派的创立者,其后学人数众多,影响较大者有如下诸人:湛氏一传弟子吕怀、何迁、洪垣、唐枢,二传弟子许孚远,三传弟子冯从吾,等等。此外,明末大儒刘宗周早年曾受学于许孚远,故亦与该学派有一定的渊源关系。刘宗周主张将理气论纳入心性之学中,倡导理气、心性合一之论,在一定程度上即滥觞于湛学。甘泉学派的思想特色可归纳为三个方面:会通诸家,兼容并包;极力倡导"合一"论;凸显修养工夫的重要性。甘泉学派对中晚明心学发展产生的影响可概括为四个方面:重新诠释和改造陈献章学说,为岭南心学注入了新的活力;湛学的传衍、流播促进了整个中晚明时期心学的发展与繁荣;湛、王之辩开启了中晚明心学发展的不同面向;湛门部分后学纠弹王学末流之弊,有利于明末王学的健康、理性发展。总之,甘泉学派属于心学一系,而且是明代较具特色的心学流派,对中晚明心学的发展产生了积极的影响。该学派的兴起及传衍不但改变了当时岭南思想文化相对落后的局面,使岭南地区的思想文化迈上了一个新台阶,也促进了整个中晚明时期心学的发展与繁荣。

《阳明后学文献丛书》
第三编推进会纪要

张宏敏

二〇一五年八月二十八日至三十日,《阳明后学文献丛书》第三编推进会("阳明后学文献丛书推进会暨阳明后学研究高层论坛")在北京大学高等人文研究院召开。张昭炜策划召集并主持了本次会议。

本次会议的主题是检查督促《阳明后学文献丛书》第三编自二〇一三年初启动以来的工作进展,详细讲解出版的体例规范,协调如何进一步推进编纂整理工作。

经过一年半时间的按体例、按计划编校整理,目前《阳明后学文献丛书》第三编整理文字录入工作已过半,许多整理的文集已初步完成。在实际整理过程中,整理者遇到了一些体例方面的新问题,亟待统一。有鉴于此,特地召开了此次文集编校者推进会,检查编校说明的编纂情况,指出各自存在的问题,统一编校说明的体例要求,进一步明确工作细则,解决整理方面的问题,同时明确样稿要求及下一步工作计划。

在本次会议前,共收到五百多万字的初步整理文稿,在本次会议中主要是各整理者就第三编各子项目的"编校说明"与研究心得进行交流。

大会开幕式上,北京大学高等人文研究院院长杜维明先生致欢迎词。杜先生代表北京大学高等人文研究院欢迎大家参会,他着重强调了阳明后学文献整理及相关学术研究工作是一项长期的学术事业,需要我们对"阳明学"这一课题投入极大的关注与兴趣。杜先生也注意到目前国内不少省份的地方政府以及高校社科机构对阳明后学的研究投入了不少的人力、物力、财力,已经形成了一个良性竞争的局面,但是我们需要一种"大气魄""大格局",在一种"学术健康"的氛围下开展相互合作。希望阳明学研究者利用好北京大学高等人文研究院、嵩阳书院的学术平台,在阳明后学文献整理与研究领域,进行学术合作与深层次对话、交流。

浙江国际阳明学研究中心主任钱明研究员作为特邀嘉宾,发表了四点感想:第一,浙江学者提出的"阳明后学文献整理与研究"这一选题,经全国哲学社会科学规划领导小组批准,已经入围"二〇一五年度国家社会科学基金重大项目(第二批)招标选题研究方向"。这对于我们与会的学者来说是一个鼓舞。我们大家要互相合作,精诚团结,把"阳明后学文献整理"这项工作做好。第二,文献学基础扎实能出更多的研究成果,在阳明后学文献搜集过程中,要十分注意"家谱""族谱""地方志"文献中所涉佚文。第三,目前上海古籍出版社已经出版了《薛侃集》《刘元卿集》《黄绾集》《胡直集》(《张元忭集》《王时槐集》年内即出),我们已经积累了不少的工作经验。我们作为编校者,要与上海古籍出版社责任编辑进行充分的沟通。《阳明后学文献丛书》是一项传世工程,需要上海古籍出版社的支持。第四,能召开这次会议,实属不易,对于张昭炜在这次会议筹备工作中付出的努力表示感谢。

会议研讨具体内容如下：

钱明主要就《张元忭集》的编校工作进行了回顾与总结。

南昌大学杨柱才汇报了《陈九川集》的文献著作馆藏情况及整理进度。该集内容主要是在复印江西省图书馆藏清抄本《明水陈先生文集》的基础上，与杨教授的学生徐泉海一起合作，输录、点校、整理，同时收录《陈九川年谱》等内容。上述内容共三十万字，已初步整理完成。

中山大学刘勇就《李材集》的文献资料整理情况进行了说明，主要包括《李材集》文献搜集与整理的整体进展、点校整理过程中遇到的问题。由于《李材集》体量庞大，整理也非常困难，仅摘录已经整理的小部分内容：《见罗李先生观我堂稿》二十二卷。台湾"中研院"傅斯年图书馆影印的日本内阁文库藏明万历间爱成堂刊本，系孤本。已经全文录入，约十四万字；业已全文标点，正在与《观我堂摘稿》作比勘、整合。《观我堂摘稿》十二卷台北汉学研究中心影印日本内阁文库藏明万历刊本，孤本。已经全文录入，约八万字；正在与《观我堂稿》作比勘、整合。《见罗李先生福堂稿》二卷，日本尊经阁文库藏明抄本，孤本。正在录入，约二万字。《见罗先生书》二十卷，《四库全书存目丛书》子部第 11—12 册影印明万历刻本，《续修四库全书》第 941 册影印明万历刻本。两本属于同一版本，但据不同馆藏影印，缺页、漫漶可互参。已经全文录入，约二十万字，正在标点。

江西财经大学彭树欣汇报了《邹德涵集》（附《邹善集》）的编校进度，同时对江西安福县邹氏（守益）第二、三代文献的存世情况及其思想价值进行了阐释。《邹德涵集》包括：《邹聚所先生文集》六卷、《邹聚所先生外集》一卷、《易教》一卷、《语录》三卷,共十一卷,均为明万历邹衮、邹裒刻本,现藏南京图书馆,《四库全书存目丛书》全部收录。目前上述内容初步整理成《邹德涵集》二十五万字,已全部完成输录,初步整理完成。邹德溥文集的内容包括《邹太史文集》八卷、《易会》八卷等。邹德溥的《春秋匡解》属于经学内容,不予纳入;《刻太古遗踪海篇集韵大全》三十一卷因属邹氏编辑之作和音韵学著作,不予纳入。《湛源续集》九卷,明万历至崇祯年间刻本。邹德泳的著作有《湛源续集》九卷、《邹德泳杂著》十三卷(包括《复古纪事》《复古振玩录》《三读易》《平旦录》《泮宫讲义》《拜恩日录》等),明万历李长春等刻本;《泸水先生要语》一卷等。目前上述内容正在整理中,共计约三十万字。

中国社科院历史所陈时龙就《周汝登集》的整理进度以及周汝登的文献版本进行了报告。《周汝登集》的整理及研究,目前已输录完成五十余万字,并做了大部分整理工作。周汝登的著作非常多,如《佛法正轮》二卷、《圣学宗传》十八卷、《东越证学录》十六卷、《四书宗旨》六卷、《海门语录》一卷、《王门宗旨》十四卷、《程门微旨》一卷、《宗传咏古》十卷、《王心斋奏疏类编别传汇选》二卷、《海门先生集》十二卷、《宋明四先生语录》八卷、《助道微机》六卷、《朱子语录》一卷、《邵杨诗微》、《嵊县志》、《诗学解》、《会语》、《东越传宗录四种》、《圣学宗系》等。

天津市社科院哲学所李会富就陶望龄、陶奭龄的文献版本在海内外图书馆的馆藏情况进行了翔实的说明,并提出了在《陶望龄·陶奭龄集》编校过程中遇到的困难。《陶望龄·陶奭龄集》收录的有《歇庵集》(万历年间王应遴刻本、万历年间乔时敏刻本、天启年间陶履中刻本)、《功臣传草》、《解老》、《解庄》、《今是堂集》、

《喃喃录》、《会稽三赋评语》、《赐曲园今是堂集》等，已整理完成八十万字，估计文集的体量可能会进一步增多。

南京大学博士后、安徽工程大学刘聪对耿定向的著作辑佚情况进行了说明。主要有《硕辅宝鉴要览》四卷、《先进遗风》两卷、《权子杂俎》一卷、《观生记》一卷、《黄安初乘》二卷。

浙江省社科院哲学所张宏敏就浙中王门学者王宗沐的著作及存世文献诸版本，向与会同仁做了报告；同时，对浙中王门文献的整理现状与浙江学者正在进行的《万表集》《顾应祥集》《叶良佩集》的编校工作进行了汇报。

河北石家庄学院郭亮代表孙占卿对《季本集》的点校工作进度作了汇报。

湖北大学哲学学院姚才刚提交了《唐枢集》进展情况的发言材料；贵州大学人文学院张明提交了题为"《孙应鳌集》编校说明"的书面报告，由张昭炜代为宣读；同时，张昭炜介绍了《邹元标集》的整理工作进展情况。

此外，中国社会科学出版社哲学宗教与社会学出版中心编辑凌金良、天津市社科院《道德与文明》编辑部李卓列席了会议并发言。

钱明对与会学者的学术报告一一进行了点评，如点评刘聪副教授所做的辑佚工作时指出，较之于《耿天台先生文集》二十卷，辑佚工作的内容更为辛苦。上海古籍出版社五编室刘海滨主任对《阳明后学文献丛书》的"编校体例"进行了详细的说明与解读，解答了与会学者在编校阳明后学文献过程中遇到的一些困惑。

张昭炜在闭幕式上对此次学术研讨会的学术成果进行了总结。其中对《阳明后学文献丛书》（第三编）的工作团队提出了六点希望与建议：第一，以历史的眼光对待文献整理。我们今天编校的阳明后学文献产生于四五百年前，至今仍然成为我们研究的重要资料，作为编校者，应时刻扪心自问："四五百年后，我们的编校文献是否能够经得住历史的考验？"第二，我们进行文献典籍的编校整理工作理应尊重前人的学术成果，比如北京大学《儒藏》工程已经对一些阳明学者诗文集进行了点校，像《儒藏》精华编第262册已经收录了李材《正学堂稿》、耿定向《耿天台先生文集》(北京大学出版社，2010年)，在编校整理《耿定向集》《李材集》时，我们理应通过合理的渠道与《儒藏》编委会及原点校者进行沟通、协调。第三，阳明后学文献大多成书于四五百年前，部分文献在国家(包括各省市)、高校科研机构的图书馆尚无收藏，这就需要各编校者亲自到该(阳明)学者的出生地、游学地、生活地、仕宦地进行田野调查，要特别注意"族谱""方志""书院志"文献中收录的佚诗佚文。编校文集是苦活累活，我们要立志打造学术精品，要甘于寂寞，淡泊名利。第四，我们进行文献编校整理时，受学力、经验、水平所限，难免在句读、文字录入上出现诸如点破句、录错字等问题，但须态度认真、一丝不苟、问心无愧，多查多问，尽量避免一些不应出现的重大疏漏。第五，目前的整理者要有优胜劣汰的意识，对于进度慢、态度不端正者，要进行淘汰；要有相互协作的机制，对于确实有困难者，大家应给予支持。第六，阳明后学文献整理的团队是一个开放的平台，我们要以身作则，力求打造学术精品，吸引更多的青年学者(阳明后学研究者)加入。

张昭炜最后谈到，在阳明后学文献文集的整理模式之外，还有重要罕见版本、"思想性强"的阳明后学文献的整理。阳明后学文献递嬗散亡，许多重要的著录按索不获，偶然发现新的善本，急需出版,惠及学界,实有必要重点选择"思想性强"的文献优先出版,如邓以赞、刘阳等阳明后学的文献,乃至一些被"边缘化"的郭子章、虞淳熙等阳明学者的文集。彭树欣、刘勇副教授等表示愿意积极支持这项工作,刘海滨代表上海古籍出版社对阳明后学罕见的思想性文献结辑出版表示支持。

　　(本文发表于《贵阳学院学报》,2015 年第 5 期,略有修订。张昭炜对本文有贡献,谨致谢忱!)

《阳明后学文献丛书》
第三编交稿会纪要

张昭炜

　　二〇一七年八月二十七日，在清华大学国学院主办、武汉大学中国传统文化研究中心协办的"阳明学文献与思想研讨会"结束后，《阳明后学文献丛书》第三编交稿会在清华大学国学院会议室召开，姚才刚、彭树欣、刘海滨、张明、陈时龙、刘勇、张宏敏、杨浩、王传龙、郭亮等参加了本次会议。会议在陈来教授的支持下得以召开，张昭炜策划召集并主持了本次会议。在全体成员的共同努力下，《阳明后学文献丛书》第三编陆续交稿，其中李会富高质量完成了《陶望龄全集》的编校并率先交稿。本次会议的主题包括三个方面：审查《阳明学文献整理与研究的新进展》书稿，规划《阳明学要籍选刊》，研究阳明后学《四书》注释提要的撰写，具体如下：

　　一、审查《阳明学文献整理与研究的新进展》书稿。《阳明学文献整理与研究的新进展》书稿初步完成，有关书稿的讨论以此为基础。一些已交稿的编校说明与定稿尚有差距，比如作者的思想介绍有待提升，著作版本未能尽述。合格的编校说明，应该具备三个要素：作者生平及思想介绍、著作情况介绍、文集整理使用的版本说明。对于作者生平介绍,应涵盖作者生平重要事件、阳明学谱系,应能引导读者领略其中最重要的思想,概述在阳明学后学中的重要地位,并暗示选题依据。对于作者的著作情况,应采用能够使用的各种检索工具,力求穷尽所有可查阅的材料,全面考证各种材料中提及的直接或间接著述,详细说明这些著述的刊刻时间、版本、流传情况、散佚情况等。对于文集版本的使用情况,应详细说明版本的选择依据、版本的特点、对校本的详细信息等。编校整理者应该严格遵守古籍整理的学术规范,具有"公德心",充分调查,推动学术发展,并为后续研究者提供方便。第三编成员组成以哲学、历史专业背景为主,从而对于作者的思想性、学者的活动交往关系等具有明显优势,在文集整理实践中,不断提高文献学、目录学的学术水平。

二、规划《阳明学要籍选刊》。在陆续完成及立项《阳明后学文献丛书》第一、二、三、四编的基础上,在《阳明后学文献丛书》第三编交稿后,下一步可转向《阳明学要籍选刊》。从文献整理的延续性来看,第三、四编完成后,应规划第五编。之所以选择在第五编启动前增设《要籍选刊》,主要是因为一大批重要的阳明后学单部文集尚未整理,这些文集虽然不具备成为一种文集的规模,但对于阳明学研究也非常重要。初步规划的《要籍选刊》有《宗一圣论》《心学宗》《莆田马氏三代集》《四书正义》等,考虑到《要籍选刊》的整理难度相对于文集比较小,出版周期比较短,初步决定由武汉大学出版社、复旦大学出版社出版,并力求在出版时保持统一体例、统一版式。

三、研究阳明后学《四书》注释提要的撰写。从文献角度来看,阳明后学《四书》注释研究主要包括两个方向:一是有《四书》

专著,这样研究可集中在《四书》专著,如《四书答问》《四书私存》《四书宗旨》《大学述》《四书正义》等。二是没有《四书》专著的学者,但在阳明后学中的地位非常重要,如王畿、罗洪先等,这就要细致阅读阳明后学文献,寻找《四书》注释的文字,进而集成为系统的《四书》注释研究。在课题研究中,这两个方向同时推进,前一种方向的一项重要内容便是撰写阳明后学《四书》注释文献提要,拟形成《阳明后学〈四书〉注释提要》一书。张昭炜尝试撰写了李贽的《四书评》提要,主要包括《四书》诠释特色、良知学表达及评判等。由于《四书评》的真伪问题较为复杂,并且缺失文献学提要的基本要素,特邀请王传龙撰写《语孟说略》提要,作为范本(附后),以便课题成员参考。

　　会议还讨论了具体出版事宜,上海古籍出版社的刘海滨主任讲解了出版的流程,并介绍了出版经费落实情况。会议结束后,大家在清华大学国学院办公室合影留念,并对陈来教授给予的支持表示由衷感谢。

图书在版编目(CIP)数据

阳明学文献整理与研究的新进展 / 张昭炜主编. —
上海：上海古籍出版社，2018.11
ISBN 978－7－5325－9022－3

Ⅰ.①阳… Ⅱ.①张… Ⅲ.①王守仁(1472－1528)
－哲学思想－文献－研究－中国 Ⅳ.①B248.25

中国版本图书馆 CIP 数据核字(2018)第 241620 号

阳明学文献整理与研究的新进展

张昭炜 主编

上海古籍出版社出版、发行

（上海瑞金二路 272 号 邮政编码 200020）

(1) 网址：www.guji.com.cn
(2) E-mail：guji1@guji.com.cn
(3) 易文网网址：www.ewen.co

上海商务联西印刷有限公司印刷

开本 890×1240 1/32 印张 9.625 插页 3 字数 216,000
2018 年 11 月第 1 版 2018 年 11 月第 1 次印刷
ISBN 978－7－5325－9022－3

B·1072 定价：68.00 元

如有质量问题,请与承印公司联系